南京明外郭

朱明娥 编著

南京明外郭秦淮新河百里风光带建设有限公司 编

南京出版传媒集团
南京出版社

图书在版编目（CIP）数据

南京明外郭 / 南京明外郭秦淮新河百里风光带建设有限公司编；朱明娥编著. -- 南京：南京出版社，2018.11

ISBN 978-7-5533-2435-7

Ⅰ. ①南… Ⅱ. ①南… ②朱… Ⅲ. ①城墙—介绍—南京 Ⅳ. ①K928.77

中国版本图书馆CIP数据核字（2018）第234044号

书　　名：南京明外郭
作　　者：朱明娥
　　　　　南京明外郭秦淮新河百里风光带建设有限公司
出版发行：南京出版传媒集团
　　　　　南 京 出 版 社

社址：南京市太平门街53号　　邮编：210016
网址：http://www.njcbs.cn　　电子信箱：njcbs1988@163.com
天猫1店：https://njcbcmjtts.tmall.com/　　天猫2店：https://nanjingchubanshets.tmall.com/
联系电话：025-83283893、83283864（营销）　025-83112257（编务）

出 版 人：项晓宁
出 品 人：卢海鸣
责任编辑：金　欣
装帧设计：王　敏

排　　版：南京新华丰制版有限公司
印　　刷：南京工大印务有限公司
开　　本：787毫米×1092毫米　1/16
印　　张：13.25
字　　数：278千
版　　次：2018年11月第1版
印　　次：2019年1月第2次印刷
书　　号：ISBN 978-7-5533-2435-7
定　　价：88.00元

天猫1店　天猫2店

编委会

主 任 高 翔

编 委（以姓氏笔画排序）

马 麟 卢海鸣 田 阳 刘 刚

朱明娥 余 力 周 琦 郑孝清

夏维中 彭 程

主 编 朱明娥

统 筹 王 月 金 欣

序言

南京城墙是目前世界上保存最长、地面建筑规模最大的都城城墙，也是南京的文化符号和城市名片。明朝南京城从内到外由宫城、皇城、京城、外郭四重城垣构成，不仅在我国城垣史上绝无仅有，在世界城垣建设史上也是盖世无双。其中，总长度约60公里、围合面积达230平方公里的明外郭城墙更是明代南京被称为世界第一大城的重要载体与物证。

习近平总书记高度重视传承发展中华优秀传统文化，多次作出重要指示。他指出："要系统梳理传统文化资源，让收藏在禁宫里的文物、陈列在广阔大地上的遗产、书写在古籍里的文字都活起来。"南京明外郭城墙遗址作为"陈列在广阔大地上的遗产"，是中华优秀传统文化的一个重要载体和组成部分。

早在2010年初，南京市人民政府就已经将南京明外郭城遗址列入"明外郭—秦淮新河百里风光带建设"规划项目。2010年底，南京市专门成立了"南京明外郭秦淮新河百里风光带建设有限公司"，对明外郭城墙和秦淮新河进行有计划的保护、开发和利用。2012年初，南京市人民政府公布了《南京历史文化名城保护规划（2010—2020）》，其中包括南京明外郭的保护规划。2014年6月，外郭城遗址被公布为南京市不可移动文物，标志着对其保护工作进入了一个新阶段。2018年3月，中共南京市委办公厅、南京市人民政府办公厅联合印发的《关于进一步做好南京城墙保护利用和申遗工作的实施意见》明确提出："以2020年争取将南京城墙列入国家正式申遗项目为节点，加大力度做好城墙本体保护修缮及周边地区环境整治工作，不断提升景观品质、加强旅游开发、加大宣传力度、优化管理体制，切实将南京城墙保护好、传承好、利用好，努力'筑其魂、扬其韵、传其神'，全面提升南京城墙的国家影响力和知名度，打造世界级城市文化名片。”

明外郭城墙是明朝南京城军事防御体系的一个重要组成部分，同时也是明朝综合国力的充分体现。长期以来，南京明外郭城墙的基础性研究比较薄弱，成果寥寥可数。令人欣慰的是，南京旅游集团·南京明外郭秦淮新河百里风光带建设有限公司根据南京市委、市政府的统一部署，为切实将南京明外郭城墙保护好、传承好、利用好，助力南京明城墙成功“申遗”，在坚持“保护为主、抢救第一、合理利用、加强管理”的文物保护指导方针下，约请我的学生、南京城墙保护管理中心朱明娥研究员牵头，对南京明外郭的历史文化资源进行了系统地梳理，对明外郭的现状进行了全面地调研，最终形成的这部学术研究与经世致用兼备的作品，主要有以下几大突破：

一、首次指出明外郭存在两处缺环：一处是外金川门至石城关段，另一处是江东门至驯象门段。这一观点突破了以往的传统观念，对明外郭的整体规划保护具有现实意义。

二、首次提出“外郭十八门关”的观点。本书作者根据大量的文献资料论证了明外郭城门数量和名称的演变过程，将鲜为人知的“石城关”列为明外郭城门之一，堪称是一个新发现。

三、系统考证了明外郭城墙和城门的建筑材料，城门楼的形制，以及江东门的具体位置，为复原明外郭城门，彰显外郭气势，提供了可靠的依据。

四、全面搜集了与明外郭有关的典故、民谣、传说故事，为今后充分展示与明外郭相关的民俗文化打开了新思路。同时对明外郭相关地名进行了首次梳理。

五、本书不仅注重对明外郭历史文化的挖掘与解读，更对明外郭的保护利用与旅游开发提出了众多切实可行的意见和建议。如在明外郭城垣重要的遗址、关键结点树立标识牌；在明外郭城墙沿线设立相关历史事件、人物、典故等文化解读说明牌；开辟明朝四重城墙旅游线路、明外郭旅游专线、明外郭与周边历史文化资源混搭线路等。

总之，这部作品不仅通过对明外郭城墙历史文化资源的挖掘，全面、系统地梳理了明外郭城门的名称、数量和形制等历史文化元素，勾勒出明外郭城墙的历史肌理，推动了明外郭的研究走向深入，而且为改善明外郭遗址的生态状况，塑造明城墙周边景观环境，彰显明外郭的旅游文化功能，建设南京历史文化标杆工程，打造城市休闲活力节点，实现城市历史与现实、历史与自然、历史与人的和谐发展，提供了决策依据，故乐于为之序。

蒋赞初

二〇一八年秋

（作者系南京大学人文社科荣誉资深教授、著名南京地方史专家）

前 言

南京明外郭城墙遗址是南京现存最长、最重要的线形文化遗产，它和南京明宫城、皇城遗址及京城城墙共同构成明代南京城的空间格局，南京也由此成为明代三都（凤阳、南京、北京）中迄今唯一仍保留四重城垣遗迹的城市。

南京明外郭自洪武二十三年（1390）修建以来，在近700年间，其身份和地位发生了重要的变化。

明朝时期，外郭“西北据山带江，东南阻山控野……周一百八十里”，是南京城墙四重城垣防御体系的重要组成部分，是一道重要的军事防御屏障。在明外郭城垣内部有大片的农田和马场，在外敌入侵时，可以有效地提供南京城的粮食供应和军事之需。

清朝时期，明外郭城墙因疏于修葺，逐渐荒废，部分地段沦为行人和牛羊漫步的野道。清朝《同治上江两县志》云：“今则外郭俱夷为平地。道光中，尚存城阙形式，其垣惟余高阜，俗犹呼为土城头焉。”

民国年间，明外郭城门陆续被拆毁，城垣则被用作地基来修筑公路。自1930年起，将尧化门—仙鹤门—麒麟门—沧波门—高桥门—上坊门段城墙，作为首都南京与江苏省属江宁县的分界线，因此较好地保存下来。

1949年新中国成立后，明外郭十八门关已无一保存，除观音门至夹岗门之间还可依稀辨别当年城垣遗迹外，其余地段均已荡然无存。然而，许多与外郭相关的地名沿用至今，成为地名中的“活化石”，在民间留下了深深的印记。时至今日，明外郭城墙中的尧化门至夹岗门一段，成为南京城的一条重要的环城公路——双向两车道的燕西线（包括土城头路、宣义路、文荟路等）的主要组成部分，每日车水马龙。

长期以来，南京明外郭城墙遗址的研究、保护和利用，未得到应有的重视，存在“重内城轻外郭”的现象。到目前为止，关于明外郭学术研究和保护利用成果很少。历史方面，主要有杨国庆、王志高的《南京城墙志》和朱明娥的《旷世城垣——南京明城墙》中的部分章节。考古方面，主要有 2010 年 5—7 月南京市考古研究所许志强、王志高等人对南京明外郭城墙遗址进行考古调查后撰写的《明代外郭城遗址考古调查报告》。规划方面，主要有东南大学建筑学院、东南大学城市规划设计研究院的《南京百里绿廊——明城墙外郭城墙沿线综合规划设计》（2010 年 6 月编印），以及东南大学建筑设计研究院有限公司的《全国重点文物保护单位：南京城墙保护规划（2008—2025）规划文本》（2016 年 1 月编印）中的部分章节。由此可见，明外郭至今尚处在“养在深闺人未识”的状态，其资政、存史、教化和育人的作用还未得到充分的彰显。

有鉴于此，2018 年 4 月，本人应南京明外郭秦淮新河百里风光带建设有限公司领导的邀请和委托，带领课题组成员对明代南京外郭城遗址进行了为期半年的史料搜集整理和实地调查工作，对明外郭的历史、现状、城门名称和数量、典故传说、相关地名等进行了较为全面、系统和深入的挖掘、梳理和研究，同时，对明外郭的保护和利用提出了可行性的设想和建议。衷心希望我们的这一成果，对于传承、弘扬、利用明外郭历史文化资源，提升明外郭的知名度和美誉度，能够起到积极的促进作用。

目 录

第一章　南京明城墙的营建

自公元 229 年吴大帝孙权定都南京以来，先后有东晋、刘宋、萧齐、梁、陈和南唐在此定都，但无一例外都是地区性的王朝或政权。在明朝之前，南京城墙建设最鼎盛时期是东晋南朝，当时的建康城（今南京），由里到外共有三重城垣——宫城（台城）、都城和外郭，同时，在都城周围还有石头城、白石垒、新亭垒、越城、东府城、西州城等卫星城拱卫。

图 1-1

公元 1368 年，朱元璋在应天府称帝，改应天府为南京，年号为洪武，建立大明王朝。明朝定都南京，打破了以往的先例，成为建都南京的第一个统一王朝。明太祖朱元璋、建文帝朱允炆、成祖朱棣相继以南京为都，历时达 54 年。1421 年明成祖朱棣迁都北京后，南京成为留都，又称南都、南中，其地位仅次于北京。有明一代，南京经济繁荣，文化昌盛，对外交流频繁。

早在 1366 年，朱元璋的身份还是吴王时，就开始建造南京城，直到 1398 年去世，陆续修建了宫城、皇城、京城、外郭四重城垣。

一、宫城、皇城的营建

元顺帝至正十六年（1356），朱元璋攻占素有“龙盘虎踞”之称的江南重镇集庆路（今江苏南京），改名应天府。他采纳高级幕僚、大学者朱升提出的“高筑墙，广积粮，缓称王”的建议，经过近十年的积蓄力量，在元至正二十六年（1366），身为吴王的朱元璋开始在钟山（即紫金山）之南建造新宫，即南京故宫（包括宫城和皇城），并改筑应天府城。元至正二十七年（1367），工程完工。

宫城

宫城俗称紫禁城，又称大内，位于京城东隅和皇城的中部，

图 1-1 朱元璋真容

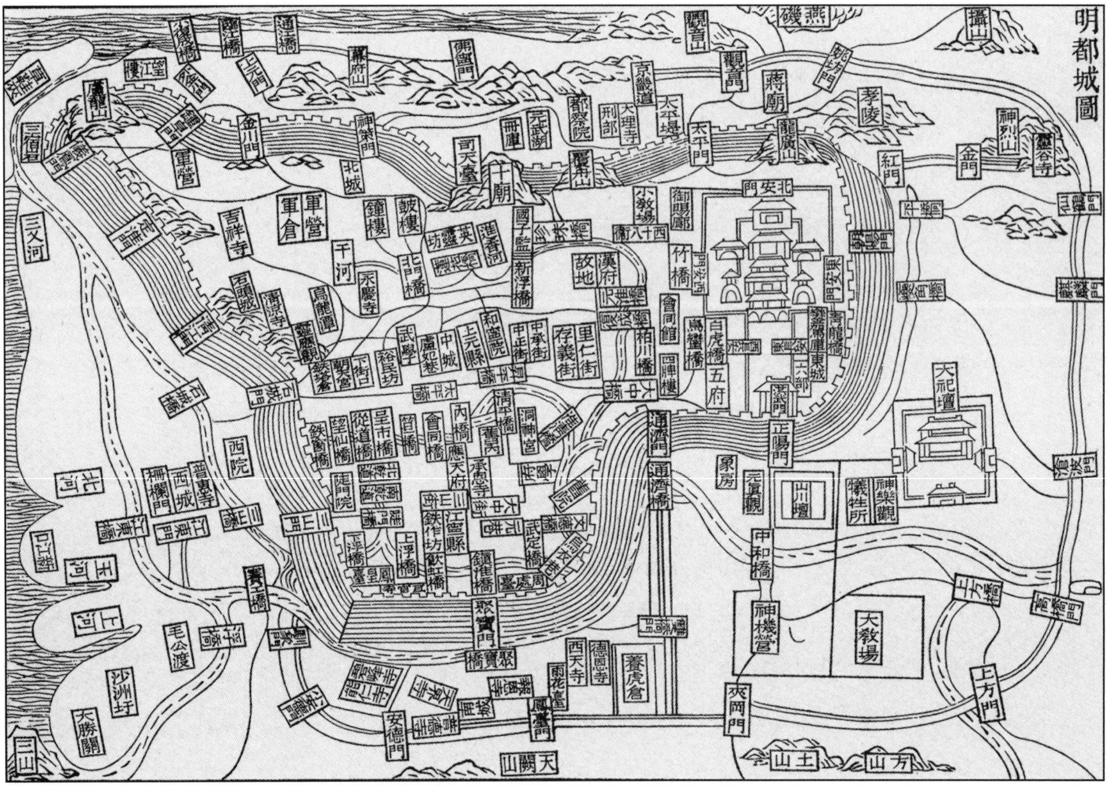

图 1-2

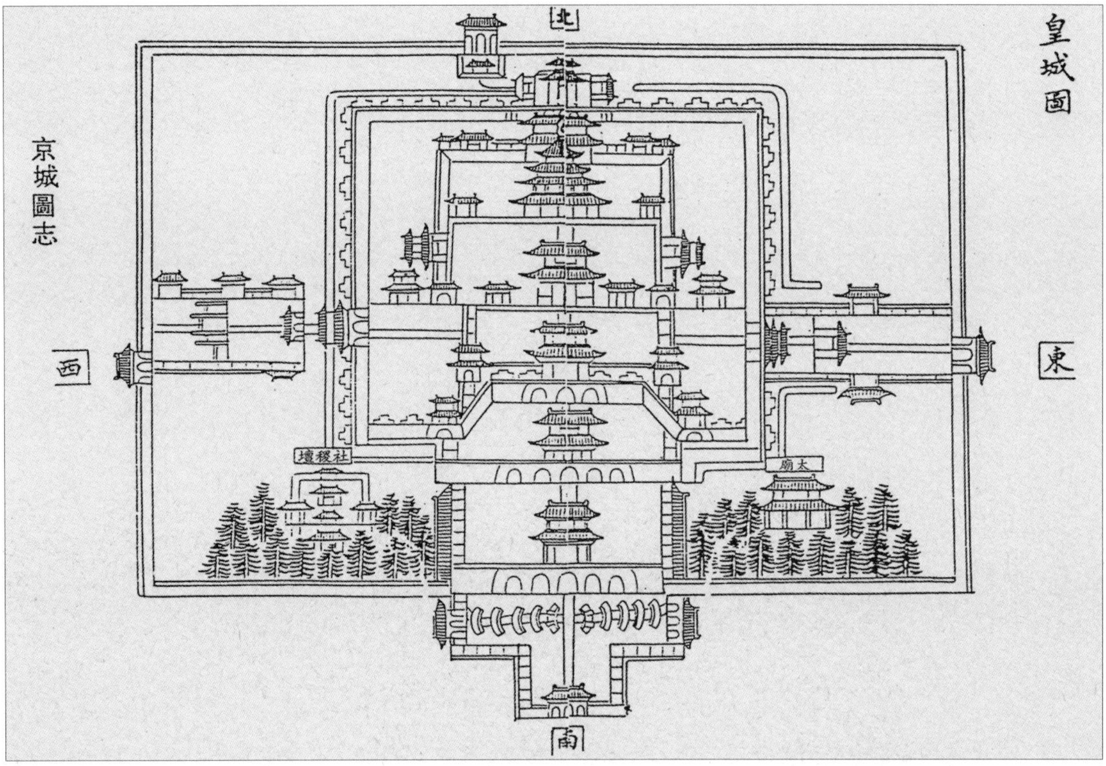

图 1-3

建于吴王元年（1367）。洪武八年（1375）九月辛酉，“诏改建大内宫殿”，至洪武十年（1377）九月，“改作大内宫殿成”（《明太祖实录》）。

宫城是南京城四重城垣中最里的一重，也是最核心部分。由于是填平燕雀湖（今前湖是其剩余下来的一部分）而建，因此地势南高北低。

宫城平面呈正方形，东西宽 0.75 公里，南北长 0.95 公里，周长 3.4 公里。辟有六门：南面三门分别为左掖门、午门、右掖门，其余三面各辟一门——东曰东华门，西曰西华门，北曰玄武门（后改为厚载门，今后宰门一名由此而来）。宫城周围有护城河环绕。

宫城坐北朝南，建筑群可分为三部分：

第一部分是中轴线上的建筑群。宫城中轴线上由南向北依次是午门、奉天门、“前朝”三大殿——奉天殿、华盖殿、谨身殿，以及“后寝”（又称后廷）两宫——乾清宫、坤宁宫。“前朝”是皇帝处理朝政、接待中外使节朝觐、大宴宾客、策试会试举人的场所；“后寝”（又称后廷）及左右附属建筑是皇后和皇室成员、侍从聚会、宴饮、居住、学习和游憩的场所。两者组合起来，

图 1–4

图 1–5

图 1–2《明都城图》中的四重城墙（明朝陈沂《金陵古今图考》）

图 1–3 明朝皇宫图（《洪武京城图志》）

图 1–4 明故宫东华门三孔门洞中的中门

图 1–5 明故宫东华门旧影

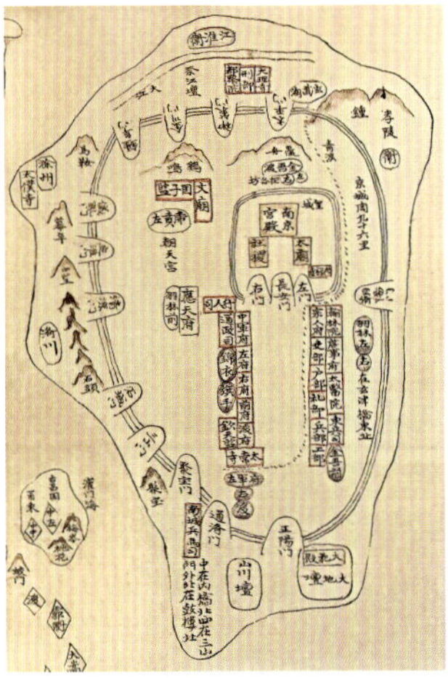

图 1-6

图 1-7

称为“朝廷”。

第二部分是东部建筑群。中轴线东侧由南至北依次是文华殿、奉先殿和柔仪殿。其中文华殿是东宫太子处理政务、宴饮国戚及东宫官属之所，奉先殿是供奉和祭祀皇室祖先之所，柔仪殿是妃嫔居处之所。

第三部分是西部建筑群。中轴线西侧由南至北依次是武英殿、春和殿。其中，武英殿是皇帝斋戒时居住的地方，春和殿是妃嫔居住的地方。

这种建筑格局，成为北京紫禁城的蓝本。据《明太宗实录》卷 323 记载：永乐十八年（1420），“营建北京，凡庙社、坛场、宫殿、门阙，规制悉如南京，而高畅壮丽过之”。

今日南京的明故宫，就是当年的皇城和宫城旧址所在地。从残存的午门、西安门、东华门、内五龙桥以及散落在皇宫旧址上的大量石柱础和建筑构件，我们不难想象当年明朝宫殿的辉煌和壮丽。

皇城

皇城位于京城东部，环绕在宫城之外，北枕钟山支脉富贵山，南临秦淮河。既有水运之便，又与前朝（南唐与宋元）旧城紧密相连，各方面都很理想，也合乎风水家所提倡的阳宅必须“背山、面水、向阳”的模式，唯一的缺点是地势低洼。

图 1-6 南京城（《大明一统山河图》，李氏朝鲜景宗元年（清康熙六十年，1721），美国国会图书馆藏，收入胡阿祥《南京历史地图集》

图 1-7 明故宫午门内景

图 1-8 明南京宫城皇城复原示意图（潘谷西《中国古代建筑史》第四卷）

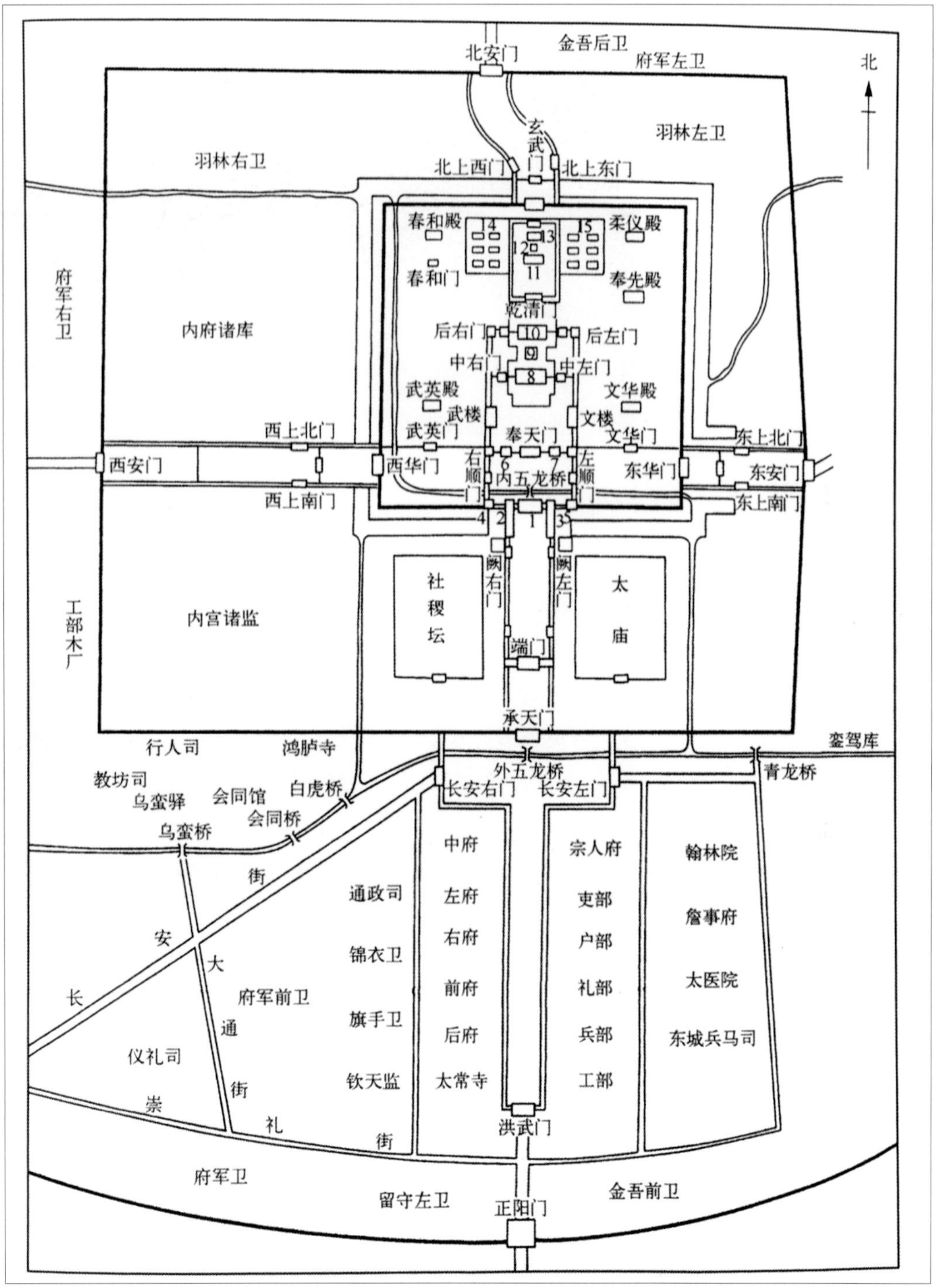

图 1-8

1. 午门　2. 右掖门　3. 左掖门　4. 西角门楼　5. 东角门楼　6. 西角门　7. 东角门　8. 奉天殿　9. 华盖殿　10. 谨身殿　11. 乾清宫　12. 省躬殿　13. 坤宁宫　14. 西六宫　15. 东六宫

图 1-9

图 1-10

皇城坐北朝南，平面呈倒“凸”字形。东西宽 2 公里，南北长 2.5 公里，周长约 9 公里。周围有御河环绕。它与宫城合称为“皇宫”。

皇城的建设略晚于宫城。据清顾炎武《建康古今记》卷 3《宫阙·宫门》记载：“洪武元年九月戊申，置洪武门千户所。”可以推知，洪武元年（1368）朱元璋称帝前后，皇城就已开始修建，最先建成的可能是洪武门。此后，陆续营建，直到洪武二十五年（1392），才建成端门和承天门。据《明太祖实录》卷 223“洪武二十五年”记载，“是岁，建端门、承天门楼各五门，复于承天门外建长安东西二门。”

皇城四周城墙辟有六门：南为长安左门、洪武门、长安右门，东为东安门，西为西安门，北为北安门。这六门分别与宫城的六

图 1-9 明故宫西安门旧影
图 1-10 明故宫西安门今貌

座城门相对。同时，洪武门与北面的宫城午门、南面的京城正阳门，处在同一条中轴线上，构成明朝南京城的御道（今御道街）。皇城内的御道两侧，左为太庙，右为社稷坛。

明都北京紫禁城就是模仿南京皇城和宫城而建。南京明皇城现在仅有西安门和城门外护城河上的玄津桥保存了下来。

二、京城城墙的营建

1366 年，吴王朱元璋开始修建应天府城，主要还是对杨吴、南唐和宋元的旧城进行改造。1368 年，朱元璋在应天称帝后，将应天改名为南京，大规模兴建南京城。为了将南京打造成天下第一名都，朱元璋下令征调全国各地工匠、人夫（普通百姓）和囚犯进京筑城，人数达 100 万之众。他还下令南直隶（包括今江苏、安徽等）、江西行省、湖广行省（包括今湖北、湖南）的地方政府，以及驻扎在京城内外的军队卫所、中央工部等衙门和系统，按照

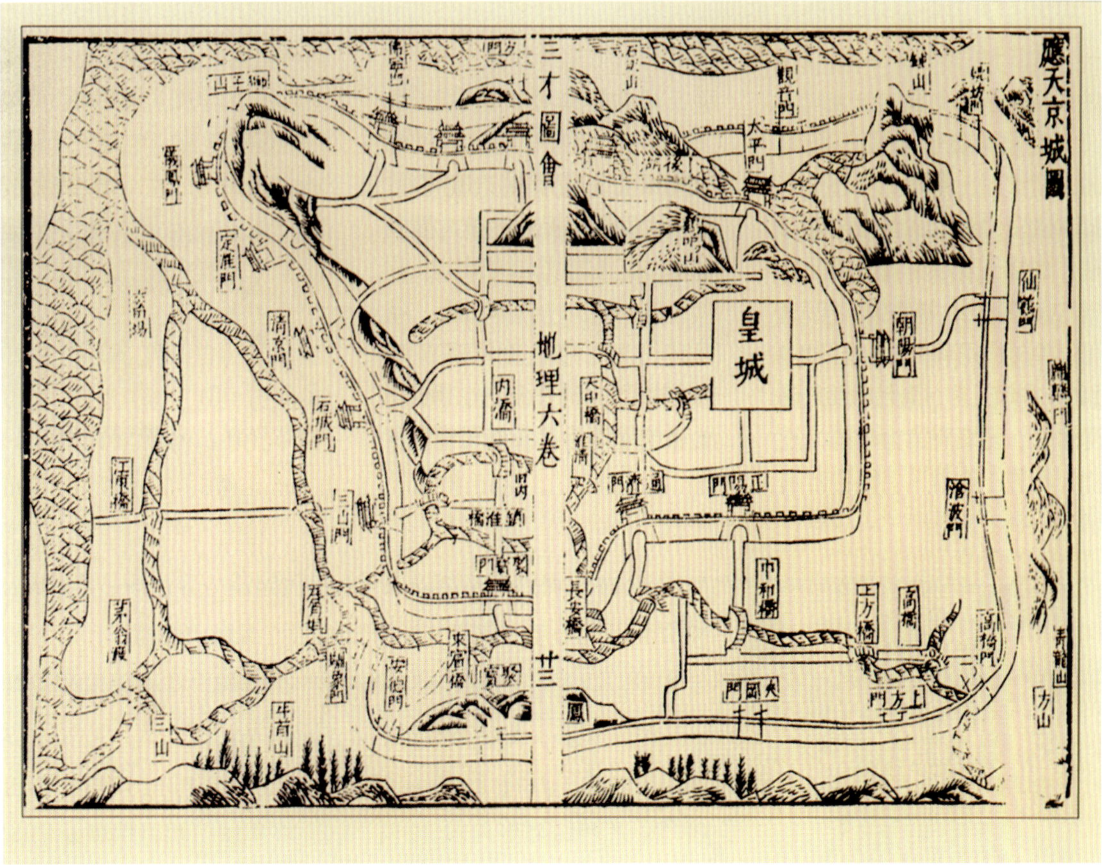

图 1-11 明朝应天京城图（明代王圻、王思义《三才图会》）

图 1-11

生产责任制烧制城砖。第二期工程开工自明洪武二年（1369），至明洪武十九年（1386）完工，以新筑京城城墙为主，向北拓宽旧城直至长江之滨。南京京城城墙从1366年兴建，至1393年竣工，跨越了朱元璋自称吴王和自称皇帝两个阶段，前后耗时近30年之久。

京城又称京师城垣、里城、内郭、内城。地处东经118度22分至119度14分、北纬30度14分至32度36分之间，东至钟山余脉，北临玄武湖，西抵石头城，南近聚宝山（今雨花台），蜿蜒曲折，周长“九十六里”（实测全长35.267公里）。《金陵古今图考·国朝都城图考》对此有一段详细的记载：“东尽钟山之南冈，北据山控湖，西阻石头，南临聚宝，贯秦淮于内外。横缩屈曲，计周九十六里。”

据洪武三十一年（1398）九月敕修的《明太祖实录》卷21记载：“丙午八月庚戌朔，拓建康城。”“丙午八月庚戌朔”，即1366年9月5日。据明朝李东阳（1447—1516）等人编纂的《大明会典》卷187记载：“京师城垣，洪武二十六年（1393）定……城周围九十六里，门十三，曰：正阳、通济、聚宝、三山、石城、清凉、定淮、仪凤、钟阜、金川、神策、太平、朝阳。”

明朝政府根据南京城的地理形势和整体布局，在京城城墙东、西、南、北四面共辟有13座城门，每座城门都建有规模大小不一的城楼，有的还设有内瓮城或外瓮城。每座城门均设木质包铁的双扉城门和上下启闭的闸门（俗称千斤闸）各一道。13座城门的具体分布情况是：

南面正阳门、通济门、聚宝门，西面三山门、石城门、清凉门、定淮门、仪凤门，北面钟阜门、金川门、神策门、太平门，东面朝阳门。

关于13座城门，明清以来，南京民间流传着这样一首民谣：“神策金川近钟阜，仪凤定淮清石城，三山聚宝连通济，正阳朝阳定太平。”这首民谣将13座城门自北向南、自西向东按逆时针方向串联起来，读起来朗朗上口，记起来轻松自然。明朝的13座城门中，除了石城门、三山门、聚宝门分别沿袭了南唐都城的大西门、水西门和南门旧址外，其余10座城门都是明朝时期新建的。为了加强城门的防御，明朝政府在13座城门设置了13个

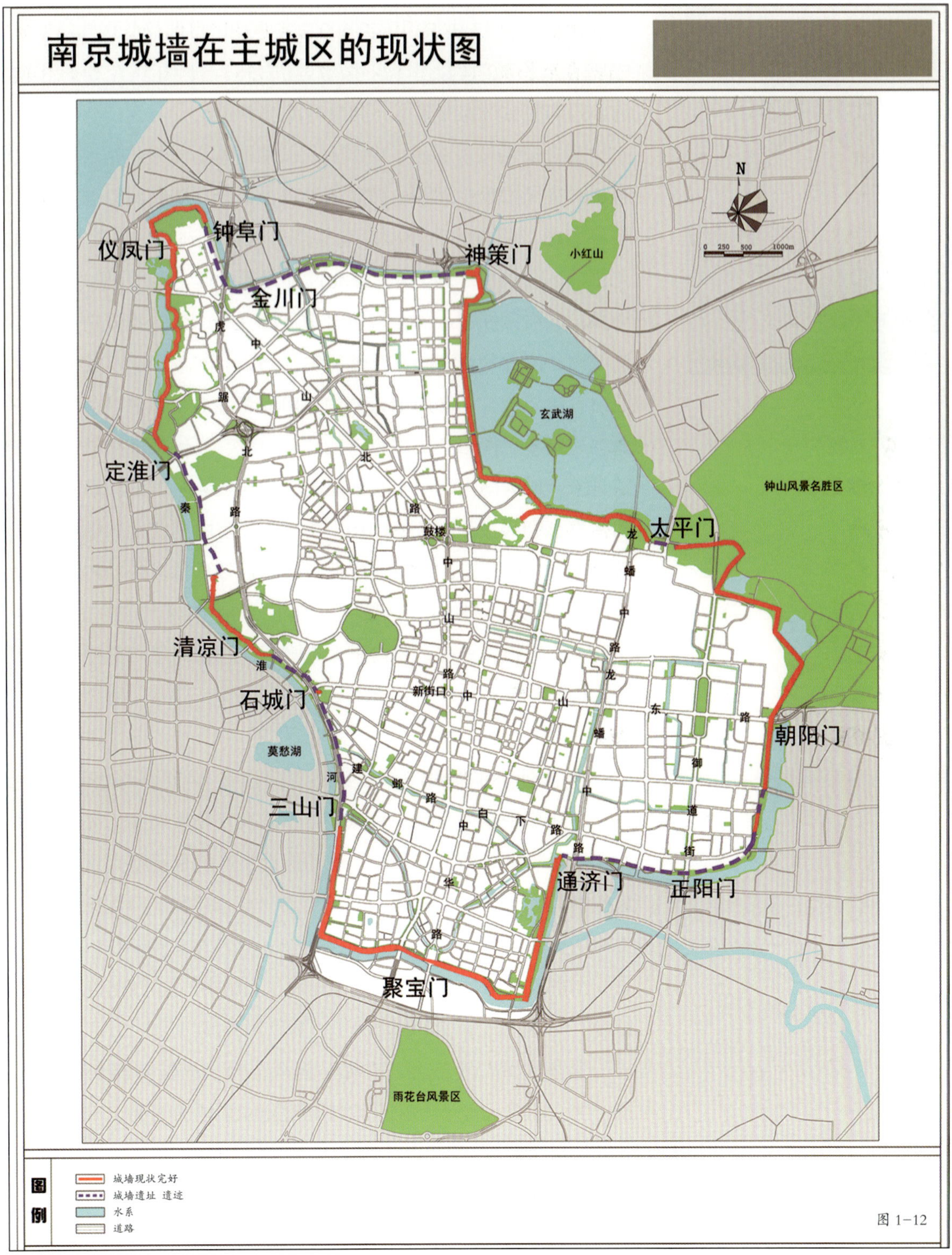

图 1-12 面积 50 多平方公里的南京主城区图

图 1-13

千户所，各有士兵 1200 人，设正、副千户各一员。

明朝京城 13 座城门历经 600 多年风雨，目前仅有聚宝门（今中华门）、石城门（位于今汉中门广场中央）、神策门（今和平门）、清凉门四座城门保存较好，其余均荡然无存。

南京京城城墙突破了中国古代城墙通常为方形或矩形的传统规制，按照山丘、湖泊、河流的地理形势，从防御的需要，因形随势而建，呈西北角伸出而南部凸出的不规则状。南北长约 10 公里，东西长约 5.5 公里。东北近钟山西南麓，与前湖、琵琶湖相邻；北面紧邻玄武湖，将覆舟山（小九华山）、鸡笼山全部包进城内；西面和西北角几乎伸到长江边，将石头山、乌龙潭、狮子山、四望山、马鞍山纳入城中；南面将秦淮河包进城内。它将六朝建康城、南唐金陵城、宋代建康府城、元代集庆路城全部涵盖进来，成为南京历史上规模最大、建筑最为坚固的城墙。意大利传教士利玛窦（1552—1610）在《利玛窦中国札记》中对京城城墙是这样描述的：“第二重墙包围着包括皇宫在内的内墙，囊括了该城的大部分重要区域。它有十二座门（笔者按：应为 13 座门），门包以铁皮，门内有大炮守卫。这重高墙四周差不多有十八意大利里。”

三、外郭的营建

在明朝南京的宫城、皇城竣工，以及京城城墙接近完工的时候，朱元璋又开始了第三期工程的建设，这就是明朝南京外郭城垣的修建。第三期工程始于洪武二十三年（1390）四月庚子，完工时间史无记载。

外郭又叫外城、罗城，俗称土城、土城头。据《明太祖实录》记载：“洪武二十三年四月庚子，置京师外城门。”

明朝洪武二十三年（1390）四月，为了加强首都南京的防御，明太祖朱元璋下令在京城外围建造南京城的第四重城墙——外郭。

外郭环绕在京城周围，规模宏大，周长号称“一百八十里”，实际约为 60 公里。它是利用京城外围的天然岗垄建造而成，平面形状大致呈菱形。据明朝陈沂（1469—1538）《金陵古今图考·国朝都城图考》记载：“外郭西北据山带江，东南阻山控野……周

图 1-13 外郭城门观音门旧影

一百八十里。”外郭周长“一百八十里”（实际约60公里），西北据山襟江，东南阻山带岗，逶迤曲折，形成一个不规则的圆环。它将幕府山、雨花台、紫金山等重要山丘，以及秦淮河、金川河、玄武湖、莫愁湖等重要水域，甚至大片的农田全都包罗在内，同时还将太平门外的都察院、刑部、大理寺等中央机构包罗在内。外郭城墙在大多数地方都是依据自然山丘地形用土夯筑垒砌而成，只有在重要的具有标志性的城门位置才用砖石砌筑，所以南京的外郭俗称“土城头”。

明朝南京城由内到外的四重城垣构造，不仅体现了南京至高无上的国都地位，而且在中外都城建设史上也是一个创举。国家文物局原古建筑专家组原组长、中国文物学会原会长罗哲文先生称赞南京城墙是“中国筑城史上成熟时期的杰作……其建造结构及特点与南京地形、地貌有很大关系，是在传统筑城技术基础上又有创新并与南京实地完美结合的产物”。

图 1-14 清代《江宁省城图》中的外郭（清代黄之隽等人编纂《乾隆江南通志》）

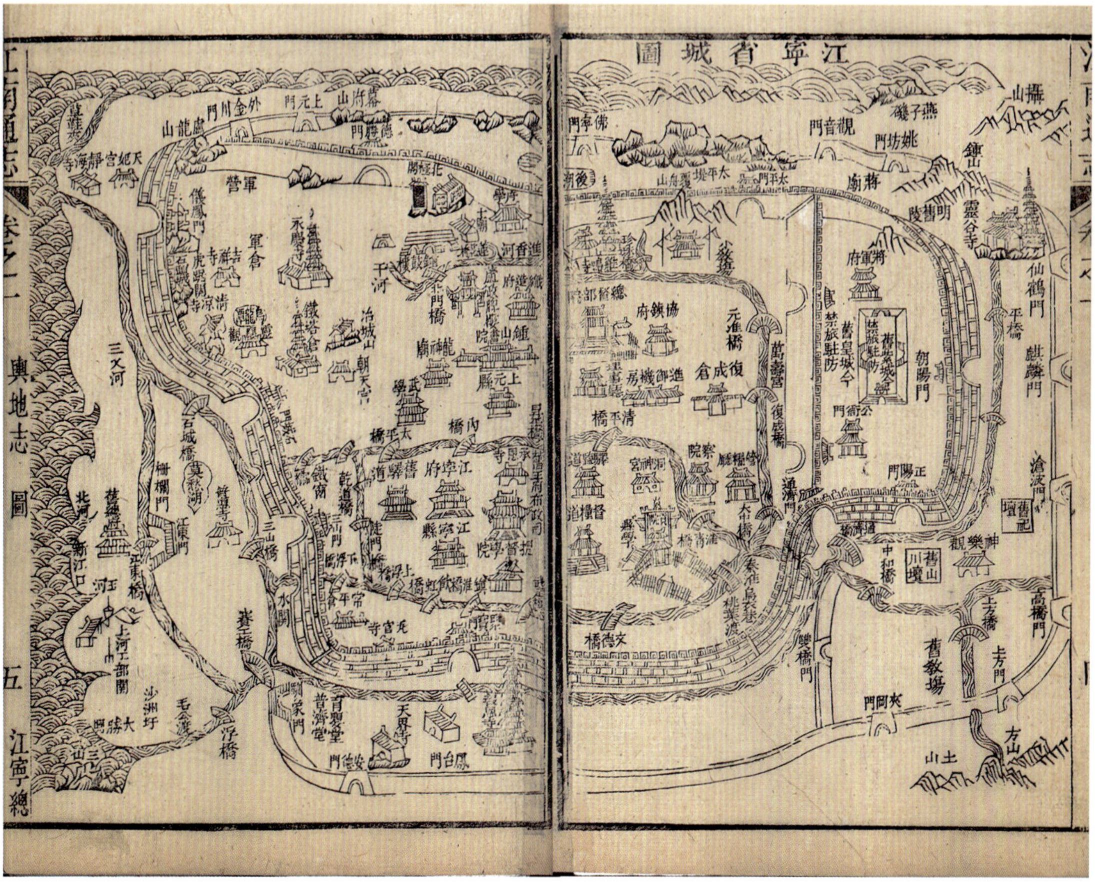

图 1-14

第二章　明外郭的历史

关于明代南京城墙的城门，在清朝吴敬梓《儒林外史》第 24 回中有这样一段精彩的描述："这南京乃是太祖皇帝建都的所在，里城门十三，外城门十八，穿城四十里，沿城一转足有一百二十多里。城里几十条大街，几百条小巷，都是人烟凑集，金粉楼台。"书中提到的"里城门十三，外城门十八"，南京民间简称为"里十三，外十八"。其中"里城门十三"指的是京城 13 座城门，"外城门十八"指的是外郭城门。因京城 13 座城门——即东面朝阳门，西面三山门、石城门、清凉门、定淮门、仪凤门，北面钟阜门、金川门、神策门、太平门，南面聚宝门、通济门、正阳门，历来没有争议，故本文不加赘述。而关于外郭城门的数量、名称、建筑材料和形制等，或说法不一，或缺乏依据，现根据历史文献资料和考古发掘资料做一探讨。

一、外郭修建时间

外郭，又叫外城、罗城，俗称土城头。据《明太祖实录》记载："洪武二十三年四月庚子，置京师外城门。"即明朝洪武二十三年四月（1390 年 5 月），明太祖朱元璋下令在京城外围建造外郭城墙，修建外郭城门。外郭周长一百八十里（实际约 60 公里），直到洪武二十九年（1396）仍未彻底竣工。

明朝外郭城垣和城门，由工部和应天府共同负责维修。例如，在明宪宗朱见深成化年间（1465—1487），曾经由工部和应天府分段重修外郭城垣。据明朝朱国桢《涌幢小品》卷 4《罗城分工》记载："南京外罗城，旧俱工部修理。成化九年奏准，自驯象门起八门，属本府修；沧波门起，属工部修。"另据明朝周晖《续金陵琐事》"四门修理"记载："外城十六门，独驯象、大安德、小安德、凤台四门，凡有坍塌，修砌属于应天府，其工价派于句容、溧水、溧阳、高淳四县出办。”

二、外郭修建的原因

关于外郭城墙的修建原因，据《南京民间故事》记载，相传当年南京城修好后，朱元璋颇为得意。有一天，他带着马娘娘和众皇子登上紫金山，欣赏他的杰作。在山顶上，第四子朱棣信口说道：“紫金山上架大炮，炮炮打到紫禁城。”朱元璋听后，觉得朱棣说的在理，于是下令修筑了外郭城墙，将紫金山包进城内。

姑且不论这则民间故事的真实性如何，从中我们不难看出朱元璋修筑外郭城墙主要是出于军事防御目的，因此将南京京城城墙之外的一些制高点，如钟山、幕府山、聚宝山等全部囊括在内。

南京外郭城墙的平面布局突破了我国都城传统的方方正正形状，从军事防御的需要出发，因地制宜，使城墙蜿蜒在自然山水之间，所以呈现的是不规则的菱形。

三、外郭城门及城垣所用建筑材料

关于明朝外郭究竟用何材料建造，史料中仅有零零星星的记载。

（一）城垣所用材料

《明太祖实录》卷 208 记载：洪武二十四年（1391），“应天府江宁县沙州乡修筑土城”。这里的“土城”就是外郭城墙。

明朝马生龙《凤凰台记事》记载：“又于城外起土城，以为不测屯守之计。宫中阴沟，直通土城之外。”

民国孙濬源、江庆沅编辑的乡土教材《江宁县乡土志》（中华书局 1916 年 6 月版）中记载：“（外郭）基址久夷，今惟土阜络绎，俗犹呼为‘土城头’云。”

我们根据这些史料记载，结合实地考察，可以判断，明朝南京外郭城墙在大多数地方都是依据自然山丘地形，就地取材，用土夯筑垒砌而成，只有在重要的具有标志性的城门位置才用砖石砌筑，所以南京的外郭俗称“土城头”。

（二）城门所用材料

明朝万历年间徐必达领修、施沛等人协纂《南京都察院志》

图 2–1

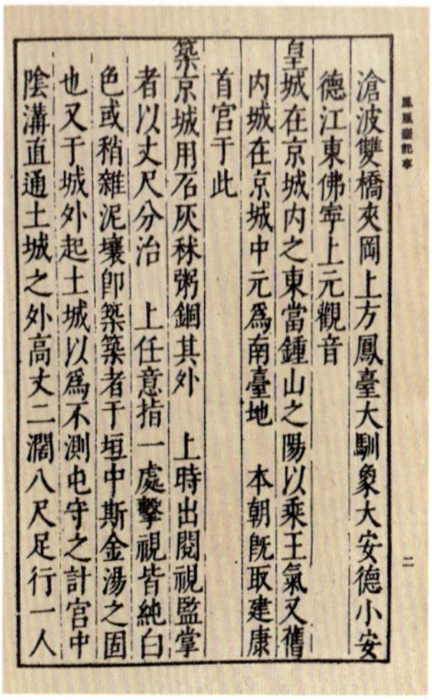

鳳凰臺記事　二

滄波雙橋夾岡上方鳳臺大馴象大安德小安
德江東佛寺上元觀音
皇城在京城内之東當鍾山之陽以乘王氣又舊
内城在京城中元爲南臺地　本朝既取建康
首宫于此
築京城用石灰秫粥錮其外　上時出閱視監掌
者以丈尺分治　上任意指一處擊視皆純白
色或稍雜泥壤卽槃築者于垣中斯金湯之固
也又于城外起土城以爲不測屯守之計宫中
陰溝直通土城之外高丈二濶八尺足行一人

图 2–2

图 2–1—2　明朝马生龙《凤凰台记事》书影

图 2-3

卷 24《职掌十七》记载："上元门，北边倚山为城，至佛宁门山界原无丈尺，南边砖石城至外金川门界止，长七百一十三丈五尺。水洞一座，垛口八十座，城楼一座，官厅三间，神庙二间，直房二间。"其中"南边砖石城至外金川门界止"明确表明使用的建筑材料是"砖石"。在这部作品中，记载其他城门时，多次提到"垛口"一词。

由上述史料，我们可以确信，明朝南京外郭城门及其相邻位置是用砖石建造。

由明朝葛寅亮撰写的《金陵梵刹志》、朱之蕃等人编绘的《金陵图咏》，以及清代王翚等人绘制的《康熙南巡图》中所绘观音门，也可以看出是用砖石砌筑的拱券门。

需要着重指出的是，清末民初留下的明朝唯一一座外郭城门观音门的图片，其中有一张在剥落的白垩土的城门顶部，露出了城砖。我们推测城门的墙基应该是用石头砌筑。

四、外郭城门的数量、名称

关于明朝南京外郭城门的数量、名称，史料记载不一，专家们说法也不一致。

（一）史料记载

现选择最具代表性的史料分述如下。

15 门说

明朝洪武三十一年（1398）九月敕修的《明太祖实录》卷

图 2-3 明朝外郭城门观音门系用砖头砌造

201“洪武二十三年（1390）”记载：“庚子，置京师外城门驯象、安德、凤台、双桥、夹冈、上方、高桥、沧波、麒麟、仙鹤、姚方、观音、佛宁、上元、金川，凡十五门。” 此书系明太祖朱元璋去世后开始编纂。

16 门说

洪武二十八年（1395）成书的《洪武京城图志》记载的南京外城门有 16 个，即“沧波、高桥、上方、夹冈、凤台、大驯象、小驯象、大安德、小安德、江东、佛宁、上元、观音、姚坊、仙鹤、麒麟”。此书系朱元璋下令编纂。与《明太祖实录》相比，多出小驯象门、小安德门、江东门，少了双桥门、（外）金川门。

明朝陈沂（1469—1538）《金陵古今图考·国朝都城图考》记载：“外郭西北据山带江，东南阻山控野，辟十有六门。东五，曰姚坊、仙鹤、麒麟、沧波、高桥；南六，曰上方、夹冈、凤台、驯象、大安德、小安德；西一，曰江东；北三，曰佛宁、上元、观音。周一百八十里。” 陈沂说有 16 门，但文中只出现 15 门。与《明太祖实录》相比，多出小安德门、江东门，少了双桥门、（外）金川门。

明朝马生龙撰写的随笔《凤凰台记事》记载：“其外城则因山控江，周回一百八十里，别为十六门，曰麒麟、仙鹤、姚坊、高桥、沧波、双桥、夹冈、上方、凤台、大驯象、大安德、小安德、江东、佛宁、上元、观音。” 与《明太祖实录》相比，多了一个小安德门和江东门，少了一座（外）金川门。

清朝初年张廷玉修纂的《明史》卷 40《地理志》记载：“其外郭，洪武二十三年四月建，周一百八十里，门十有六：东曰姚坊、仙鹤、麒麟、沧波、高桥、双桥，南曰上方、夹岗、凤台、大驯象、大安德、小安德，西曰江东，北曰佛宁、上元、观音。”与《明太祖实录》相比，多出一个小安德门和江东门，少了一座（外）金川门。

清朝《考工典》卷 20（收入《古今图书集成》）记载：“其外郭西北则据山带江，东南则阻山控野，辟有十六门：东南北六，曰姚坊、仙鹤、麒麟、沧波、高桥、上方；西南六，曰夹冈、双桥、凤台、驯象、大安德、小安德；西一，曰江东；北三，曰佛宁、上元、观音。周一百八十里。”城门名称、数量与《明史》相同。

18 门说

明朝顾起元《客座赘语》卷6《外郭门》写道："西北据山带江，东南阻山控野，辟十有六门：东南北六，曰姚坊、仙鹤、麒麟、沧波、高桥、上方。西南六，曰夹冈、双桥、凤台、驯象、大安德、小安德。西一，曰江东。北三，曰佛宁、上元、观音。周一百八十里。此《京城图志》所载也。今俗云'里十三，外十八'，西又有栅栏门二，一在仪凤门西，一在江东门北，共十八门。"这是南京最早的 18 门记载。较前述 15 门、16 门，新出现了两个栅栏门，但作者未说明这两个栅栏门的建造时间。

明朝陈沂（1469—1538）《金陵古今图考·国朝都城图考》一文前面的《明都城图》上，标出了外郭 18 座城门，即江东门、驯象门、小安德、安德门、凤台门、双桥门、夹冈门、上方门、高桥门、沧波门、麒麟门、仙鹤门、姚坊门、观音门、佛宁门、上元门、外金川门，以及江东门北的栅栏门。

明朝范景文修、张可仕纂《南枢志》卷 48《形胜部·外门事宜》记载："外十八门关，设有字号鱼尾令牌二面，状贮在门。

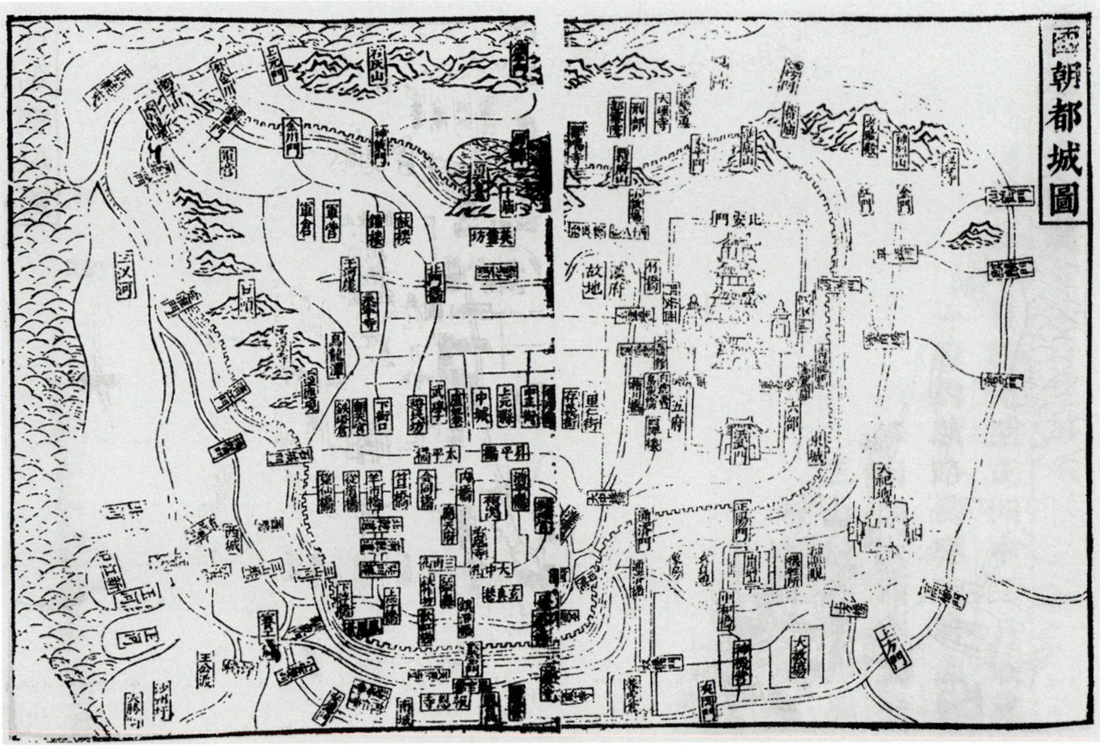

图 2-4

江东、驯象、大小安德、凤台、双桥、夹岗、上坊、高桥门并小水关、石城关，隶于留守前卫；沧波、麒麟、仙鹤、姚坊、观音、佛宁、上元、外金川门，隶于留守后卫。这里出现了一个新的城门名字——“石城关”。

明朝万历年间徐必达领修、施沛等人协纂《南京都察院志》卷 24《职掌十七》记载的“外十八门关”与《南枢志》基本相同，也是出现了一个新的城门名字——“石城关”。

清末民初徐寿卿《金陵杂志》（宣统二年，即 1910 年南洋印刷官厂印刷）之《城垣志》记载：“（东）姚坊门、仙鹤门、麒麟门、沧波门、高桥门；（南）上方门、夹冈门、双桥门、凤台门、驯象门、小安德门、大安德门；（西）江东门、栅栏门；（北）上元门、观音门、佛宁门、外金川门。以上城外十八门。”

清末民初陈作霖《元宁乡土合志》（1910 年江楚编译局印行）中有关明朝外郭 18 门的记载：“辟十有八门，东面五：曰仙鹤、麒麟、沧波 [今讹为莒蒲]、高桥、上方；南面六：曰夹冈、双桥、凤台、驯象 [今讹为徐小]、大安德、小安德；西面二：曰江东、

图 2-4 《国朝都城图》中的外郭城门（明朝范景文修、张可仕纂《南枢志》卷 47《形胜部》）

图 2-5 明朝外郭城门（明朝范景文修、张可仕纂《南枢志》卷 48《形胜部》）

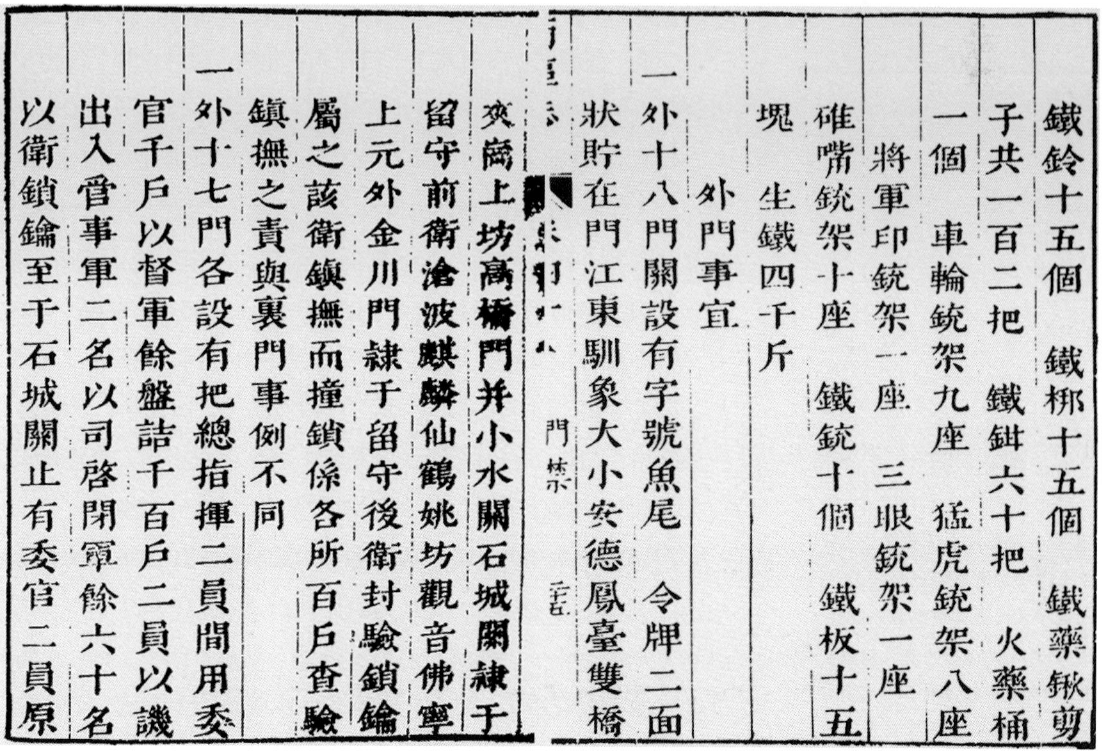
鐵鈴十五個　鐵梆十五個　鐵藥鍬剪
子共一百二把　鐵鉗六十把　火藥桶
一個　車輪銃架九座　猛虎銃架八座
將軍印銃架一座　三眼銃架一座
碓嘴銃架十座　鐵銃十個　鐵板十五
塊　生鐵四千斤
外門事宜
一外十八門關設有字號魚尾　令牌二面
狀貯在門江東馴象大小安德鳳臺雙橋
門禁
夾崗上坊高橋門并小水關石城關隸于
留守前衛滄波麒麟仙鶴姚坊觀音佛寧
上元外金川門隸于留守後衛封驗鎖鑰
屬之該衛鎮撫而撞鎖係各所百戶查驗
鎮撫之責與裏門事例不同
一外十七門各設有把總指揮二員間用委
官千戶以督軍餘盤詰千百戶二員以譏
出入督事軍二名以司啓閉軍餘六十名
以衛鎖鑰至于石城關止有委官二員原

图 2-5

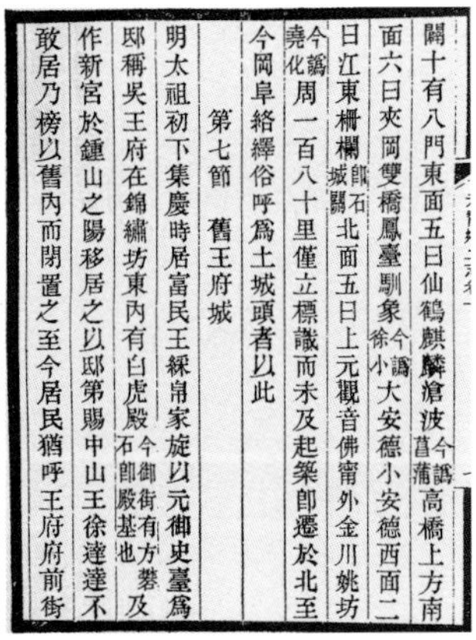

第七節　舊王府城

關十有八門東面五曰仙鶴麒麟滄波(今訛菖蒲)高橋上方南面六曰夾岡雙橋鳳臺馴象(今訛小徐)大安德小安德西面二曰江東柵欄(卽石城關)北面五曰上元觀音佛甯外金川姚坊(今訛堯化)周一百八十里僅立標識而未及起築卽遷於北至今岡阜絡繹俗呼爲土城頭者以此

明太祖初下集慶時居富民王綵帛家旋以元御史臺爲邸稱吳王府在錦繡坊東內有白虎殿(今御街有方甃石卽殿基也)及作新宮於鍾山之陽移居之以邸第賜中山王徐達達不敢居乃榜以舊內而閉置之至今居民猶呼王府府前街

图 2-6

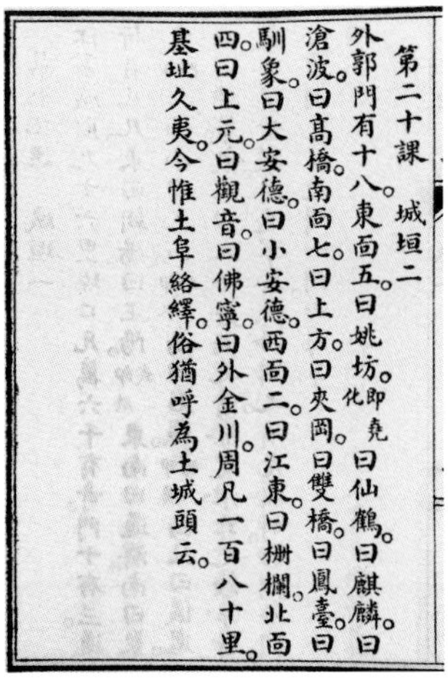

第二十課　城垣二

外郭門有十八。東面五。曰姚坊。(即堯化)曰仙鶴。曰麒麟。曰滄波。曰高橋。南面七。曰上方。曰夾岡。曰雙橋。曰鳳臺。曰馴象。曰大安德。曰小安德。西面二。曰江東。曰柵欄。北面四。曰上元。曰觀音。曰佛寧。曰外金川。周凡一百八十里。基址久夷。今惟土阜絡繹。俗猶呼為土城頭云。

图 2-7

图 2-6 清末民初陈作霖《元宁乡土合志》中有关明朝外郭 18 门的记载（1910 年江楚编译局印行）

图 2-7 民国初年的乡土教材中有关外郭 18 门的记载，（民国孙濬源、江庆沅编辑《江宁县乡土志》，1916 年中华书局出版）

栅栏 [即石城关]；北面五：曰上元、观音、佛宁、外金川、姚坊 [今讹为尧化]。”

民国孙濬源、江庆沅编辑的乡土教材——《江宁县乡土志》（1916 年中华书局出版）第二十课“城垣二”专门介绍南京明城墙外郭 18 座城门：“外郭门有十八。东面五：曰姚坊 [即尧化]、曰仙鹤、曰麒麟、曰沧波、曰高桥；南面七：曰上方、曰夹冈、曰双桥、曰凤台、曰驯象、曰大安德、曰小安德；西面二：曰江东、曰栅栏；北面四：曰上元、曰观音、曰佛宁、曰外金川。”

民国胡祥翰《金陵胜迹志》（约 1928 年刻印出版，南京出版社 2012 年 4 月版）卷 1《城郭》写道：“明初，又于城之四周，因山据隘，辟郭门十八。东六门，曰姚坊、仙鹤、麒麟、沧波、高桥、双桥；南六门，曰上方、夹冈、凤台、驯象、大安德、小安德；西南二门，曰石城关、江东；北四门，曰外金川、佛宁、观音、上元，周一百八十里，仅立标识，而未及起筑，即迁于北，至今冈阜络绎，俗呼为土城头者以此。”

民国王焕镳《首都志》（正中书局 1935 年版）一书写道：“外垣倍焉。门十八。东六：曰姚坊，曰仙鹤，曰麒麟，曰沧波，曰高桥，曰双桥；南六：曰上方，曰夹冈，曰凤台，曰驯象，曰大安德，曰小安德；西南二：曰石城关，曰江东；北四：曰外金川，曰佛宁，曰观音，曰上元。”

民国陈迺勋、杜福堃《新京备乘》（北京清秘阁南京分店 1932 年初版，南京出版社 2014 年 7 月出版）“都门外郭”记载：“都门既建，环以外郭。西北则据山带江，东南则阻山控野。辟十有八门。东面六：曰姚坊（今尧化），曰仙鹤，曰麒麟，曰沧波，曰高桥，曰双桥；南面六：曰上方，曰夹冈，曰凤台，曰驯象，曰大安德，曰小安德；西面二：曰石城关，曰江东；北面四：曰外金川，曰佛宁，曰上元，曰观音。周一百八十里，仅立标识，而未及起筑，即迁于北，至今冈阜络绎，俗呼为土城头云。”

民国南京朱偰《金陵古迹图考》（商务印书馆 1936 年 8 月版）写道：“外郭西北据山带江，东南阻原控野，辟十有六门。东五，曰：姚坊（今称尧化）、仙鹤、麒麟、沧波、高桥；南七，曰：上方、夹冈（或添入双桥）、凤台、大驯象、小驯象、大安德、小安德；西一，曰：江东（或添入栅栏门）；北三，曰：佛宁、上元、观

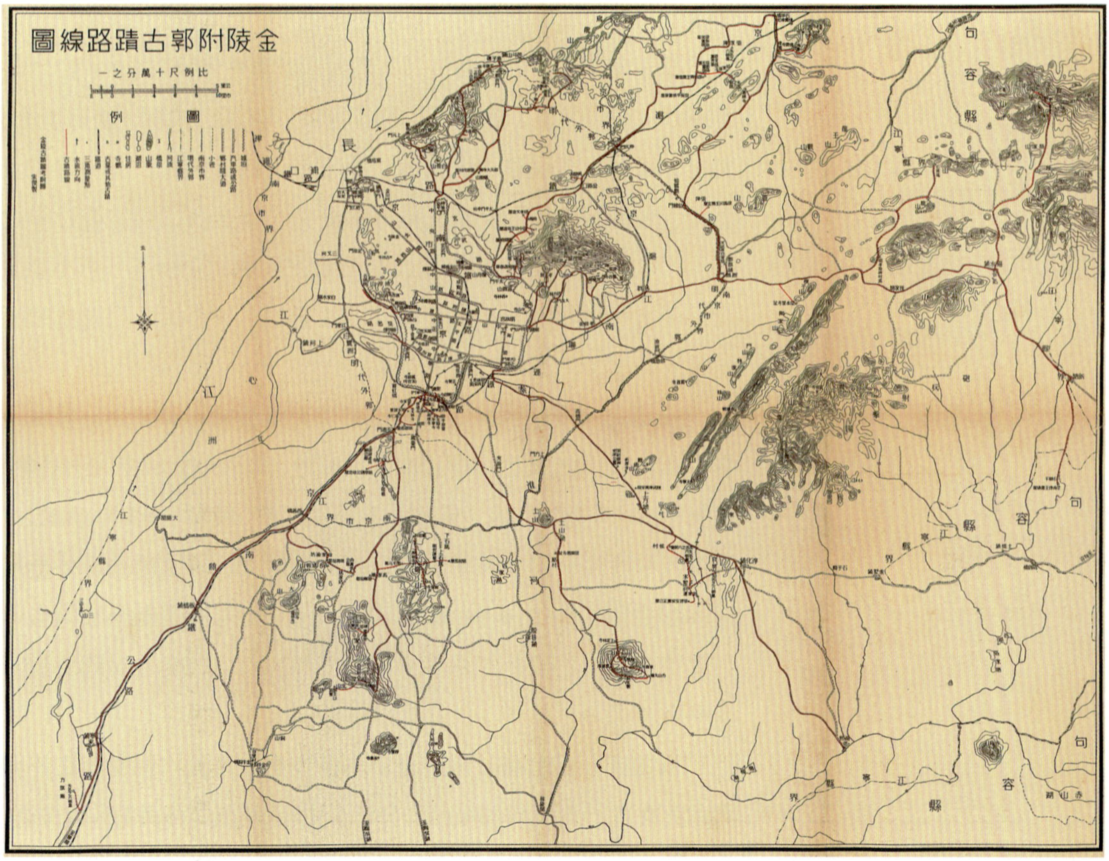

图 2-8

音（或添入外金川）。外郭周一百八十里，利用天然土坡，未起城垣；然外郭城门（如高桥门），尚有存者，重关屹立，形势嵯峨，惜今日因筑路关系，渐次拆毁（如观音门三年前尚存），亦可叹已。”

（二）专家观点

到目前为止，专家们不仅对于明朝外郭城门数量名称有异议，而且对于外郭城门名称和建造时间观点也不一致，其原因是历史文献记载相互之间有出入，尤其是明朝《南枢志》和《南京都察院志》这两部记载南京城墙最为详细的文献长期以来被束之高阁，难得一睹真容，导致看法不一。

当代蒋赞初《南京史话》一书认为：“朱元璋又于 1390 年下令建造外郭城。……从东郊的麒麟门起，向北经过仙鹤门、姚坊门（今尧化门）、观音门、佛宁门、上元门，直到江北的外金川门；从麒麟门往南，经过沧波门、高桥门、上方门、夹岗门、凤台门、大小安德门、大小驯象门、江东门和栅栏门，也止于江边。

图 2-8 《金陵附郭古迹路线图》中的明代外郭城门（朱偰：《金陵古迹图考》，中华书局 1936 年版）

这就是一般所说的南京有‘外城门十八’。”

季士家《明清史论集》一书认为，明朝外郭只有十六门：“门十有六：东曰姚坊、仙鹤、麒麟、沧波、高桥、双桥，南曰上方、夹岗、凤台、大驯象、大安德、小安德，西曰江东，北曰佛宁、上元、观音。”“加上清代新开的栅栏、外金川二门，合计十八门。”与蒋赞初先生的相比，季士家先生的文中少了一个小驯象门，多出一个双桥门；并且将其中的栅栏、外金川二门建造时间划到清朝。

杨国庆《南京明代城墙》一书认为明代初年开辟的外郭城门有16座，即“沧波、高桥、上方、夹冈、凤台、大驯象、小驯象、大安德、小安德、江东、佛宁、上元、观音、姚坊、仙鹤、麒麟”，“明代中晚期，又在外郭北面和西面城垣上，分别增辟了外金川门和栅栏门，构成了18座城门”。杨国庆先生提出的城门名称与蒋赞初先生一致，但是将外金川门和栅栏门的建造时间划到明朝中后期。

杨国庆、王志高《南京城墙志》一书认为：“明初南京外郭实际存在并得到认可的城门，合计18座：江东、大驯象、小驯象、大安德、小安德、凤台、双桥、夹岗、上坊、高桥、沧波、麒麟、仙鹤、姚方、观音、佛宁、上元、（外）金川。其中，朝廷正式派兵驻守的城门有16座（大驯象与小驯象合为一，大安德与小安德合为一），位于外郭与京城城垣之间‘丁字墙’的双桥门，也被列入外郭之门。”杨国庆、王志高先生增加了一座双桥门，减少了一座栅栏门，并认为栅栏门是临时开设的。

那么，明朝外郭城门到底有多少座，又叫什么名称呢?

结合前面引述的史料，尤其是迄今为止记载明代南京城门最为系统、完整的两部珍贵文献——明朝范景文修、张可仕纂《南枢志》和徐必达领修、施沛等人协纂的《南京都察院志》，我们可以确定明朝南京外郭城门有18座。它们是：江东门、驯象门、安德小门、安德大门、凤台门、双桥门、夹冈门、上坊门、高桥门、沧波门、麒麟门、仙鹤门、姚坊门、观音门、佛宁门、上元门、外金川门、石城关。这两书中共同出现了一个新的城门名字——“石城关”。

另据《南京都察院志》卷22《职掌十五·城垣》记载：“外

城石城关，城门一座，荒僻。把总官二员，军余二十名。”由此可见，“石城关”是明朝外郭 18 座城门中的一员。结合明朝陈沂《金陵古今图考·明都城图》、清末民初陈作霖《元宁乡土合志》及民国孙濬源、江庆沅编辑《江宁县乡土志》的记载，我们推测“石城关”应该就是“栅栏门”。

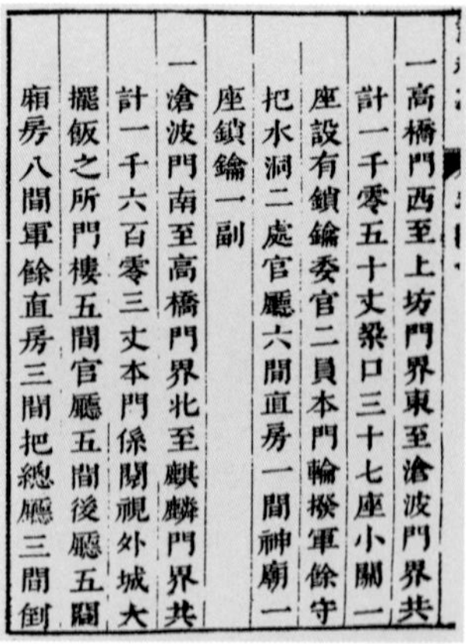
一高橋門西至上坊門界東至滄波門界共
計一千零五十丈垛口三十七座小關一
座設有鎖鑰委官二員本門輪撥軍餘守
把水洞二處官廳六間直房一間神廟一
座鎖鑰一副
一滄波門南至高橋門界北至麒麟門界共
計一千六百零三丈本門係關視外城大
擺飯之所門樓五間官廳五間後廳五間
廂房八間軍餘直房三間把總廳三間倒

图 2-9

五、外郭城门的形制

时至今日，明朝外郭城门无一保存下来，而历史资料中对于外郭城门形制也没有专门的记载，因此，关于外郭城门的模样也就成了一桩悬案。

值得庆幸的是，我们从历史文献中发现了一鳞半爪的记载，这对于今天我们复原明朝外郭城门，进行旅游开发具有重要的指导意义。

（一）史料中的外郭城门

《南京都察院志》卷 24《职掌十七》记载，南京外郭城门一般是门券（门洞）一座，“城门二扇”，用的是“坚实板枋”；只有外金川门是个例外，有门券（门洞）三座。外郭城门不仅有垛口（雉堞），还建有城门楼，尽管《南京都察院志》只记载江东门、沧波门、麒麟门、仙鹤门、姚坊门、上元门六座城门有城楼，然而，结合图片资料及南京京城城墙均有城门楼的情况，我们认为，明朝外郭城门应该都有城门楼。据《南枢志》和《南京都察院志》记载，沧波门有“门楼五间”。我们认为这应该是明代外郭门楼的规制。

图 2-10

图 2-11

图 2-9 沧波门“门楼五间”的记载（明朝范景文修、张可仕纂《南枢志》卷 48《形胜部》）

图 2-10 明朝朱之蕃《金陵图咏》中的观音门

图 2-11 明朝朱之蕃《金陵图咏》（局部）中的观音门城门楼

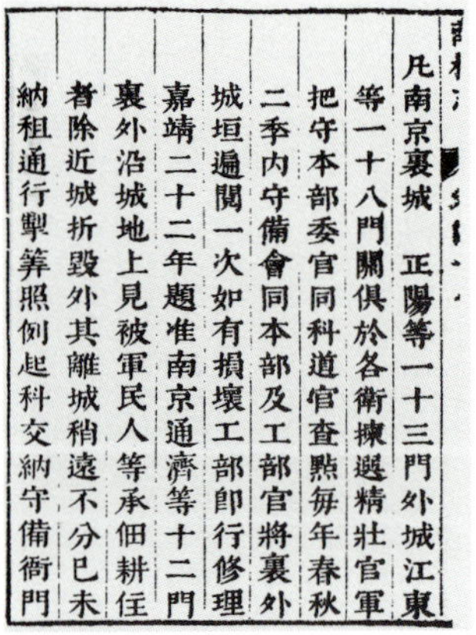

凡南京裏城　正陽等一十三門外城江東
等一十八門關俱於各衛揀選精壯官軍
把守本部委官同科道官查點每年春秋
二季內守備會同本部及工部官將裏外
城垣遍閱一次如有損壞工部郎行修理
嘉靖二十二年題准南京通濟等十二門
裏外沿城地上見被軍民人等承佃耕住
者除近城折毀外其離城稍遠不分已未
納租通行騐筭照例起科交納守備衙門

图 2-12

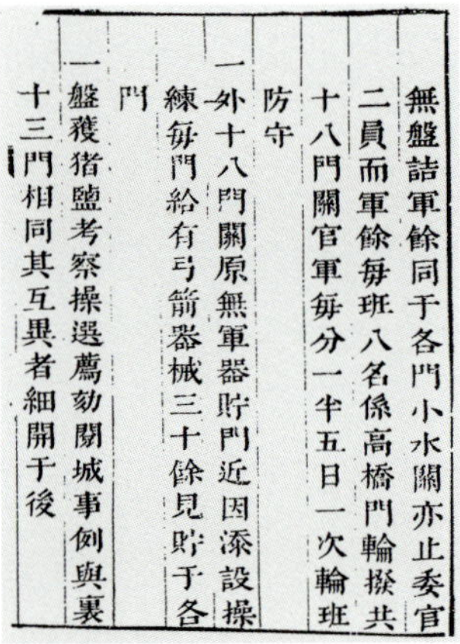

無盤詰軍餘同于各門小水關亦止委官
二員而軍餘每班八名係高橋門輪撥共
十八門關官軍每分一半五日一次輪班
防守
一外十八門關原無軍器貯門近因添設操
練每門給有弓箭器械三十餘見貯于各
門
一盤獲猪鹽考察操選薦劾閱城事例與裏
十三門相同其互異者細開于後

图 2-13

图 2-12—13　外郭十八门关（明朝范景文修、张可仕纂《南枢志》卷 48《形胜部》）

图 2-14 《江南省城之图》，又名《江南省会城郭图》（于成龙、王新命等修《康熙江南通志》）

图 2-15 1949 年新中国成立前夕，南京外郭城门名称存留现状（亚光舆地学社出版、中国史地图表编撰，马宗亮绘：1949 年《南京市街道详图》）

1928 年 9 月阮宗瑗游观音门后，写下了《游观音门谯楼记》，其中写道：“门上谯楼甚隘。从磴道上，见楼有侧户，叩之，僧启扉迎焉。楼三楹，中供佛像，虚其左待客，其右即僧卧所，一榻一灶几不得。”这段文字中提到门楼为三楹（即三开间），应是清代重修后的产物。

（二）图片中的外郭城门

明朝葛寅亮撰写的《金陵梵刹志》、朱之蕃等人编绘的《金陵图咏》，清代王翚等人绘制的《康熙南巡图》，以及清代于成龙、王新命等纂修的《康熙江南通志》“江南省城之图”中均有观音门的线描图，这些线描图中的观音门，无一例外地为一个拱形门洞，有的上面画有雉堞。在朱之蕃等人编绘的《金陵图咏》中，甚至还绘有单檐人字顶五开间的城门楼。由此，我们可以确认明代外郭城门楼为五开间。

六、明朝“外十八城门”应称“外十八门关”

在明朝范景文修、张可仕纂《南枢志》和徐必达领修、施沛等人协纂的《南京都察院志》中，凡是提到外郭 18 座城门，几乎一律称作“外十八门关”或“外城一十八门关”。

明朝范景文修、张可仕纂《南枢志》卷 48《形胜部》“南京门禁考”写道：“外十八门关，设有字号鱼尾令牌二面，状贮在门。”“外十八门关，原无军器贮门，近因添设操练，每门给有弓箭器械三十余，见贮各门。”“凡南京里城正阳等一十三门，外城江东等一十八门关，俱于各卫拣选精壮官军守把，本部委官同科道官查点。”

《南京都察院志》卷 24《职掌十七・南京兵部会典》也有类似记载：“凡南京里城正阳等一十三门，外城一十八门关，俱于各卫拣选精壮官军守把，本部委官同科道官查点。”同书卷 24《职掌十七・外城事宜》也写道：“外十八门关，设有字号鱼尾令牌二面，收贮在门。江东、驯象、安德大小、凤台、双桥、夹冈、上坊、高桥门，并小水关、石城关，隶于留守前卫；沧波、麒麟、仙鹤、姚坊、观音、佛宁、上元、外金川门，隶于留守后卫。”“外十八门关，原无军器贮门，近因添设操练，每门给有弓箭器械三十余，见贮各门。”对于这 18 座城门，明朝政府常年派兵

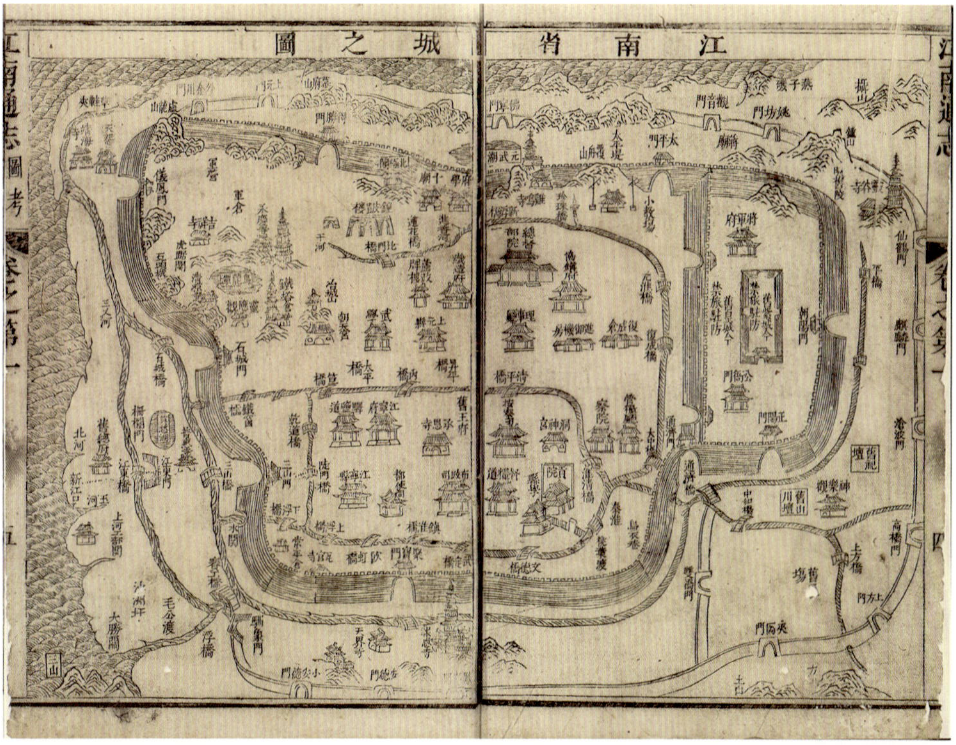

图 2-14

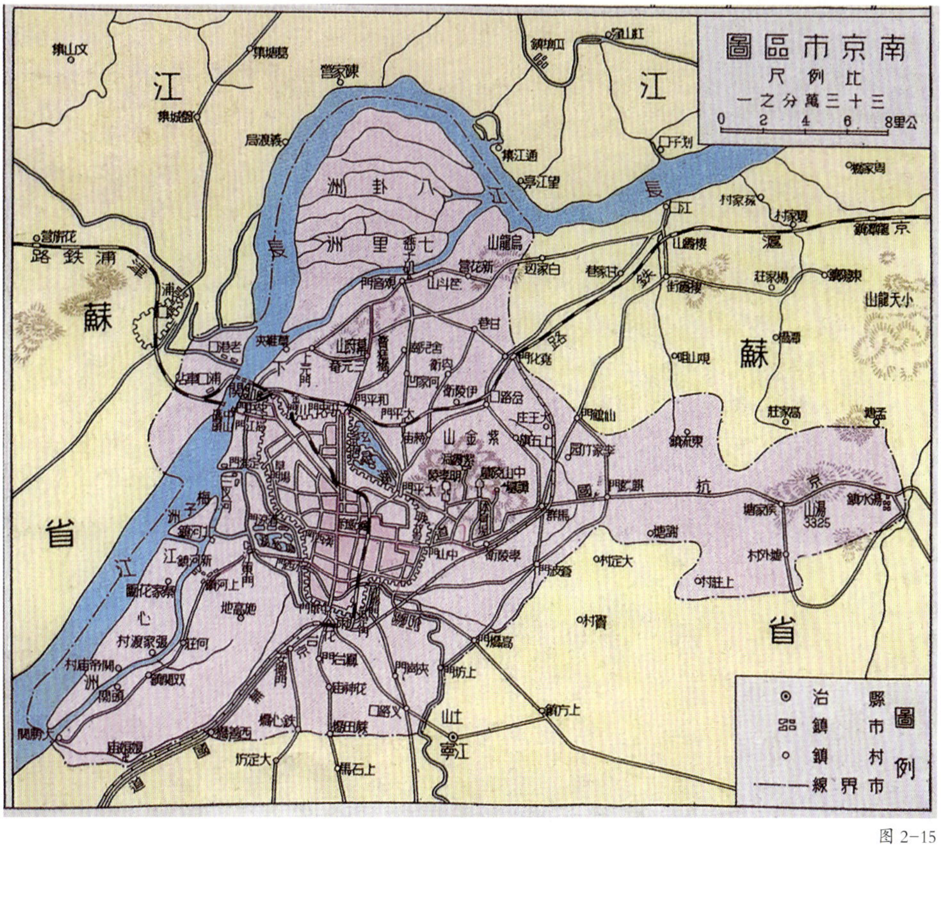

图 2-15

守卫，相关官员也不时巡视。明朝南京兵部尚书张邦奇（1483—1544）《九月十一日巡南京外城》诗可引以为证，其诗云：

绕遍钟山路未遒，漫于公事领清游。
即看九日已无菊，那得三农更有秋。
回首暮云瞻玉署，洗心澄汉捧金瓯。
长空落木萧疏甚，欲采胡麻不自由。

外郭城门在某种意义上就是出入南京的关口。如《南京都察院志》卷24《职掌十七·外城事宜》称“江东门”是“外廓首关，长江保障”。该书卷22《职掌十五·城垣》记载外郭城门设把总1—2员、盘诘员1—2员、士兵20—80人不等，担任守卫城门、检查出入人员和货物工作。该书卷24《职掌十七·外城事宜》结尾处作者李良栋评述道：“至门有官，官有军，昼司晨，昏严讥，察宵谨巡，缉备非常。”

外郭城门在明代200多年间，由于维护不善，已经遭受了不同程度的损坏。据清初《康熙江宁府志》卷1《国朝省城图考》记载：“外郭门城垣，旧多颓毁，所存者仅高桥、沧波、江东二三处。”经过太平天国农民战争后，“则仅见高阜络绎而已”（民国陈迺勋等《新京备乘》卷上）。民国年间，由于保护意识薄弱，外郭城垣再次遭到损毁。20世纪30年代，学者朱偰经过实地调查后，在其所著《金陵古迹图考》（商务印书馆1936年版）中写道：“外郭周一百八十里，利用天然土坡，未起城垣，然外郭城门，（如高桥门）尚有存者，重关屹立，形势嵯峨，惜今日因筑路关系，渐次拆毁，（如观音门，三年前尚存）亦可叹已。”民国云松《从历史上看南京》一文写道：“现在如果乘京沪车看见尧化门（姚坊之讹），到汤山去走过麒麟门，游幕府山燕子矶，走过上元门、观音门，这都是外城门的遗址。”（《中报一周年纪念特刊·新南京》，1941年3月30日出版）

时至今日，历经600多年风雨侵蚀和战火洗礼的明外郭城垣，大多数城门已踪迹难寻。尽管如此，许多外郭城门的名称，如江东门、安德门、凤台门、双桥门、夹岗门、上坊门、高桥门、沧波门、麒麟门、仙鹤门、姚坊门（今讹称尧化门）、观音门、上元门，以及指代外郭的“土城头”等，在民间留下了深深的印记，依然沿用至今，成为地名中的“活化石”。

七、外郭城垣有两个缺环

明朝南京的外郭城垣西北据山襟江，东南阻山带岗，逶迤曲折，形成一个不规则的菱形。

据明朝陈沂（1469—1538）《金陵古今图考·国朝都城图考》记载：“外郭西北据山带江，东南阻山控野……周一百八十里。”它将幕府山、钟山、聚宝山等军事制高点以及秦淮河、金川河、玄武湖、莫愁湖等重要水域甚至大片的农田全都包罗在内，同时还将太平门外的刑部、大理寺、都察院等中央机构包罗在内。

外郭城墙环绕在京城周围，规模宏大，蔚为壮观。16世纪，意大利传教士利玛窦（1552—1610）前后三次来到南京，他在《利玛窦中国札记》中描述道：

> 第三重和最外层的墙是不连续的。有些被认为是危险的地点，他们很科学的利用了天然防御。很难确定这重墙四周的全长。当地人讲了一个故事：两个人从城的相反两方骑马相对而行，花了一整天时间才遇到一起。这座墙将可提供该城如何庞大的一个概念。这重墙内，有广阔的园林、山和树林，交叉着湖泊，然而城中居民区仍然占有它的绝大部分。如果不是目睹，人们简直难以相信它，然而仅仅该城的警卫就有四万名士兵。

17世纪初的葡萄牙人曾德昭（F.Alvarez Semedo，又名谢务禄，1585—1658）也曾来过南京，并将对南京的印象记录下来，传播到西方世界。曾德昭比意大利传教士利玛窦到达南京的时间要晚14年。当时的明王朝已经是日薄西山，行将就木。但是，在曾德昭《大中国志》（上海古籍出版社1998年版）一书中，明朝留都南京仍是一片盛世景象：

> 我认为它是全国最大最好的城市，优良的建筑，宽大的街道，风度优雅的百姓，及丰富优良的种种物品。
>
> ……无数的宫殿、庙宇、楼塔及桥梁，使城市显得非常壮

图 2-16

图 2-17

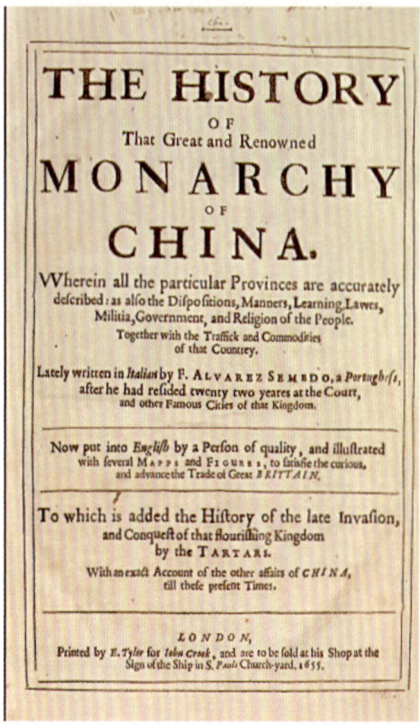

THE HISTORY
OF
That Great and Renowned
MONARCHY
OF
CHINA.
Wherein all the particular Provinces are accurately described: as also the Dispositions, Manners, Learning, Lawes, Militia, Government, and Religion of the People.
Together with the Traffick and Commodities of that Countrey.
Lately written in Italian by F. ALVAREZ SEMEDO, a Portughess, after he had resided twenty two yeares at the Court, and other Famous Cities of that Kingdom.
Now put into English by a Person of quality, and illustrated with several MAPPS and FIGURES, to satisfie the curious, and advance the Trade of Great BRITTAIN.
To which is added the History of the late Invasion, and Conquest of that flourishing Kingdom by the TARTARS.
With an exact Account of the other affairs of CHINA, till these present Times.
LONDON,
Printed by E. Tyler for John Crook, and are to be sold at his Shop at the Sign of the Ship in S. Pauls Church-yard, 1655.

图 2-18

图 2-16 利玛窦

图 2-17 曾德昭

图 2-18 曾德昭《大中国志》书影

图 2-19 外郭并非完美无缺（明朝范景文修、张可仕纂《南枢志》卷 47《形胜部》“伏场图”）

丽。城墙有 12 道门，用铁作闩，以炮防守；城外远处，有另一道完整无损的墙，其四周（因我想知道它的长度）是马行两日的路程。内墙 18 英里。两墙之间有很多住户、园林及开耕的农田，收获可供大约四万城内戍军的粮食。

利玛窦和曾德昭有关南京的描述，随着他们撰写的《利玛窦中国札记》和《大中国志》被陆续翻译成法文、西班牙文、意大利文、英文等各种文字，而传遍世界，成为西方人认知、了解南京乃至中国的一扇窗口。

明朝的外郭城垣是否连成一个闭环，答案是否定的。

首先，外郭西部城门石城关至西北部城门外金川门之间，利用护城河和长江支流形成一道天然屏障，所以没有外郭城垣连接，这是毫无争议的。清朝《同治上江两县志》卷 27 上《明应天府外郭门图第九》注云：“石城关俗曰栅栏门，以接木栅也。其北清江、定淮、仪凤三门，西濒大江，故无外郭门。”

其次，外郭西部城门江东门与西南部城门驯象门之间，也无

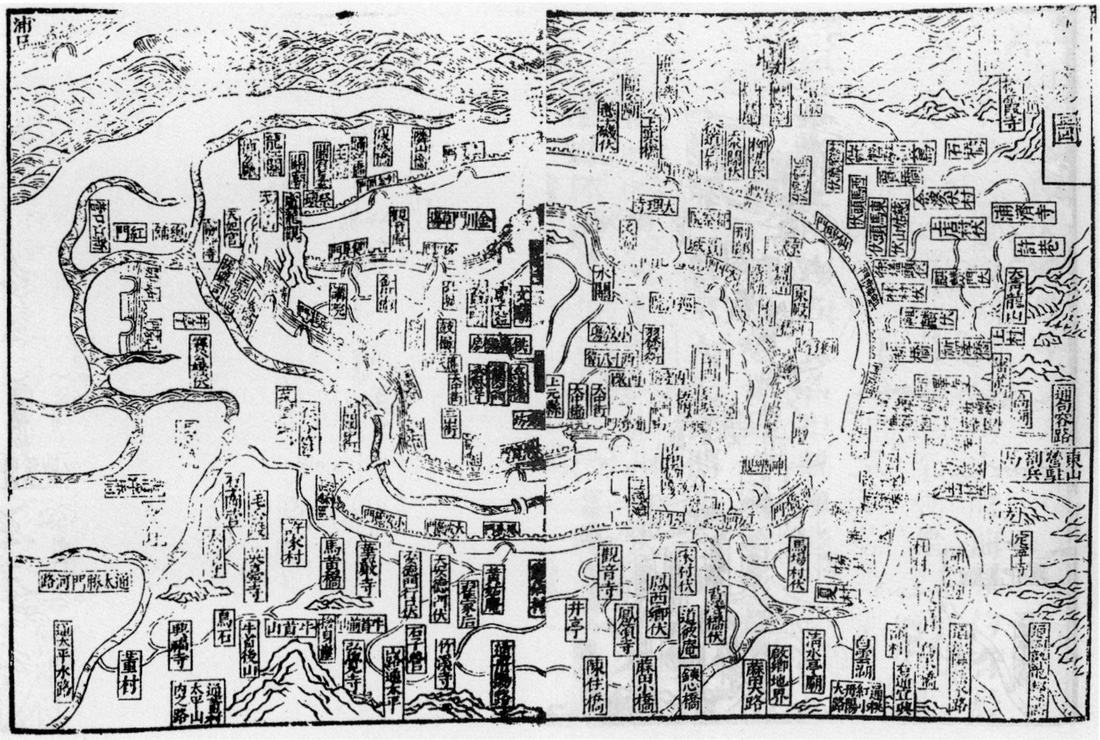

图 2-19

城墙连接。长期以来，人们普遍认为明外郭其他城门之间是连成一体的。事实上，这是一个臆测。

根据明朝范景文修、张可仕纂《南枢志》卷47《形胜部》“伏场图”，我们可以清楚地看到，石城关——江东门连为一体，两端与河流相接，屹立在南京城的西面；外金川门——上元门——佛宁门——观音门——姚坊门——仙鹤门——麒麟门——沧波门——高桥门——上坊门——夹岗门——双桥门——凤台门——大安德门——小安德门——驯象门，连为一体，环绕在南京城的北、东、南三面；南京城西南面的江东门与驯象门之间则是利用河道、湖泊、水塘作为防御屏障，并无城墙连接。因此，南京外郭并非“完美无缺”，而是在西北面和西南面存在两个缺口。

明代南京城墙“外十八门关”的设置，体现了中央集权统治下的城市建设等级次序。明朝南京外郭城门数量之多，不仅在中国城市史上绝无仅有，在世界城市建设史上也是盖世无双。

第三章　明外郭十八门关

明朝外郭十八门关，利用京城外围的天然岗垄建造而成，仅在城门位置采用砖石砌筑，城门上普遍建有城门楼。

明朝时期，外郭十八门关由留守前卫和留守后卫分兵把守。其中江东、驯象、安德大小、凤台、双桥、夹冈、上坊、高桥门并小水关、石城关，隶于留守前卫；沧波、麒麟、仙鹤、姚坊、观音、佛宁、上元、外金川门，隶于留守后卫。永乐七年（1409）二月丙子，设置在京二十五门城门郎，其中外郭的江东、驯象、安德、凤台、双桥、夹冈、上坊、高桥、沧波、麒麟、仙鹤、姚坊、观音、佛宁、上元、外金川十六门（不包括小安德门和石城关）每门设城门郎一员，皆正六品。永乐十四年（1416）七月己酉，革城门郎，但每一个外郭城门仍有人数不等的官军把守。

据成书于明熹宗朱由校天启年间（1621—1627）的《南京都

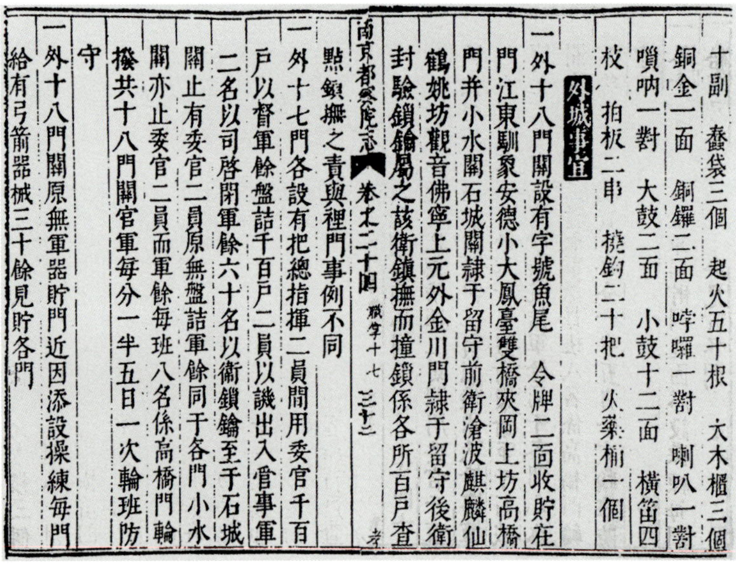
十副　蠢袋三個　起火五十根　大木櫃三個
銅金一面　銅鑼二面　哱囉一對　喇叭一對
嗩吶一對　大鼓二面　小鼓十二面　横笛四
枝　拍板二串　撓鈎二十把　火藥桶一個

外城事宜

一外十八門關設有字號魚尾　令牌二面收貯在
門江東馴象安德小大鳳臺雙橋夾岡上坊高橋
門并小水關石城關隸于留守前衛滄波麒麟仙
鶴姚坊觀音佛寧上元外金川門隸于留守後衛
封驗鎖鑰属之該衛鎮撫而撞鎖係各所百戶查

南京都察院志　卷之二十四　職掌十七　三十二

點鎮撫之責與裡門事例不同
一外十七門各設有把總指揮二員間用委官千百
戶以督軍餘盤詰千百戶二員以譏出入督事軍
二名以司啓閉軍餘六十名以衛鎖鑰至于石城
關止有委官二員原無盤詰軍餘同于各門小水
關亦止委官二員而軍餘每班八名係高橋門輪
撥共十八門關官軍每分一半五日一次輪班防
守
一外十八門關原無軍器貯門近因添設操練每門
給有弓箭器械三十餘見貯各門

图 3-1

图 3-1　明朝《南京都察院志》卷24《职掌十七》中有关外郭城门的记载

图 3-2　南京明外郭城垣和城门示意图（本图根据东南大学建筑学院、东南大学城市规划设计研究院《南京百里绿廊——明城墙外郭城墙沿线综合规划设计》中的相关图片绘制而成）

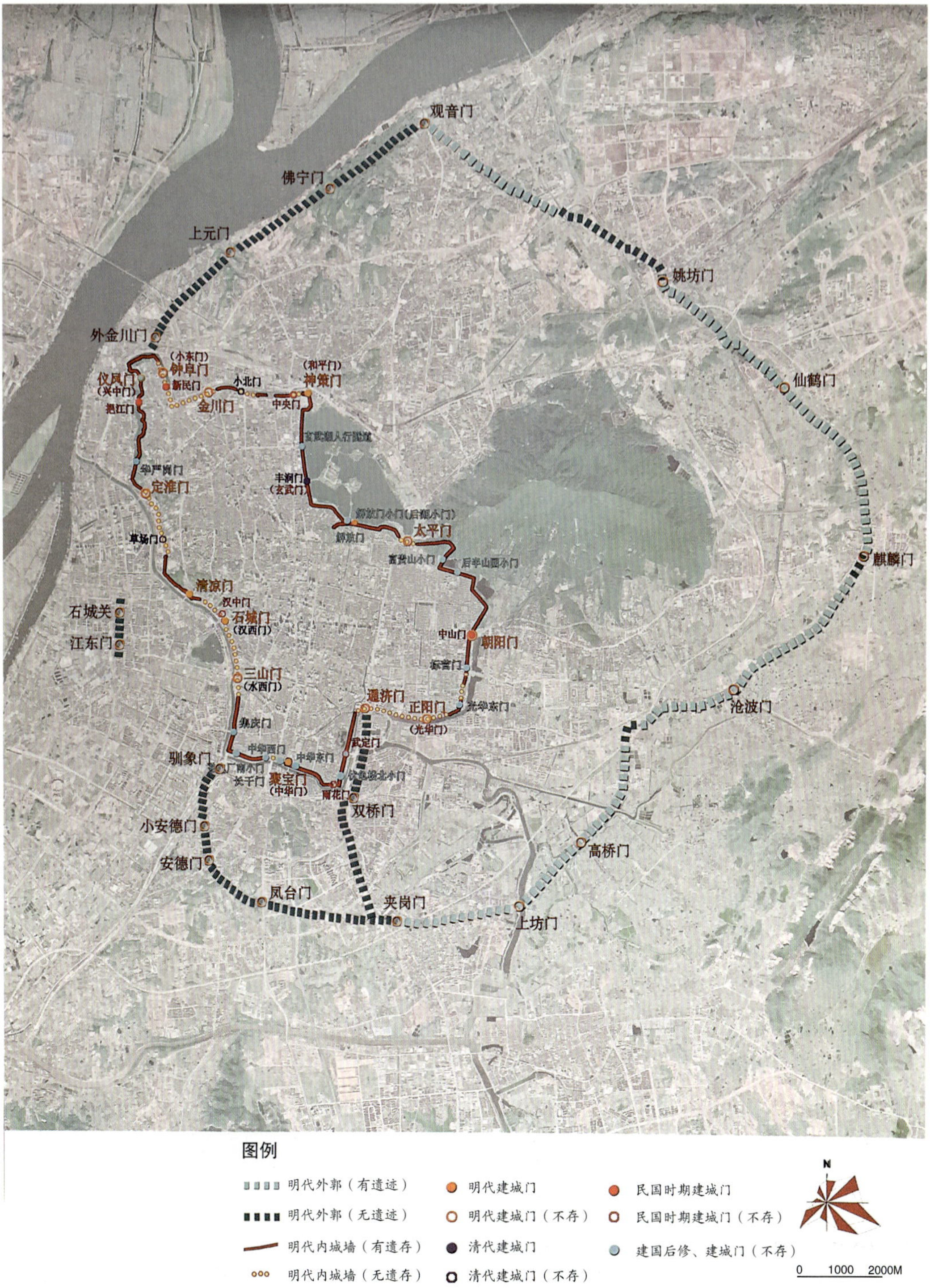
观音门
佛宁门
上元门
姚坊门
外金川门
仙鹤门
仪凤门
（兴中门）
（小东门）
钟阜门
新民门
小北门
（和平门）
神策门
金川门
中央门
挹江门
定淮门
草场门
丰润门
（玄武门）
太平门
麒麟门
清凉门
汉中门
石城门
（汉西门）
石城关
江东门
中山门
朝阳门
三山门
（水西门）
通济门
正阳门
（光华门）
沧波门
驯象门
中华西门
中华东门
武定门
聚宝门
（中华门）
雨花门
双桥门
小安德门
安德门
高桥门
凤台门
夹岗门
上坊门
图例
明代外郭（有遗迹）
明代外郭（无遗迹）
明代内城墙（有遗存）
明代内城墙（无遗存）
明代建城门
明代建城门（不存）
清代建城门
清代建城门（不存）
民国时期建城门
民国时期建城门（不存）
建国后修、建城门（不存）
N
0 1000 2000M

图 3-2

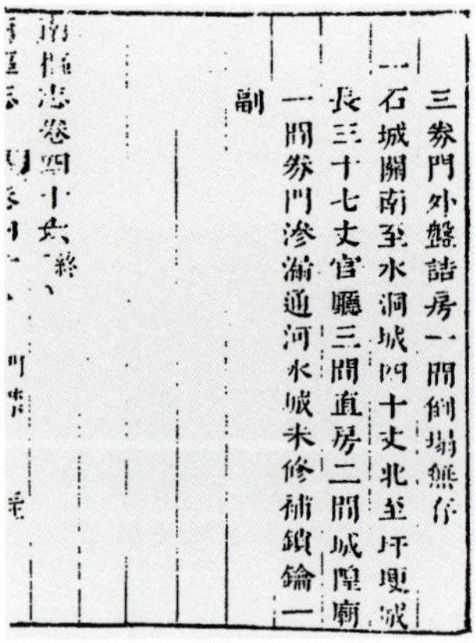
三券門外盤詰房一間倒塌無存
一石城關南至水洞城四十丈北至圩埂城
長三十七丈官廳三間直房二間城隍廟
一間券門滲漏通河水城未修補鎖鑰一
副
南樞志卷四十六

图 3-3

察院志》卷 24《职掌十七・外城事宜》（《南枢志》记载基本相同）记载：

外十八门关，设有字号鱼尾令牌二面，收贮在门。江东、驯象、安德大小、凤台、双桥、夹冈、上坊、高桥门并小水关、石城关，隶于留守前卫；沧波、麒麟、仙鹤、姚坊、观音、佛宁、上元、外金川门，隶于留守后卫。封验锁钥，属之该卫镇抚，而撞锁系各所百户查点。镇抚之责，与里门事例不同。

外十七门各设有把总指挥二员，间用委官千百户以督军余，盘诘千百户二员以讥出入，管事军二员以司启闭，军余六十名以卫锁钥。至于石城关，止有委官二员，原无盘诘，军余同于各门。小水关亦止委官二员，而军余每班八员，系高桥门轮拨。共十八门关，官军每分一半，五日一次，轮班防守。

外十八门关，原无军器贮门，近因添设操练，每门给有弓箭器械三十余，见贮各门。

现按逆时针方向，由西向东，对明朝外郭十八门关分别介绍如下。

一、石城关

坐落在明外郭城垣西面，南接水洞，北至圩埂。我们推测位于江东门侵华日军南京大屠杀遇难同胞纪念馆之北、凤凰西街与江东北路交界处。因与京城城墙石城门（位于今汉中门广场中间）遥相呼应，故名。又因其为水关，故又有栅栏门之称。遗迹不存，名也消失。

1. 历史沿革

明朝马生龙《凤凰台记事》记载："石城关边有清江楼、石城楼，三山门外有集贤楼，皆洪武间建，以聚四方宾客。"

在石城关东北，有吉祥寺。（明朝陈沂《金陵世纪》，南京出版社 2009 年 4 月版）

在石城关和江东门外，设有济州卫，防范来自南京城西水上的威胁。

石城关遗址今已难以寻觅。

图 3-3 石城关（明朝范景文修、张可仕纂《南枢志》卷 48《形胜部》）

2. 文献史料

《南枢志》卷 48《形胜部·外门事宜》：“石城关：南至水洞，城四十丈；北至圩埂，城长三十七丈。官厅三间，直房二间，城隍庙一间，券门渗漏，通河水城未修补，锁钥一副。”

《南京都察院志》卷 22《职掌十五》：“外城石城关，城门一座，荒僻。把总官二员，军余二十名。”

《南京都察院志》卷 24《职掌十七》：“石城关：南至水洞，城四十丈；北至圩埂，城长三十七丈。官厅三间，直房三间，城隍庙一间，门券渗漏，通河水城未修补，锁钥一副。按：石城关，左有江东门为金陵之保障，右有新江营为江汉之屏藩，宣课司列于后而奸贩潜踪，济川冲峙于傍而路境宁谧。”

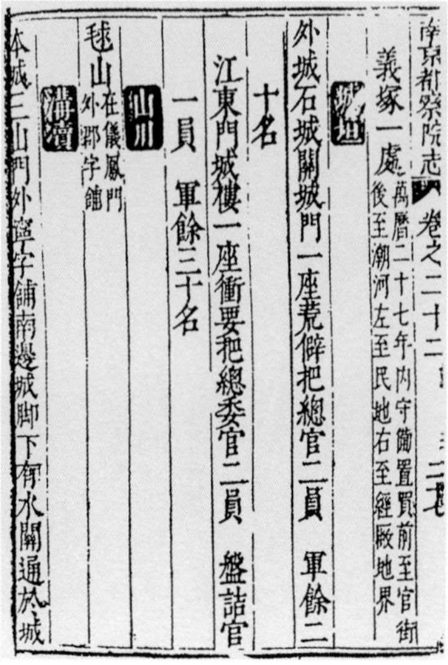
南京都察院志 卷之二十二
義塚一處 萬曆二十七年內守備置買前至官街後至潮河左至民地右至縱厰地界
城垣
外城石城關城門一座荒僻把總官二員 軍餘二
十名
江東門城樓一座衝要把總委官二員 盤詰官
一員 軍餘三十名
山川
毬山 在儀鳳門外郵字舖
溝瀆
本城三山門外寗字舖南邊城脚下有水關通於城

图 3-4

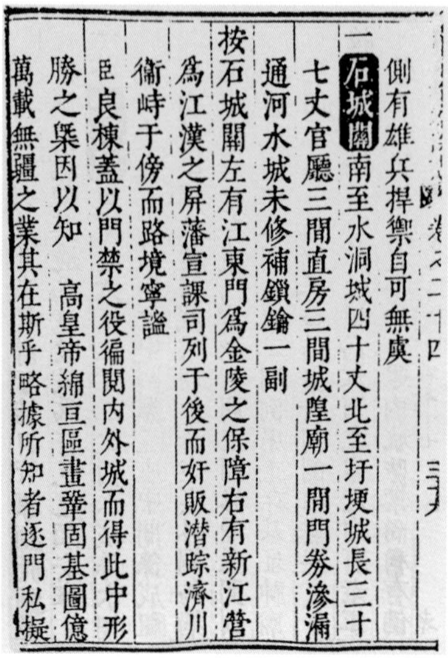
側有雄兵捍禦自可無虞
一石城關南至水洞城四十丈北至圩埂城長三十
七丈官廳三間直房三間城隍廟一間門券滲漏
通河水城未修補鎖鑰一副
按石城關左有江東門爲金陵之保障右有新江營
爲江漢之屏藩宣課司列于後而奸販潛踪濟川
衞峙于傍而路境寧謐
臣良楝葢以門禁之役徧閱內外城而得此中形
勝之槩因以知　高皇帝綿亘區畫鞏固基圖億
萬載無疆之業其在斯乎略據所知者逐門私擬

图 3-5

二、江东门

坐落在明外郭城垣西部，位于侵华日军南京大屠杀遇难同胞纪念馆北侧、南京云锦研究所西侧，门牌号码是茶亭东街 242 号，民国时期为中央军人监狱，现为东部战区某部驻地。北与石城关（又名栅栏门）相接，东南与驯象门遥遥相望。因长江芜湖至南京段呈南北流向，此门在长江的东岸，故名。或云源于三国时期，孙吴踞江东，以“江东”二字得名。此门已不存，门名沿用至今。

图 3-4 石城关（明朝《南京都察院志》卷 22）

图 3-5 石城关（明朝《南京都察院志》卷 24）

图 3-6 江东门（1898 年《江宁府城图》）

1. 历史沿革

江东门建成于洪武二十四年（1391）二月甲子，置千户所；同年七月丁亥，造城门外的江东桥，以通江边。《南京都察院志》卷 24《职掌十七·外城事宜》称“江东门”是“外廓首关，长江保障”。

江东门是明朝皇室迎送重要宾客至江边码头的必经之地。如永乐十年（1412）正月乙巳，赵王高燧还北京，朱棣及皇太子皆有赐馈，皇太子亲送至江东门。朝廷祭祀用的神帛和鲟鱼，均由江东门和三山门、石城门进入南京城。上表朝廷或接受皇帝诏书，均在江东门和三山门、石城门外（《南枢志》）。

正统七年（1442）五月辛未，修南京江东门城楼。景泰元年（1450）五月庚申，命修南京江东等 14 门墙垣、栅栏及城楼、官厅、台基等处。

江东门一带是明朝南京重要的行旅聚居地和商品交易场所。据明朝礼部编写的《洪武京城图志》和明朝葛寅亮《金陵梵刹志》记载，在江东门外大江边，设有著名的水驿——江东驿，用来安置、

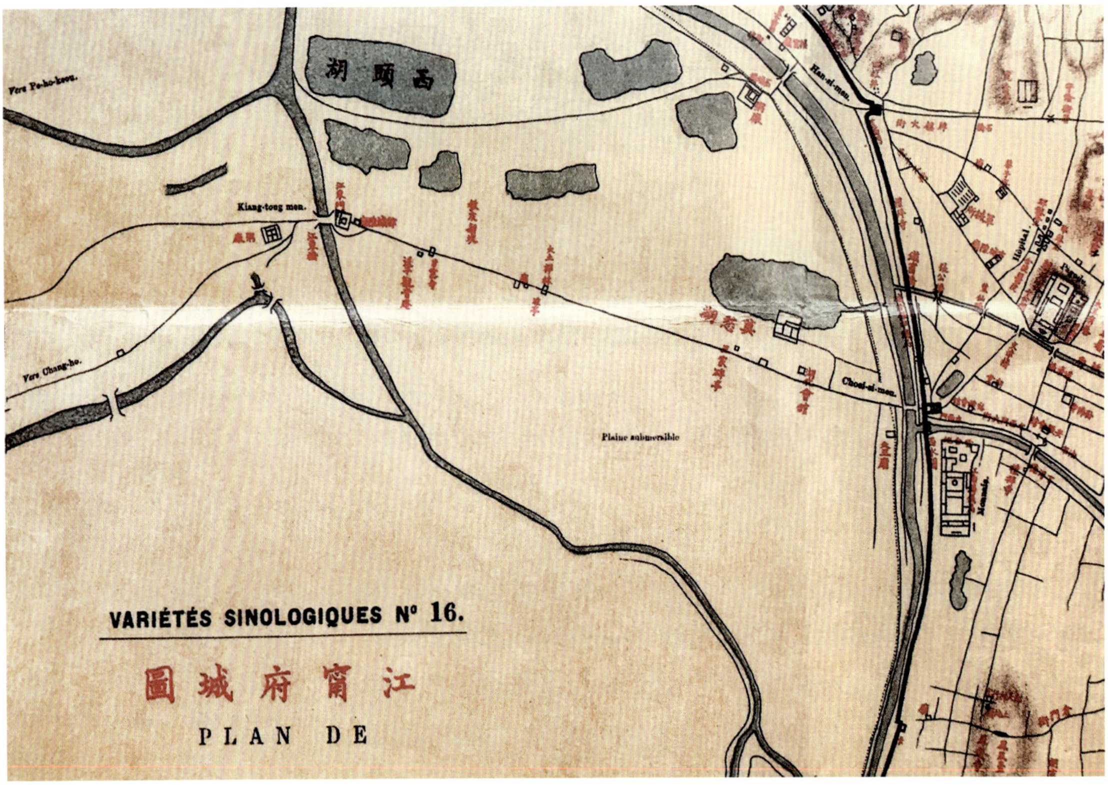

图 3-6

接送官员和运送物资。洪武三十一年（1398），朱元璋敕建中等规模的寺庙——接待寺，专门接待各地来的僧人。在江东门内南北街，设有客店，“以待四方宾客”。与此同时，明朝中央政府官办的十六座酒楼中，有6座设在江东门内西关南街、中街和北街，它们是轻烟楼、淡粉楼、鹤鸣楼、醉仙楼、梅妍楼和翠柳楼（明朝周晖《二续金陵琐事》），时人有诗题咏；还有一座设在江东门西，叫江东楼。在江东门外，设有江东市，“多聚客商船只、米麦货物”；并设六畜场，“买卖马、牛、驴、骡、猪、羊、鸡、鹅等畜”。此外，在江东门外，设有济州卫，拱卫着这座城门和其北面石城关的安全。

民国时期，在江东门门址上建起了中央军人监狱。

1949年以后，国民党中央军人监狱关闭。1982年4月7日，恽代英烈士的夫人沈葆英及其儿子、孙女前往恽代英烈士被关押、杀害的中央军人监狱参观，并在恽代英烈士殉难处合影留念。同年，南京市人民政府将恽代英烈士殉难处列为南京市文物保护单位。1985年8月，在恽代英烈士诞辰90周年之际，南京市人民政府在烈士当年殉难的地方建立起了一座占地面积180平方米的圆形纪念碑坛。1986年4月29日，在恽代英烈士牺牲55周年之际，南京市人民政府又在碑坛之上竖立了一尊高1.25米的恽代英烈士半身汉白玉雕像。

如今，江东门、江东门后街等地名犹存。

2. 文献史料

《南枢志》卷48《形胜部·外门事宜》：“江东门：南边城垣六十丈，至堂子巷河止；北城垣九十丈，接石城关界。城楼一座，垛口三十座，官厅一座，军余直房三间，锁钥一副。”

《南京都察院志》卷22《职掌十五》：“江东门，城楼一座，冲要。把总委官二员，盘诘官一员，军余三十名。”

《南京都察院志》卷24《职掌十七》：“江东门：南边城垣六十丈，至堂子巷河止；北城垣九十丈，接石城关界。城楼一座，垛口三十座，官厅一座，直房三间，锁钥一付。按：江东门，内有莫愁湖、兵马司，两院之基址；外有直江口、落星寺，三山之要津。江东桥易铁石，圣祖智破伪汉之场；总府逼近济川，勋臣操练雄兵之所。外廓首关，长江保障。”

图 3-7

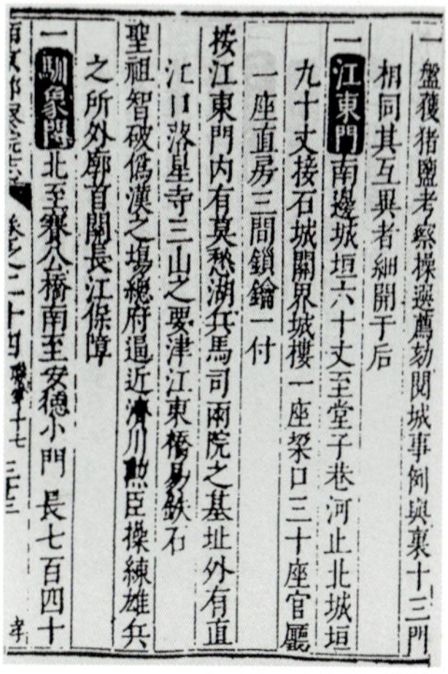

一盤獲猪鹽考察操遞薦劾閱城事例與裏十三門
相同其互異者細開于后
一江東門南邊城垣六十丈至堂子巷河止北城垣
九十丈接石城關界城樓一座垛口三十座官廳
一座直房三間鎖鑰一付
按江東門内有莫愁湖兵馬司兩院之基址外有直
江口落星寺三山之要津江東橋易鐵石
聖祖智破僞漢之場總府逼近濟川勳臣操練雄兵
之所外廓首關長江保障
一馴象門北至賽公橋南至安德小門 長七百四十

图 3-8

图 3-7 恽代英烈士雕像
图 3-8 江东门、驯象门（明朝《南京都察院志》卷24）

《明太宗实录》：永乐十年（1412）正月乙巳，“赵王高燧还北京。上及皇太子皆有赐馈。皇太子亲送至江东门”；永乐十一年（1413）正月丁酉，“仁孝皇后梓宫发引……路祭，送梓宫出江东门至江滨”。

明葛寅亮《金陵梵刹志》卷30：“小刹江东门积善庵，在郭城江东门外典牧所新河岸，西城地。东北去三山门十里，所领接待寺□里。国朝韩宪王香火，洪武初建。”

明朝周晖《续金陵琐事·门禁》：“太祖定鼎金陵，造内城十三门，造外城十八门，皆不许丧柩入。其禁甚严。三百年来，死而入城者有两人。……又有南道御史蒋公达，宸濠谋反对，勤劳王事，卒于江上，不敢发丧，仍乘轿如生，遂入江东、水西二门。”

3. 诗词歌赋

江东门

［清］王友亮

城西郭门。

竹舆小倦唤渔舟，又作西郊载酒游。
淡粉轻烟俱作梦，落花疏雨只春愁。
帆樯尚集新河舶，罗绮休寻旧市楼。
问取前朝龙战处，长桥犹自锁东流。

淡粉、轻烟，妓馆名。江东桥，明太祖破陈友谅处。

4. 遗产资源

中央军人监狱

中央军人监狱位于茶亭东街242号，建于1930年，又名“军政部军人监狱”“中央海陆空军人监狱”，由国民政府军政部陆军署军法司设立和管辖，胡逸民、崔景新、王震南、钱协民等先后担任监狱长。中央军人监狱的编制是：监狱长掌管全监事务，下设三个科，第一科办理一切行政事务，管理文件、档案、会计、庶务等；第二科办理监狱一切戒备检查事务，专门看守和管理犯人；第三科办理在监人员的一切作业事业及监狱修建工事。另外还有一个教务所，一个医务所，前者专司“教诲”“感化”之职；后者掌管全监医疗、卫生事务。

监狱坐北朝南，平面呈正方形，长宽各约200米，四周筑有

图 3-9

图 3-10

高达 6.7 米的围墙，围墙上设电网，围墙外挖有深沟，围墙内四角筑有岗楼。

监狱内监房分东、西、南、中四大监。东监设天、地、人字监；西监设日、月、星字监；南监设改、过、自、新字监；中监设智、仁、勇字监。其中南监条件最差，被称为“狱中狱”；中监的“智”“勇”两监为单人囚室。狱中还设有教诲室、刑讯室、水牢、刑场，以及供犯人劳动的木工、毛巾、织布、织袜、缝纫、印刷等工厂。

根据狱规规定：“军人监狱为监禁被处徒刑或拘役之海陆空军军人及视同军人依法令非军人而受军事裁判者得监禁之。”因此，该监狱除了监禁被处徒刑或拘役的海、陆、空军人外，还囚禁着许多被国民党逮捕判刑的重要政治犯，他们因受到“军事裁判”而被转来这里监禁。全监共关押有 1000 多人，其中政治犯达三分之一以上。1930 年至 1937 年间，被囚禁在这里“政治犯”有恽代英、马克昌、陶铸、钱瑛、惠浴宇、刘顺元、王凯、王鹤寿、刘宁一、肖桂昌等人。

中共杰出领导人恽代英（1895—1931）于 1930 年 5 月在上海从事工人运动时被捕，化名王作霖。1931 年 2 月，被押送到南京中央军人监狱，先是被关在中监的“仁”字监 6 号，他在狱中写下了脍炙人口的诗篇：

图 3-9—10 国民党中央军人监狱监舍

浪迹江湖忆旧游，故人生死各千秋；
已摈忧患寻常事，留得豪情作楚囚。

恽代英被捕后，党组织设法进行营救，就在他即将被提前释放时，中共中央特务委员会的负责人顾顺章在武汉被捕后叛变革命，出卖了恽代英。蒋介石知道这一情况，急令军法司司长王震南到狱中核对。4 月 28 日，王震南拿着恽代英在黄埔军校时的照片来到他面前。恽代英知道自己的身份已经暴露，轻蔑而又自豪地说："我就是恽代英！"敌人对恽代英进行劝降，遭到严厉斥责，遂将恽代英戴上镣铐，关押到中监的"智"字监。蒋介石得知恽代英不肯屈服，下令立即就地处决。4 月 29 日中午，敌人将恽代英从牢房押往监狱的刑场时，恽代英神色坦然，昂首挺胸，高唱《国际歌》。临刑前，面对行刑的刽子手，恽代英发表了慷慨的演说："蒋介石走袁世凯的老路，屠杀爱国青年，献媚帝国主义，较袁世凯有过之而无不及，必将自食其果。"恽代英高呼口号，英勇就义，年仅 36 岁。在监狱内刑场上先后就义的还有马克昌、刘西雨、陈仲模等共产党人。

1937 年"七七"事变爆发后，随着国共两党抗日民族统一战线的形成，从 8 月 18 日起，被关押在中央军人监狱的"政治犯"黄文杰、刘顺元、王凯、陈龙菲、郑绍文、王鹤寿、刘宁一、杨兆龙等陆续获得释放。9 月中旬，国民党军政部以"疏散"为名，下令把关押在中央军人监狱的 100 多名刑期在 15 年以上的"政治犯"和少数"军事犯"集中解送到安徽和县姥下镇，余下的 100 多名"政治犯"全部关进中央军人监狱的"狱中狱"。此后，由周恩来、叶剑英或八路军驻京办事处以周、叶的名义，写信给国民政府军政部长何应钦，指名调"重刑政治犯"到八路军去"服刑"。通过这一办法，一批又一批被关押的革命者从监狱中被成功解救出来。

1937 年南京沦陷后，12 月 16 日，日军将抓获的已经解除武装的中国士兵和平民万余人，囚禁在院内。当天傍晚，全部押送到江东门外，集体屠杀。今天的《江东门遇难同胞纪念碑碑文》记载了这一段血腥的历史。

南京沦陷期间，中央军人监狱被日军烧毁。抗战胜利后，国民政府在江东门原址重新建造中央军人监狱。主要关押政治犯和汉奸、贪污、逃亡、掠夺、盗窃、烟毒等犯人。1949年1月从南京迁往杭州，与浙江军人监狱合并，隶属军事委员会军法执行总监部第三战区军法执行监部直接领导。

——卢海鸣、杨新华主编：《南京民国建筑》，南京大学出版社2001年版

图3-11

侵华日军南京大屠杀遇难同胞纪念馆

侵华日军南京大屠杀遇难同胞纪念馆，俗称江东门纪念馆，位于南京市建邺区水西门大街418号，原为南京大屠杀江东门集体屠杀遗址及遇难者丛葬地，是我国首批国家一级博物馆，首批全国爱国主义教育示范基地，全国重点文物保护单位，首批国家级抗战纪念设施、遗址名录，也是国际公认的二战期间三大惨案纪念馆之一。

江东门纪念馆是为铭记侵华日军攻占中国首都南京后制造的惨无人道的南京大屠杀的暴行而筹建的，是中国人民承受全民族灾难的实证性、遗址型专史纪念馆，也是我国唯一一座有关侵华日军南京大屠杀的专史陈列馆及国家公祭日主办地。

截至2017年，纪念馆占地面积10.3万平方米，建筑面积5.7万平方米，展陈面积近2万平方米，馆藏文物史料18万余件。2017年接待人数达750万余人次。自1985年8月15日建成开放至2017年8月15日，参观总人数9000多万人次，来自美、日、德、英等100多个国家和地区的海外人士近300余万人次，在全国博物场馆中仅次于故宫博物院。

2015年12月1日，侵华日军南京大屠杀遇难同胞纪念馆的分馆——南京利济巷慰安所旧址陈列馆正式开馆，对公众开放。这是亚洲最大、保存最完整的慰安所旧址，也是唯一一处被在世慰安妇指认过的慰安所建筑。

2016年9月，侵华日军南京大屠杀遇难同胞纪念馆入选“首批中国20世纪建筑遗产”名录。

中国南京云锦博物馆

中国南京云锦博物馆位于江苏省南京市建邺区茶亭东街240号，是我国唯一的云锦专业博物馆，主要展示以南京云锦为代表

图3-11 侵华日军南京大屠杀遇难同胞纪念馆和平大钟

图 3-12

的中国民族织锦艺术，是“新金陵四十八景”之一。

中国南京云锦博物馆前身是创建于 1984 年的中国织锦工艺陈列馆，是我国首家集知识、观赏、娱乐为一体的织锦艺术博物馆，由江苏省南京云锦工艺研究生产试验中心主办，目的是为促进中国传统民族民间织锦的开发利用、技艺交流，接待国内外专业人士参观访问。

云锦博物馆展示着云锦织造工艺、明清云锦精品实物、中国古代丝织文物复制品以及中国少数民族织锦等。拥有 1600 多年手工织造历史的南京云锦，以特殊的妆花技艺，表达出特殊的审美境界和文化艺术魅力，反映出中华民族特有的文化内涵，被称为“中华瑰宝”。2009 年，“南京云锦织造技艺”被联合国教科文组织列入《人类非物质文化遗产代表作名录》。

中国国民党中央广播电台

中国国民党中央广播电台，全称为中国国民党中央执行委员会无线广播电台，简称为中央广播电台，它是当时国内最大规模的电台。它的播控中心位于中山东路西祠堂巷 8 号（原为祠堂巷 25 号），现为江苏省广播电台所在地；发射台先后设在中央党部大院内（今湖南路 10 号）和江东门外北河口（今江东门北街 33 号）。

中央广播电台最初勘定湖南路国民党中央党部内西南角的一块空地作为台址，建造机房，设置铁塔。1928 年 5 月施工，由上海大新营造厂装配发射铁塔和建造发射机房，1928 年 7 月中旬竣

图 3-12 中国南京云锦博物馆

图 3-13

图 3-13 国民党中央广播电台江东门发射台
图 3-14 国民党中央广播电台江东门发射塔

工。两座新建的高 140 英尺铁塔在当年的南京城算是最高的建筑物了。由于新建的电台电力有限，电波覆盖范围很小，要适应时代的发展，必须加大中央广播电台的电力。

1930 年，由陈果夫牵头，向德国德律风根公司订购了全套无线电广播设备，包括一台 50 千瓦功率的中波机，两座高度为 125 米的铁塔。后来，因为陈果夫等人不接受回扣，德国人很受感动，于是主动增加了 25 千瓦的电力，这样中波机的功率就成为 75 千瓦。陈果夫等人选定南京西郊江东门外北河口作为发射台台址。1931 年开工，1932 年 5 月竣工。民国王焕镳编写的《首都志》写道："大电台益臻美备，不特为我一国之荣，抑且为远东生色。"这座新建的广播电台台，被称为"东亚第一，世界第三"，电波遍及海内外。当时日本国内仅有 10 千瓦的电台 5 座，全国电台电力总和还不及我国一座，因此，称国民党中央广播电台为"怪放送"。

1932 年 11 月 12 日孙中山先生诞辰 66 周年纪念日，新台正式开播。当天，天气晴朗，到会的国民党中央要员、中外来宾和记者达 1000 多人。陈果夫首先致开幕词，详细叙述了该台的发起和筹建经过。接着，吴稚晖、居正、罗家伦、程天放相继致词表示祝贺。典礼在热烈的气氛中结束。凡是有收音机的地方，都被围得水泄不通。新台呼号 XGOA，频率 680 千赫（后改为 660

图 3-14

千赫）。国民党中央广播电台建立后，成为国民党宣传的“喉舌”，陈果夫牢牢掌握了对电台的控制权，电台的首任主任是徐恩曾、第二任主任是吴道一。

据 1934 年制订的播音节目时间表，电台播出时间每天达 11 小时以上，设有新闻节目、政治教育类节目、知识节目、文艺节目、服务类节目等。其中主持儿童节目的播音员刘俊英因嗓音圆润甜美而深受听众欢迎，1935 年，日本《朝日新闻》称赞她为“南京夜莺”。

抗战时期，国民党中央广播电台西迁重庆，发射台和播控中心落入日军之手。1941 年汪伪国民政府成立后，利用原有的国民党中央广播电台进行反共卖国宣传。

1945 年 8 月 10 日下午，日本政府正式向中、英、美、苏四国发出《日本请降照会》（用于表明立场、态度的外交文书叫照会），表示接受中、英、美三国于 7 月 26 日发出的《波茨坦公告》，无条件投降。当晚 8 时，南京汪伪国民政府的喉舌——中央广播电台（在今天的西祠堂巷南京音像出版社大楼上），照例要播放日本东京广播电台“大东亚联播”的华语节目。之前，电台的技术员谭保林和苏荷先两人收到重庆的电台广播，得知日本即将投降的消息，热血沸腾，按捺不住喜悦，联系了江东门发射台。在得知日本主管不在值日的情况下，要求江东门发射台的员工在 8 点改播重庆广播电台“日本即将投降”的电讯。发射台立即将这一消息发射出来。南京城顿时沸腾起来，老百姓奔走相告，鞭炮声不绝于耳。

抗战胜利后，国民党中央广播事业管理处派员来南京接受汪伪中央广播电台，国民党中央广播电台随即迁回南京，发射台设在江东门，播控中心和办公室设在中山东路西祠堂巷，收音台设在中山陵园东区安乐堂村。

1949 年 4 月 24 日，南京解放后的第二天早晨 7 点半，中央广播电台仍是中波 660 千赫，短波 5985 千赫，但呼号由 XGOA 改称 XGOB，台名“南京广播电台”。5 月 18 日，南京广播电台正式更名为“南京人民广播电台”。

江东门北街 33 号保存有发射机房一座，高一层，坐北朝南，分为左中右三段，中间高，两边低，左右对称，钢筋混凝土结构，室内保存有各类发射台使用过的仪器、设备和电缆等，在墙角，保存有一方奠基碑，上面竖刻隶书：“上海华中营业公司承建 中华民国二十年十二月 日立”。在发射机房的东西两面，各另有铁质发射塔一座。

时间过去半个多世纪，昔日飘荡在全国各地上空的声音早已音消云散，而西祠堂巷 8 号国民党中央广播电台建筑依然完好，怀旧的人们似乎仍可以从中聆听到绕梁的余音。而江东门北街 33 号发射机房所在地催生了一个新的地名——电台村。据《南京地名大全》介绍，江东门江东北路南段西侧的电台村因靠近该电台而得名，1931 年建村。

2013 年 5 月 3 日，“国民政府中央广播电台旧址”被列为第七批全国重点文物保护单位。

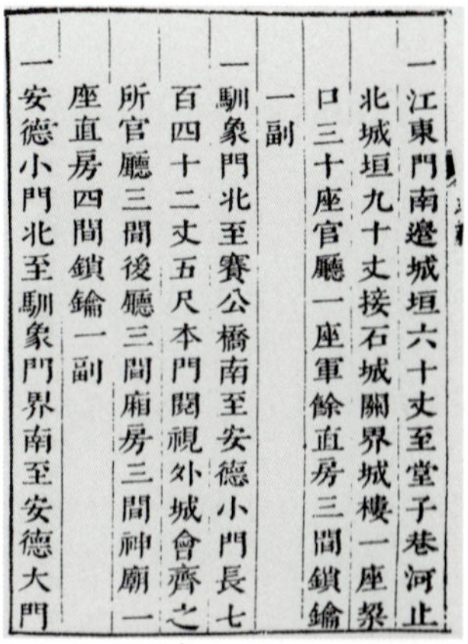
一江東門南遶城垣六十丈至堂子巷河止
北城垣九十丈接石城關界城樓一座垜
口三十座官廳一座軍餘直房三間鎖鑰
一副
一馴象門北至賽公橋南至安德小門長七
百四十二丈五尺本門閱視外城會齊之
所官廳三間後廳三間廂房三間神廟一
座直房四間鎖鑰一副
一安德小門北至馴象門界南至安德大門

图 3-15

三、驯象门

位于明外郭城垣西南端，约在今赛虹桥立交桥以北一带。西北与江东门隔河遥望，南与安德小门相接。晚清时期一度被讹称“徐小门”（陈作霖《元宁乡土合志》卷 1）。驯象门因驯象街而得名。遗迹不存，名也消失。

1. 历史沿革

明洪武中，牧象于沙洲乡（今沙洲圩），道经于此。明朝陆粲《庚己编》卷 10“义象行”条载，朱元璋曾下令宰杀不驯之象。

洪武二十三年（1390）四月庚子建造驯象门。洪武二十四年二月甲子，置千户所。正统四年（1439）九月己巳，命修南京驯象等 18 门及外城为夏秋久雨所浸坏地段。

明朝兵部尚书王以旂就出生在驯象门街。明朝时期，在驯象门内，有兵部尚书王以旂的住宅“太保第”和别墅“逸园”，并建有“太保尚书坊”，以纪念正德辛未进士王以旂。王以旂曾经官至兵部尚书，赠太保，谥襄敏。

在驯象门外，有毛翁渡，又名麾扇渡。在驯象门西，有赛工桥。（明朝陈沂：《金陵世纪》，南京出版社 2009 年 4 月版）

驯象门的位置，我们根据明朝《南京都察院志》“驯象门在赛虹桥与小安德门之间”，以及《南枢志》“驯象门一号伏场，赛公桥上。……东南半里至驯象门”的记载，对照相关老地图，

图 3-15 江东门、驯象门（明朝范景文修、张可仕纂《南枢志》卷 48《形胜部》）

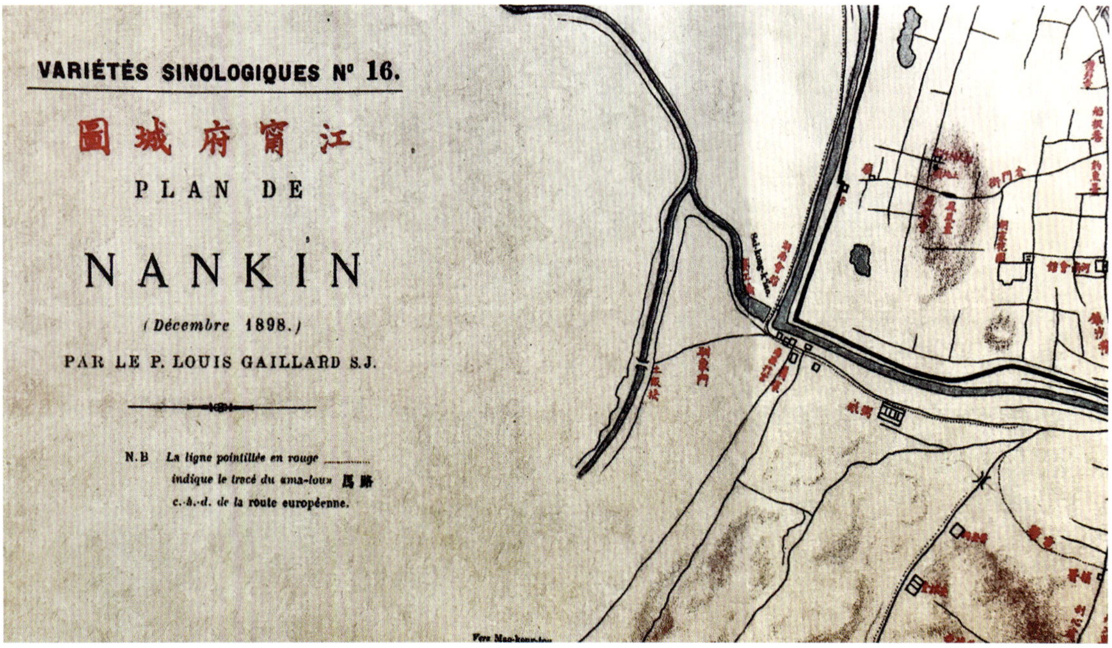

图 3-16

结合实地调研，推定在今赛虹桥立交桥以北一带。

2. 文献史料

《南枢志》卷48《形胜部·外门事宜》："驯象门：北至赛公桥，南至安德小门，长七百四十二丈五尺。本门阅视外城会齐之所，官厅三间，后厅三间，厢房三间，神庙一座，直房四间，锁钥一副。"

《南京都察院志》卷22《职掌十五》："外城五门，俱荒僻。每门把总官一员，委官一员，盘诘官一员。……驯象门，军余三十四名。"

《南京都察院志》卷24《职掌十七》："驯象门：北至赛公桥，南至安德小门，长七百四十二丈五尺。本门阅视外城会齐之所。官厅三间，后厅三间，厢房二间，神庙一座，直房四间，锁钥一副。按：驯象门，右有赛公桥，水势直通内地；外有毛公渡，河道可达长江。沙洲营屯操称一时之讲武，小市口贸易为四达之周行。法令近弛，急需整饬。"

《南京都察院志》卷24《职掌十七》："凡应天府所属龙江关、石灰关、江东巡检司、瓜埠巡检司、大胜关、三山门水关、上方门水关、驯象门水关，每岁共收船料钞七十四万一千三百一十八贯，解部转送南京内府财库交纳。"

图 3-16 驯象门（1898年《江宁府城图》）

明朝范景文修、张可仕纂《南枢志》卷47《形胜部》"南京郊营伏场图考”：“驯象门一号伏场，赛公桥上。府前原约有居民三十余家。东南半里至驯象门，西北咫尺近秦淮河，正南二里至华严寺，系水要路，应设伏兵五百名，拒截来寇。”

明朝陈沂《金陵世纪》：“逸园，在驯象门街南，与太保第相向。襄敏公以旂之别圃也。公初为御史，终养家居。尝构小堂，题曰‘乐寿’，言爱日也。旁有敞庐三楹，壁犹四立，乃公微时所居，虽极贵显，不令更饰，示敦本也。各具亭馆，仅容宴息，匝以修篁乔木，毋容人力，而芳馨自达。盖公之殊勋著于朝野，厚德被诸乡闾，拟之召棠莱竹，世弥远而泽弥长，而竟以王事，不能主入五门，一朝安享，惜哉！”

明朝《正德江宁县志》：“赛工桥在驯象门外瓦屑坝，弘治中应天府尹吴公雄重修。”

清朝《同治上江两县志》卷5《城厢》：“有驯象街。佟志：洪武中，牧象于沙洲乡，道经此，故名。一名宰相街，相传王溥曾居此。”

3. 遗产资源

赛虹桥

赛虹桥，又名赛工桥、赛公桥、赛翁桥、栅洪桥。位于南京集庆门西南，赛虹桥立交以北，位于外秦淮河与南河交汇处。

赛虹桥建于明洪武年间，为三孔石桥，桥外原正对明外郭驯

图 3-17

图 3-18

图 3-17—18 赛虹桥

象门。传明太祖朱元璋筑京城，工部与应天府分段承办。应天府筑城已竣，尚有余资，遂建石桥于此，名曰赛工桥，意为“赛过工部”。后地方官吏为避免“轻侮上台”，乃取唐代杜牧《阿房宫赋》“长桥卧波，未云何龙；复道行空，不霁何虹”之意，更名赛虹桥。

赛虹桥于清康熙年间重建。桥宽 50 余米，分水桥墩长 60 余米，拱矢高 8.95 米，至今仍能负载 8 吨。其宽度在南京古桥史上罕见。1947 年曾经建“赛虹桥保卫战纪念塔”于桥旁。石桥现为南京市文物保护单位。

2003 年赛虹桥立交建成，因其靠近赛虹桥故名赛虹桥立交，赛虹桥立交北起水西门高架，南接凤台南路，东起中山南路，西连应天西路，包括凤台路拓宽、凤台路顺河桥、集庆门隧道等工程。

四、小安德门

小安德门，俗称安德小门。位于外郭西南垣，北与驯象门相连，南与大安德门相接。门名因附近的“安德乡”而得名。遗迹不存，门也消失。如今具体位置已经难以确认。

1. 历史沿革

建于洪武二十三年（1390）四月庚子。洪武二十四年二月甲子，置千户所。

小安德门起初并不在外郭城门规划之中，后来为了运输烧制琉璃瓦的柴薪之便专门开辟这座城门。在小安德门内，有明朝著名的琉璃窑，专门烧制明孝陵和皇宫所用琉璃瓦。大报恩寺的琉璃瓦就是在这里烧制的。在小安德门外，有朱元璋敕建的华严寺和外鹫峰寺。

如今，安德门、安德里以及窑岗村、窑湾街等与小安德门相关地名保存至今。小安德门的位置应在窑岗村南。据南京市地名委员会 1995 年编印的《南京市古今地名对照表》记载，安德里的前身是“小门村”，属于雨花镇，1950 年并入安德里。另据 1937 年 8 月日本人绘制《南京市街近傍图》，上面标识有“小门里”。我们认为，“小门村”“小门里”均与小安德门有关，其位置推测在今天的安德里一带。

2. 史料记载

《南枢志》卷 48《形胜部·外门事宜》："安德小门：北至驯象门界，南至安德大门界，共长二百七十二丈。本门系后续添，不通要道，原无给有令牌。官厅三间，直房三间，城隍庙一间，盘诘房一间，锁钥一副。"

《南京都察院志》卷 22《职掌十五》："外城五门，俱荒僻。每门把总官一员，委官一员，盘诘官一员。……安德小门，军余二十四名。"

《南京都察院志》卷 24《职掌十七》："安德小门：北至驯象门界，南至安德大门界，共长二百七十二丈。本门系后续添，不通要道，原无给有令牌。官厅三间，直房三间，城隍庙一间，盘诘房一间，锁钥一副。按：安德小门，原非开创始设，续因烧造运薪不便，始立此门。内有琉璃窑，系陵禁之砖坯；外有华严寺，储花卉之奇妙。虽非冲险之关，更宜防御之地。"

明朝葛寅亮《金陵梵刹志》卷 32："小刹华严寺（古迹、敕赐）：在负郭小安德门外，南城地。北去聚宝门五里，所领能仁寺三里。""小刹外鹫峰寺（敕赐）：在负郭小安德门外，南城地。北去聚宝门五里，所领能仁寺三里。"

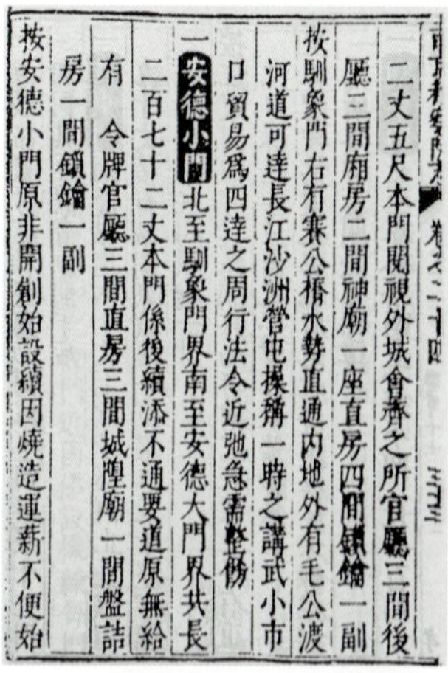
二丈五尺本門閱視外城會齊之所官廳三間後
廳三間廂房二間神廟一座直房四間鎖鑰一副
按馴象門右有賽公橋水勢直通內地外有毛公渡
河道可達長江沙洲營屯操練一時之講武小市
口貿易爲四達之周行法令近弛急需整飭
一安德小門北至馴象門界南至安德大門界共長
二百七十二丈本門係後續添不通要道原無給
有令牌官廳三間直房三間城隍廟一間盤詰
房一間鎖鑰一副
按安德小門原非開創始設續因燒造運薪不便始

图 3-19

图 3-20

五、大安德门

大安德门俗称安德大门、安德门，位于外郭西南垣，北与小安德门相连，东与凤台门相接。门名因附近的"安德乡"而得名。具体位置在雨花台区赛虹桥街道境内的江苏警官学院东南大门附近。此门已不存，门名仍沿用。

1. 历史沿革

建于洪武二十三年（1390）四月庚子。洪武二十四年二月甲子，置千户所。

据南宋周应合《景定建康志》卷 16 记载，宋代在这里设有"安德乡"。

在安德门内，有著名的寺庙碧峰寺、能仁寺；有花果园，专门供应庙堂祭祀（明朝陈沂《金陵世纪》）；还有明宁河王邓愈墓。

在安德门外，有外永宁寺（敕建）、德胜寺（敕建）、广兴寺（敕建）、德寿寺、永泰寺（《金陵梵刹志》）；有明朝四大邮铺之一——

图 3-19 安德小门（明朝《南京都察院志》卷 24）

图 3-20 南京窑岗村出土的明代官窑，现陈列在大报恩寺遗址公园展厅内

安德门邮铺（《洪武京城图志》），还有浡泥国王墓、韩宪王墓等。

今天南京城东南保留有安德门、安德门大街、安德里等地名。

2. 文献史料

《南枢志》卷 48《形胜部·外门事宜》：“安德大门：西至安德小门界二十丈，东至凤台门界五百丈。官厅三间，直房三间，锁房一间，锁钥一副。”

《南京都察院志》卷 22《职掌十五》：“外城五门，俱荒僻。每门把总官一员，委官一员，盘诘官一员。……安德大门，军余二十名。”

《南京都察院志》卷 24《职掌十七》：“安德大门：西至安德小门界二十丈，东至凤台门界五百丈。官厅三间，直房三间，锁房一间，锁钥一副。按：安德大门，内近碧峰寺禅林，外接石子岗要领，中渡口逼近大胜屯营，阴山庙比邻竹溪古刹，牛首山有祖堂之胜迹，樱桃园乃昔年之战场。”

明朝葛寅亮《金陵梵刹志》卷 40：“中刹外永宁寺（敕建）：在郭外，南城安德乡。”“小刹德胜寺（敕建）：在郭外，南城安德街。”“小刹广兴寺（敕建）：在郭外，南城地，安德乡。”“小刹德寿寺：在都门外，南城，安德乡。”“小刹永泰寺（古刹）：在都门外，南城，安德乡。”

明朝陈沂《金陵世纪》：“花果园，在安德门内，植以供庙祀。”

清代甘熙《白下琐言》：“安德门外凤凰山，明韩宪王墓在焉，遂名韩府山。《明史》：‘韩宪王松，太祖第二十子，洪武二十四年封国开原，性英敏，通古今，恭谨无过，永乐五年薨，以未之国，命葬安德门外。十年，子恭王冲㶅嗣时弃三卫地，开原逼塞不可居，改封平凉。’”

清代甘熙《白下琐言》：“明宁河王邓愈墓，在安德门内邓府山。山高而顶方，当作土星。墓踞其巅，循石径数十级而上。其后裔重修，甚为完整。墓道有门，两旁刻砖联云：‘高密前勋传铁券；宁河楙绩著金书。’中山王徐达墓在钟山之阴。嘉庆间，康方伯基田，种松数千株，树碑于墓前，至今木已拱矣。明初功臣多赐葬金陵，修整可观者惟二王而已。”

民国叶祥法《牛首山之游》：“九点半钟正式出发，走尽中华门外的马路，向西转弯就是京芜公路。大约有二里路的光景，

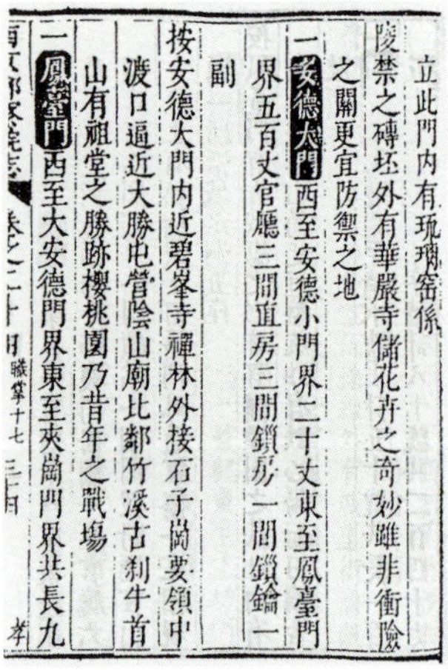
南京都察院志 卷之二十四 職掌十七

立此門内有琉璃窑係
陵禁之磚坯外有華嚴寺儲花卉之奇妙雖非衝險
之關更宜防禦之地
一安德大門西至安德小門界二十丈東至鳳臺門
界五百丈官廳三間直房三間鎖房一間鎖鑰一
副
按安德大門内近碧峯寺禪林外接石子崗要領中
渡口逼近大勝屯營陰山廟比鄰竹溪古刹牛首
山有祖堂之勝跡櫻桃園乃昔年之戰場
一鳳臺門西至大安德門界東至夾崗門界共長九

图 3-21

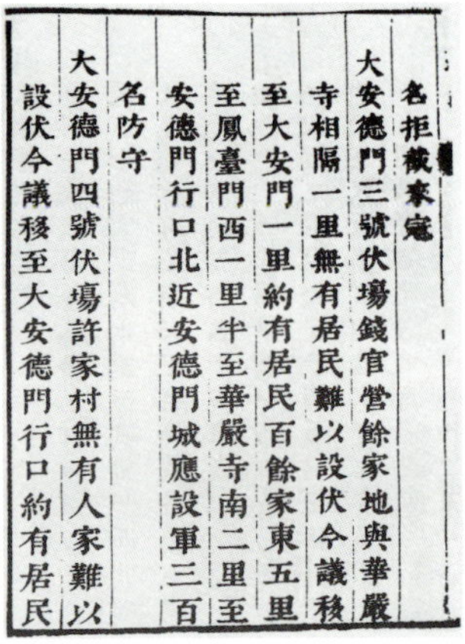
名拒截寇
大安德門三號伏塲錢官營餘家地與華嚴
寺相隔一里無有居民難以設伏今議移
至大安門一里約有居民百餘家東五里
至鳳臺門西一里半至華嚴寺南二里至
安德門行口北近安德門城應設軍三百
名防守
大安德門四號伏塲許家村無有人家難以
設伏今議移至大安德門行口約有居民

图 3-22

图 3-21 安德大门、凤台门（明朝《南京都察院志》卷 24）

图 3-22 有关大安德门的记载（明朝范景文修、张可仕纂《南枢志》卷 47《形胜部·南京郊营伏场图考》）

到了安德门，再转向西南，就上了京溧大道，越了几个小岗。到了石子岗，岗极陡，乘车者至此都要下车，而复再把车推过去。骑驴骑马就不用这一着。”（民国二十二年《旅行杂志》第 7 卷第 7 期。）

3. 遗产资源

邓愈墓

邓愈墓位于南京市雨花台区邓府山北麓，是明朝开国元勋邓愈的陵墓。神道石刻保存较好，现有“山高水长”石牌坊一座、神道碑一个、石马一对、马夫一对、石羊一对、石虎一对、文臣一对、武将一对和墓冢。

邓愈（1337—1377），明朝开国元勋之一，安徽宿县人，原名友德，“愈”为明太祖朱元璋所赐。邓愈年少时便随父兄抗击元兵，骁勇异常，16 岁被推举为起义军首领，后来投奔到朱元璋麾下。邓愈战守有方，善于激励将士，以弱制强，是常胜将军。

洪武三年（1370），邓愈以征虏左副将军随大将军徐达出定西，破元将扩廓帖木儿，克河州，招抚朵甘（今青海、四川一带）、乌斯藏（今西藏）诸部，以功授开国辅运推诚宣力武臣、特进荣禄大夫，右柱国，封卫国公，同参军国事，岁禄三千石，并赐予世袭。洪武五年（1372），邓愈平定西南之乱后班师途中，暴病死于寿春（今安徽寿县），时年 41 岁。明太祖追封其为宁河王，谥号武顺。灵柩运到南京水西门时，明太祖亲往祭奠，又亲自为他选择墓地，进行国葬。

图 3-23

图 3-24

图 3-23—24 邓愈墓

图 3-25 明朝功臣邓愈墓神道石刻旧影

图 3-25

如今，以邓愈墓为主中心建成了邓府山公园。2003 年 7 月，邓愈墓作为“明清皇家陵寝”的组成部分，被联合国教科文组织列入世界文化遗产名录。2006 年 5 月，邓愈墓作为明孝陵功臣墓的一部分，被国务院列为全国重点文物保护单位。

浡泥国王墓

浡泥国王墓位于江苏省南京市雨花台区安德门外石子岗乌龟山南麓，为 15 世纪初浡泥（今文莱达鲁萨兰国）国王麻那惹加那乃之墓，是中国现存仅有的两处国外国王墓之一。

明永乐六年（1408）秋八月，浡泥国王麻那惹加纳乃偕其妻、子、弟、妹、亲戚和陪臣共 150 余人远涉重洋，前来中国进行友好访问，受到明永乐皇帝朱棣隆重的接待。同年十月，国王忽染急病，经太医会诊抢救无效，病故于会同馆，年仅 28 岁。去世前遗言“体魄托葬中华”，明成祖朱棣满足其遗愿，以王侯之礼将他厚葬于南京城南的石子岗，谥恭顺王，并派人世代守墓。

图 3-26

浡泥国王墓坐北朝南，神道入口处竖有“浡泥国恭顺王墓碑”，高 8.95 米、宽 2.2 米、厚 0.7 米。碑文由明朝大学士胡广撰写。这座龟趺负载的石碑上，记载了浡泥国王麻那惹加纳乃的生平事迹以及他率团访华病故南京得王礼安葬的经过。神道两侧依次排列着石望柱一对（已毁，仅存柱础）、石马一对、马夫一对、石羊一对、石虎一对、文臣一对（已毁）、武将一对。其规制和常

图 3-26 浡泥国王墓石翁仲
图 3-27 浡泥国王墓
图 3-28—29 菊花台公园

图 3-27

见的明代功臣墓一样。值得一提的是，神道两侧武将的脸部，均为高鼻梁、拱嘴唇，胡须呈“八”字形翘起。虽然身着中国武士铠甲，但颈项处又系了领结，明显地有别于中国其他帝王陵墓神道石翁仲的特点。由此也不难看出，当时中国工匠们在雕琢石翁仲时，已考虑到了外国人的形象特征。

托葬中华浡泥国王，永远安息在中国的土地上，留下一段中文两国人民友好交往的动人故事。

2001 年，浡泥国王墓被列为国家重点文物保护单位。

菊花台公园

菊花台公园位于南京主城南部，盛产菊花，有“南郊风景明珠”之美称。相传清乾隆皇帝下江南路过此处，时值金秋，但见

图 3-28

图 3-29

图 3-30—31 驻外使节九烈士墓

满山浮金点玉，美景不凡，遂欣然题名“菊花台”。

在菊花台公园内，占地面积 800 平方米的菊花台九烈士墓，安葬着国民政府驻菲律宾等地的九位外交使节遗骸，是公园内最重要的景点之一，公园也因而一度更名为忠烈公园。九烈士墓地为扇形，四周松柏茂盛，花木宜人。新建的九烈士事迹展览馆陈列着烈士的遗物和各界人士瞻仰悼念的照片。公园内依山堆叠的假山、水池和飞溅的瀑布气势雄浑，翠竹茂密，花木扶疏，清香怡人。公园的南半部还有明清时期的天隆寺、塔林、玉乳泉、古银杏等古迹名木。

驻外使节九烈士墓

驻外使节九烈士墓位于南京中华门外菊花台公园内，距中华门约三公里。安葬着中国驻菲律宾马尼拉总领事馆总领事杨光泩，领事馆领事莫介恩、朱少屏，随习领事姚竹修、杨庆寿、萧东明，主事卢秉枢，甲种学习生王恭伟以及北婆罗洲山打根领事馆领事卓还来。

1942 年，马尼拉沦陷，中国九位驻外使节在日军严刑拷打下，大义凛然，威武不屈，最终惨遭日军杀害。1947 年 7 月，他们的忠骸由专机运抵南京，同年 9 月安葬于菊花台，

九烈士墓由墓道、墓碑和九座墓冢组成。墓道由东向西折北，约百余米，原矗立于路口的写有“忠烈公园”（于右任书）的牌坊，现已无存。墓碑通高 2.5 米，宽 2.2 米；碑身高 1 米，宽 2 米，碑文为原国民政府外交部部长王世杰撰写。墓冢坐北朝南，呈扇形排列，每座墓前均有祭台。墓后为菊花台主峰，有半圆形水泥护壁，

图 3-30

图 3-31

地面为鹅卵石铺砌。九烈士墓 1995 年列为江苏省文物保护单位；2012 年被列为重要近现代建筑。

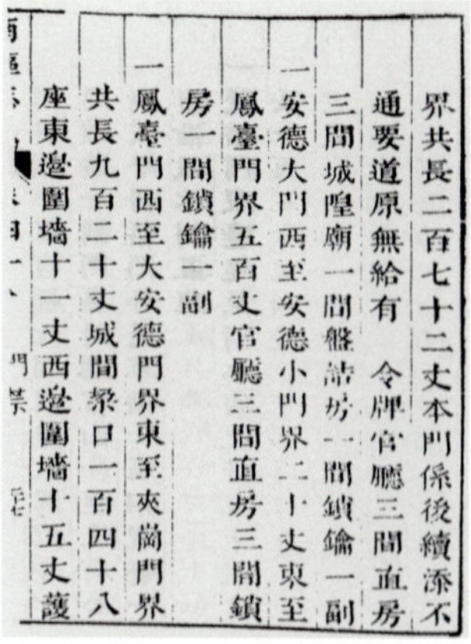

界共長二百七十二丈本門係後續添不
通要道原無給有　令牌官廳三間直房
三間城隍廟一間盤詰房一間鎖鑰一副
一安德大門西至安德小門界二十丈東至
鳳臺門界五百丈官廳三間直房三間鎖
房一間鎖鑰一副
一鳳臺門西至大安德門界東至夾崗門界
共長九百二十丈城間垛口一百四十八
座東邊圍墻十一丈西邊圍墻十五丈護

图 3-32

六、凤台门

位于外郭南垣，西与大安德门相接，东与夹岗门相连，因处于“凤台乡”境内而得名。在今雨花台区望江矶南侧紫荆花路与郁金香路之间的花神大道上。今遗迹不存，门名也不用。今天的凤台南路与凤台门无关，与南京城西凤凰台有关。

1. 历史沿革

洪武二十三年（1390）四月庚子，建造凤台门。洪武二十四年（1391）二月甲子，置千户所。

清代凤台门一带的盆景颇为有名。据清代陈作霖《金陵物产风土志》记载：“城外凤台门，花佣善养茉莉、珠兰、金橘，皆盆景也。”

杨心佛《金陵十记》认为：“凤台门原名凤台关，明洪武年间规划外城，将其处改名凤台门，地在今雨花台区雨花乡雨花大队，邻望江矶。国民党南京市政府曾在其处建造铁门，后只剩下水泥柱，今即柱已不存。该处原有一座城隍庙，传说朱元璋进攻南京，在凤台关相持三年，守关元将达鲁花赤在其附近战死，群众建庙塑像祀之，伪称城隍。区别在于别处城隍是白脸，而凤台门的城隍是金脸。今庙已毁，无从核证。”

2. 文献史料

《南枢志》卷 48《形胜部 · 外门事宜》：“凤台门：西至大安德门界，东至夹岗门界，共长九百二十丈。城间垛口一百四十八座，东边围墙十一丈，西边围墙十五丈，护门栅栏一座，官厅六间，直房六间，锁房一间，锁钥一副。门里对厅官山一座，上有松树，载于册籍；门外过军桥一座，相视厅一所，沿城水洞五座。”

《南京都察院志》卷 22《职掌十五》：“外城五门，俱荒僻。每门把总官一员，委官一员，盘诘官一员。凤台门，军余二十六名。”

《南京都察院志》卷 24《职掌十七》：“凤台门：西至大安德门界，东至夹岗门界，共长九百二十丈。城间垛口一百四十八座，东边围墙十一丈，西边围墙十五丈，护门栅栏一座，官厅六间，

图 3-32 凤台门（明朝范景文修、张可仕纂《南枢志》卷 48《形胜部》）

直房六间，锁房一间，锁钥一副。门里对厅官山一座，上有松树，载于册籍；门外过军桥一座，相视厅一所，沿城水洞五座。按：凤凰台有古战场之形迹，有漏泽园之基址。内有泉水桥而山岗延亘盘旋，外有铁心桥而田畴膏腴广沃。”

清代甘熙《白下琐言》：“凤台门，外郭十八门之一也。有花神庙，旧有联云：‘过眼说繁华，漫劳寻芳草吴宫，秾花晋苑；同心勤报赛，最难忘春风山郭，秋雨江城。’却移易他处不得。每岁花朝，卖花之家，各以花供献几，牡丹、芍药、海棠、碧桃之属竞秀争妍，备极其胜，谓之花神会。”

清代甘熙《白下琐言》：“凤台门外皇姑庵，祀明中山王第三女，旧有联云：‘薄皇后而不为，一生来迹遁空门，心伤魏阙；对父王共无愧，千载后清同淮水，高比钟山。’不著撰人名氏。相传其故居在秦淮之南，中山王墓在钟山之阴，故次联云尔。”

3. 遗产资源

雨花台

雨花台又名聚宝山。相传南朝梁天监六年（507），高座寺的云光法师在此设坛说法，说得生动绝妙，感动了佛祖，天上竟落花如雨。唐朝时根据这一传说将石子岗改名为雨花台。

雨花台高约 100 米、长约 3.5 公里，顶部呈平台状，由三个山冈组成：东岗名为梅岗，中岗称凤台岗，西岗即石子岗。明朝的南京南门——聚宝门（今中华门）即由此山而得名。

雨花台是新民主主义革命时期的烈士殉难地，在这里遇难的共产党人和革命群众达 10 万之多。

雨花台风景区中，著名景点有“江南第二泉”（原名雨花泉，亦称永宁泉）、雨花阁、甘露井、甘露井亭、二忠祠、乾隆御碑亭、李杰墓、明太监义会碑、杨邦乂剖心处、方孝孺墓、木末亭、辛亥革命人马合冢、木樨苑、曦园、怡苑、梅岗、雨花石博物馆、雨花台烈士纪念馆、烈士就义群雕、烈士纪念碑，以及江苏省国家安全教育展览馆等 20 余处。南京特产雨花石就是因为最初产自雨花台而得名。

明清两代，景区内的“雨花说法”和“木末风高”分别被列为“金陵十八景”和“金陵四十八景”之一。

图 3-33

图 3-34

图 3-33 雨花台风景区远眺

图 3-34 雨花台烈士纪念馆

图 3-35 雨花台旧影

图 3-35

图 3-36

花神庙

花神庙，位于南京市雨花台区花神大道附近。是南京古村名之一，明代花神庙曾是皇家御用花园。

南京南郊在历史上就以花木繁多而著名。明朝时，郑和下西洋带回很多花种，种子就分别种在牛首山、铁心桥等处。

花神庙村的村民世代以养花为生。以培植白兰、茉莉、珠兰、栀子、代代五种传统香花为闻名遐迩，还诞生了芮、徐、毛、翟、尹、夏、王、李八大花农世家。

有着 150 多年历史的南京老字号“清真马祥兴菜馆”就发源于花神庙。

刘智墓

位于南京中华门外花神庙街毛家巷穆斯林公墓内。

刘智（约 1660—1730），字介廉，上元（今南京）人。清代回族伊斯兰教著名学者。著有《天方典礼》《天方性理》《天方至圣实录》等。

墓园坐东朝西，门前有石柱一对，上镌“刘介廉坟墓”。墓园几经修葺，保存完好。门内甬道有牌坊一个，上端横额正反两面分别刻“吾道枢纽”和“典型在望”。墓冢呈南北向，初为黄土堆砌，后为砖砌水泥封土墓，长 28 米，宽 8 米。墓冢前有石碑 1 方，上镌“先贤介廉刘公之墓”，系清末净觉寺掌教刘德坤所立。碑冢旁有巨树 1 株，墓冢后有弧形大照壁 1 座，照壁上刻“清代伊斯兰教学者刘智之墓”。照壁两侧各镶石碑 1 方：左碑刻有

图 3-37

图 3-36 毛家巷标识碑
图 3-37 刘智墓

桂林白润苍所书“学贯天人”；右碑刻有甘肃马元章、马元超所书“道学先觉”。右外侧刻有《重修刘介廉先生墓碑铭》；左外侧系南京市伊斯兰教协会于1982年所立碑石，刻有《重修刘智墓记》一文。同年，江苏省人民政府将此墓列为省级文物保护单位。

皖南事变三烈士墓

皖南事变三烈士墓，又称将军墓，在南京市雨花台西南望江矶雨花功德园内，东距雨花台死难烈士陵园约1公里。“三烈士”系指在1941年“皖南事变”中被叛徒刘厚总杀害的新四军副军长项英、副参谋长周子昆和在茂林战斗中牺牲的政治部主任袁国平。

图 3-38

图 3-39

三烈士墓由墓道、墓碑和墓冢组成。建于1955年。墓道狭长，两旁遍植翠柏。墓冢坐北朝南，一字排列，中为项英，东为袁国平，西为周子昆。墓冢周围翠柏环绕。三烈士墓于2002年被列为江苏省文物保护单位。2012年被列为南京市重要近现代建筑。

七、双桥门

位于凤台门与夹岗门之间一条南北向相交的“丁字墙”中间。丁字墙将外郭一分为二，北接通济门外清水塘，南与凤台门——夹岗门之间的城墙相接。因洪武十九年（1386）十二月乙酉，在其附近建造“双桥”，故名双桥门。具体位置在雨花门外养虎巷东头的双桥里小区一带。此门已不存，门名仍沿用。

图 3-38 皖南事变三烈士墓墓道
图 3-39 皖南事变三烈士墓

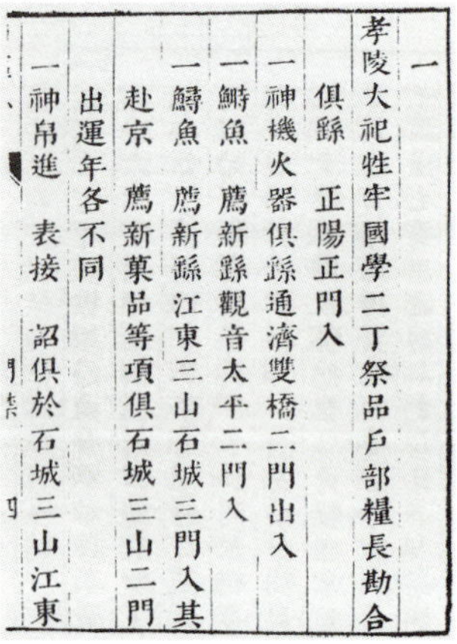
一
孝陵大祀牲牢國學二丁祭品戶部糧長勘合
俱繇　正陽正門入
一神機火器俱繇通濟雙橋二門出入
一鮮魚　薦新繇觀音太平二門入
一鰣魚　薦新繇江東三山石城三門入其
赴京　薦新菓品等項俱石城三山二門
出運年各不同
一神帛進　表接　詔俱於石城三山江東

图 3-40

1. 历史沿革

双桥门建于洪武二十三年（1390）四月庚子。洪武二十四年（1391）二月甲子，置千户所。

明朝时期，一种比较先进的武器“神机火器”俱由双桥门和通济门运出和运入南京城（《南枢志》）。

如今，相关的双桥门、双桥里、丁墙村、土城头等地名犹存。

2. 文献史料

《南枢志》卷 48《形胜部 · 外门事宜》：“双桥门：东边起至清水塘止，计五十号，共长一百五十丈；西边至丁字墙，计八十号，共长二百四十丈。大门一座，大官厅一座前后六间，每计府厂阅操会齐处所。城隍庙一座，直房一座，锁钥一副。”

《明太祖实录》“洪武十九年（1386）十二月乙酉”条：“诏中军都督府督造通济、聚宝、三山、洪武等门，并修五胜渡，起杜家库、白水桥、双桥、高桥。”

《南京都察院志》卷 22《职掌十五》：“外城五门，俱荒僻。每门把总官一员，委官一员，盘诘官一员。……双桥门，军余三十七名。”

《南京都察院志》卷 24《职掌十七》：“双桥门：东边起至

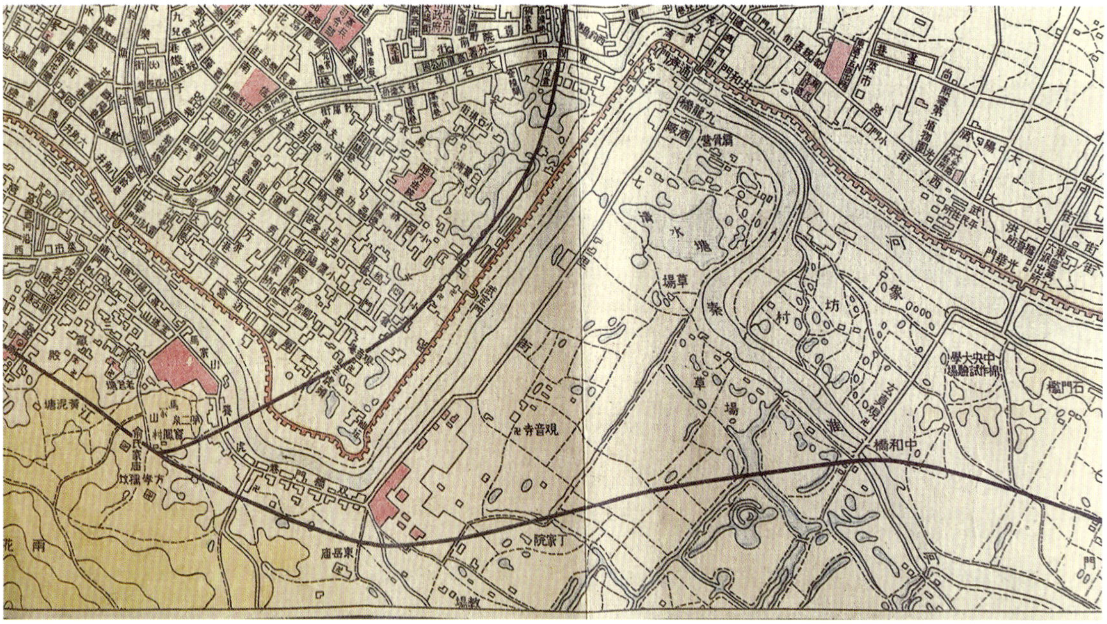

图 3-41

清水塘止，计五十号，共长一百五十丈；西边至丁字墙，计八十号，共二百四十丈。大门一座，大官厅一座，前后六间，每计府厂阅操会齐处所。城隍庙一座，直房一座，锁钥一副。按：双桥门，内有神机营军伍操练，外有戚里街商贩往来。所巷米麦成行，养虎仓官粮贮积，但地缯湾水道难防，丁字墙湾欠固。”

明朝葛寅亮《金陵梵刹志》卷 5：“小刹双桥门圆通庵：在郭城双桥门外，东城锦衣卫地。东北去所领铜井院七里，北去通济门二里。”

清代甘熙《白下琐言》：“双桥门东岳庙，僻处城外，久就荒颓矣。嘉庆间，有开棺木铺孟姓者，往烧香，忽仆倒发狂，言大帝附其身察人善恶，复踞坐神前取香烛吞之，烈焰炎炎，神色自若。群惊，以为神，布施日以万计，遂大兴土木，庙貌重新。吾思泰岱明神，安有享于非类之理？其为奸民之邪术可知，特烛理不明，因而惊骇，非术愚人，人实自愚耳。”

清朝陈作霖《元宁乡土合志》卷 6 记载：双桥门所产大头菜为南京特产，“似莱菔而辣，茎叶离披，包之以盐，广东贾客争购之”。

3. 遗产资源

金陵机器制造局

位于南京市中华门外雨花路东侧，与大报恩寺遗址公园毗邻，是全国重点文物保护单位。

金陵机器制造局是中国民族工业先驱之一，是南京第一座近代机械化工厂，也是清朝四大兵工厂之一。

清朝同治四年（1865），署理两江总督李鸿章在聚宝门（今中华门）外西天寺的废墟上兴建厂房，开办金陵机器制造局。1866 年 8 月竣工。直隶州知州刘佐禹担任金陵制造局的第一任总办，英人马格理为督办。设机器厂、翻砂厂、熟铁厂和木作厂，制造开花炮弹、抬枪和铜帽等产品。投产时，有员工兵夫约 400 人。此后生产各类先进的武器和炮弹。

1929 年 6 月，金陵机器制造局改称金陵兵工厂，改隶国民政府兵工署直辖。1946 年 8 月底，改称六〇兵工厂。

1957 年 4 月，采用国营晨光机器厂作为第二厂名。1980 年 3 月改称南京晨光机器厂。1996 年 6 月，作为全国一百家现代企业

图 3-40 外郭十八门关（明朝范景文修、张可仕纂《南枢志》卷 48《形胜部 · 南京门禁考》）
图 3-41 双桥门及北面的清水塘、七里街（1937 年《新南京地图》）

图 3-42

图 3-43

图 3-44

图 3-45

图 3-42—44 金陵机器制造局

图 3-45 金陵机器制造局生产车间

制度试点单位之一，正式组建了晨光集团，并更名为南京晨光集团有限责任公司。

2007 年，金陵制造局华丽转身，变身“1865 创意产业园”。

2017 年 12 月 2 日，入选第二批中国 20 世纪建筑遗产名单。2018 年 1 月 27 日，入选中国工业遗产保护名录（第一批）名单。

八、夹岗门

夹岗门又作夹冈门，位于外郭城垣南部，西接凤台门，东连上坊门，因地处“夹埕铺”而得名。具体位置在红花街道夹岗村南，双龙大道（卡子门大街）东侧，南邻中国人民解放军陆军工程大学（原空军气象学院）。遗迹不存，门也消失，但门名仍沿用。

1. 历史沿革

洪武二十三年（1390）四月庚子建造。洪武二十四年（1391）

二月甲子，置千户所。

据南宋周应合《景定建康志》卷16、元朝张铉《至正金陵新志》卷4记载，门址附近曾经有“夹堽铺”，故名。《古今图书集成》“堪舆部汇考十九”记载，清代以音讹称为“架冈门”。

据《南京城墙志》记载：2005年，杨国庆、吴会泽等在当地调查时，世居此地的66岁刘山庆老人称：在其偏北原有一个基台，人称“大门券”，现无存。门内有青石板路通向通济门方向，门外在民国时期为伞兵部队驻地。

1937年，城门被难民拆毁。据当代杨心佛《夹岗门毁于“一二八”》（《金陵十记》）记载：“夹岗门位在今雨花台红花乡夹岗门大队，地处光华门外。该门创于明洪武时代，原有城券，设前后两门。前门位于今空军气象学院后，另一门与前门对直，相距约五十公尺。据当时八十余岁的老人回忆，他年轻时，曾见城门口立有路灯。遗址毁于民国二十六年（1937）。因‘一二八’战争爆发，一批逃难移民流亡至此，纷纷拆墙取砖，自建住房，因此，夹岗门城门被毁。”

如今，有夹岗门、夹岗村地名保存下来。

2. 文献史料

《南枢志》卷48《形胜部·外门事宜》：“夹岗门：西至凤台门丁字墙一号起，东至上坊门界，共计一千零十八丈。西边水洞一处，城门锁钥一副，城隍庙一座，官厅二层，直房三间。”

《南京都察院志》卷21《职掌十四》：“外城七门，俱荒僻。每门把总二员，盘诘官二员。夹冈门，军余六十名。”

《南京都察院志》卷24《职掌十七》：“夹岗门：西至凤台门丁字墙一号起，东至上坊门界，共计一千十八丈。西边水洞一处，城门锁钥一副，城隍庙一座，官厅二层，直房三间。按：夹岗门内神机营枪牌最称，僻静无双。左有张王庙古迹，春景赛会最胜，且通溧水之周行。聚宝司借停课税，当秣陵关之内地，抱关者防范宜周。”

清代甘熙《白下琐言》：“夹冈门张王庙，即祠山大帝。神名渤，本前汉乌程横山人，尝役阴兵开凿河渎，有身化豕形之异，见《能改斋漫录》。故今祀之者不用猪肉。二月八日为王诞辰，前后必有风雨，俗号‘请客风，送客雨’，无岁不验。《田家杂占》载之。”

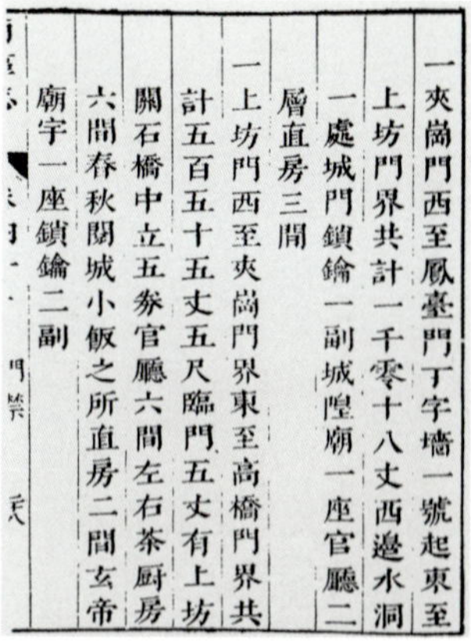
一夾崗門西至鳳臺門丁字墻一號起東至
上坊門界共計一千零十八丈西邊水洞
一處城門鎖鑰一副城隍廟一座官廳二
層直房三間
一上坊門西至夾崗門界東至高橋門界共
計五百五十五丈五尺臨門五丈有上坊
關石橋中立五券官廳六間左右茶厨房
六間春秋閱城小飯之所直房二間玄帝
廟宇一座鎖鑰二副

图 3-46

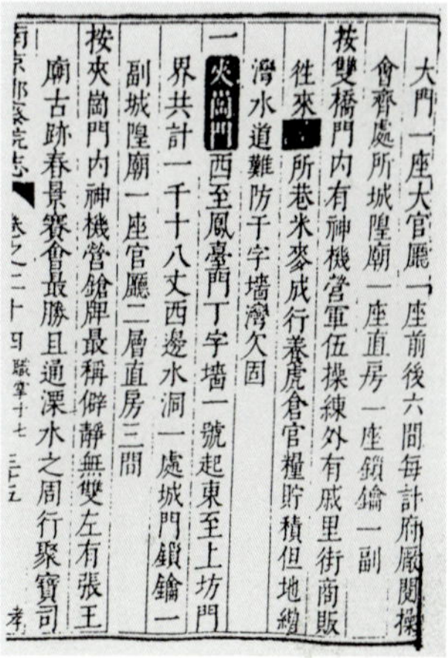
大門一座大官廳一座前後六間每計府廠閱操
會齊處所城隍廟一座直房一座鎖鑰一副
按雙橋門內有神機營軍伍操練外有戚里街商販
往來　所巷米麥成行養虎倉官糧貯積但地縐
灣水道難防于字墻灣欠固
一夾崗門西至鳳臺門丁字墻一號起東至上坊門
界共計一千十八丈西邊水洞一處城門鎖鑰一
副城隍廟一座官廳二層直房三間
按夾崗門內神機營鎗牌最稱僻靜無雙左有張王
廟古跡春景賽會最勝且通溧水之周行聚寶司

图 3-47

图3-46 夹岗门（明朝范景文修、张可仕纂《南枢志》卷48《形胜部》）
图3-47 夹岗门（明朝《南京都察院志》卷24）

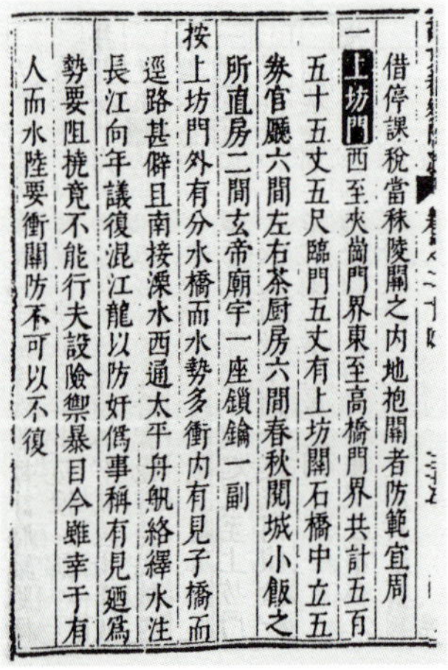

借停課稅當秣陵關之内地抱關者防範宜周
一上坊門西至夾崗門界東至高橋門界共計五百
五十五丈五尺臨門五丈有上坊關石橋中立五
劵官廳六間左右茶厨房六間春秋閲城小飯之
所直房二間玄帝廟宇一座鎖鑰一副
按上坊門外有分水橋而水勢多衝内有見子橋而
逕路甚僻且南接溧水西通太平舟帆絡繹水注
長江向年議復混江龍以防奸僞事稱有見廼爲
勢要阻撓竟不能行夫設險禦暴目今雖幸于有
人而水陸要衝關防不可以不復

图 3-48

九、上坊门

上坊门又称上方门，位于外郭东南垣，西南与夹岗门相接，东北与高桥门相连，因上坊门内秦淮河上有上坊桥（今七桥瓮）而得名。遗迹不存，门也消失，但门名仍沿用。其位置在上坊桥东南的原上坊门自然村，门址东紧邻秦淮河和上坊桥。

1. 历史沿革

洪武二十三年（1390）四月庚子建造。洪武二十四年（1391）二月甲子，置千户所。

永乐九年（1411）九月己巳，修京师上方门。

上坊门一带保存的地名有上坊村、上坊门桥和马场等。

2. 文献史料

《南枢志》卷 48《形胜部・外门事宜》：“上坊门：西至夹岗门界，东至高桥门界，共计五百五十五丈五尺。临门五丈有上坊关石桥中立，五券。官厅六间，左右茶厨房六间，春秋阅城小饭之所，直房二间，玄帝庙宇一座，锁钥一副。”

《南京都察院志》卷 21《职掌十四》：“外城七门，俱荒僻。每门把总二员，盘诘官二员。……上坊门，军余六十名。”

《南京都察院志》卷24《职掌十七》：“上坊门：西至夹岗门界，东至高桥门界，共计五百五十五丈五尺。临门五丈有上坊关石桥中立，五券。官厅六间，左右茶厨房六间，春秋阅城小饭之所，直房二间，玄帝庙宇一座，锁钥一副。按：上坊门外有分水桥而水势多冲，内有见子桥而迳路甚僻。且南接溧水，西通太平，舟帆络绎，水注长江。向年议复混江龙以防奸伪，事称有见，乃为势要阻挠，竟不能行。夫设险御暴，目今虽幸于有人，而水路要冲，关防不可以不复。”

明朝顾起元《客座赘语》卷 9《城内外诸水》：“（秦淮河）一支自上方门外小河，东历高桥门、沧波门。”

民国夏仁虎《秦淮志》卷 1：“又西北流过上方门，受小关水，合流至通济门外。”同书卷 2：“西北流过上方门，淮水自五城渡至此。有二桥，内曰见子，外曰分水。又西北曰上方桥，有支河通高桥门，其水穴土城而入者曰小水关水。”

图 3-48 上坊门（明朝《南京都察院志》卷 24）

3. 遗产资源

上坊孙吴墓

上坊孙吴墓又称上坊东吴大墓，位于江宁区东山街道上坊镇中下村一个名为“孙家坟”的小土岗南麓，前对青龙山，背依黄龙山系土坑竖穴砖室墓，由封土、墓坑、斜坡墓道、排水沟和砖室等组成。墓坑长 21.5 米，宽 14.4 米，前室顶部置巨型覆顶石、前后室四隅嵌兽首形石灯台、后室有大型虎首状石棺座等墓葬设施。出土物有金、银、铜、铁、漆木、瓷、陶等不同质地的文物 170 多件及铜钱 600 余枚，其中人面纹瓦当造型精美、青瓷器新器型前所未见。该墓是中国迄今为止发现的规模最大、结构最复杂、出土瓷器最多的孙吴墓葬。墓主身份推断为高等贵族或孙吴皇室成员。

2013 年 5 月，上坊孙吴墓被国务院公布为第七批全国文物重点保护单位。

图 3-50

图 3-49

图 3-49—50 上坊孙吴墓（南京市博物馆《南京上坊孙吴墓》）

陈武帝陈霸先万安陵神道石刻

陈武帝万安陵神道石刻在江宁区东山街道上坊社区石马冲，万安北路与陈陵路交汇处。

陈霸先（503—559），字兴国，吴兴长城（今浙江长兴）人。初仕梁，官至西江督护、高要太守。后辅佐征东将军王僧辩讨侯景，以功封征北大将军、南徐州刺史，移镇京口（今镇江）。梁朝承圣四年（555），王僧辩拥立北齐扶植的梁朝贞阳侯萧渊明

图 3-51

为帝，陈霸先起兵袭杀之，改迎晋安王萧方智为梁敬帝，自为相国，封陈王。太平二年（557），废梁称帝，国号陈，改元永定。永定三年（559）六月崩，时年 57 岁。八月葬万安陵，谥“武帝”。皇后章氏亦葬此陵。 陵墓西南向。据《北史 · 孝行传》载：陈亡后，陈霸先政敌王僧辩之子王颁，召集其父之旧部，夜掘武帝陵，剖棺焚尸，报杀父之仇。

万安陵原有神道石刻三种六件，包括神道石兽、石柱、石碑。现存神道石兽一对，既像麒麟，又类辟邪。均为雄兽，无角，昂首张口，长舌下垂，须髯拂胸，头有鬣毛，腹部两侧装饰双翼，身上的纹饰比较简练，四足，脚趾着地，长尾曳地旋转成半圆形。整体造型朴实，线条简洁，风格独具。南侧石兽，身长 2.72 米，高 2.28 米，体围 2.56 米，颈部断裂，胸部碎裂，残缺较严重。北侧石兽，身长 2.50 米，高 2.57 米，体围 2.43 米，较完整。如今，两只南北相对而立的石兽，仍在默默地守护着曾经叱咤风云的陈武帝的万安陵。

历代文人对万安陵似乎情有独钟，留下了不少诗词，现选取几首如下：

晓过石马冲

［明］阮大铖

古原何地不桑麻，六代陵园问曙鸦。

图 3-52

图 3-51 陈武帝陈霸先
图 3-52 陈武帝陈霸先万安陵神道石兽

是处石麟衔晚照，几闻笙鹤驭高霞。
横塘绿水漫菰叶，平圃青藤罥豆花。
野犊不知离黍恨，踏莎还上玉钩斜。

梁武帝疑陵

［清］袁枚

古来万事风轮走，除出虚空无不朽。
忽逢拦路两麒麟，欲诉前朝尚张口。
一麟腹陷泥沙深，一麒僵蹲山角阴。
牙须剥落鳞爪尽，风雨千年石不禁。
旁有穹碑无文字，万万蝇书记某吏。
葵首有穴当胸穿，分别隧入辒辌器。
得鼎不识仲山甫，读诗不辨岐阳鼓。
争怪当年索幼安，三宿碑刻手摸抚。
有叟为言梁武陵，语虽未切心怦怦。
尔时羯磨难赎身，谁将八綍礼台城。
又闻地名石马冲，毋乃陈祖万安宫。
当时须根和骨掘，规模那得还丰隆。
是梁是陈语正哗，东风一阵吹烟沙。
黄图我欲披皇览，白骨人谁认帝羓。
呜呼！君不见，南朝二十余陵尽建康，冬青无树烟茫茫。

陈武帝万安陵

［清］陈文述

当年僧辩平侯景，太室铭刻定不祧。
立长有心图却敌，背盟何意出同僚。
未容方智生南国，终遣萧庄死北朝。
无复万安陵寝在，空余石马势腾骁。

1988 年，万安陵石刻作为“南朝陵墓石刻”的组成部分，被公布为第三批全国重点文物保护单位。

2006 年，江宁区文物部门为了保护这两只石兽，为其修建了建起了开放式的万安陵公园。

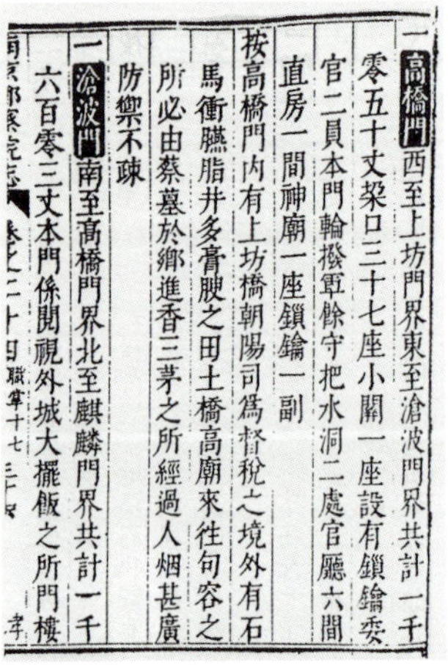

一高橋門西至上坊門界東至滄波門界共計一千
零五十丈垛口三十七座小關一座設有鎖鑰委
官二員本門輪撥軍餘守把水洞二處官廳六間
直房一間神廟一座鎖鑰一副
按高橋門內有上坊橋朝陽司為督稅之境外有石
馬衝臙脂井多膏腴之田土橋高廟來往句容之
所必由蔡墓於鄉進香三茅之所經過人烟甚廣
防禦不疎
一滄波門南至高橋門界北至麒麟門界共計一千
六百零三丈本門係閱視外城大擺飯之所門樓

图 3-53

十、高桥门

高桥又名皋桥、剩石桥、盛世桥、东观桥。位于外郭东南垣，西南与上坊门相连，东北与沧波门相接。位于中和桥路与双麒路交界处。因门前原有高桥（皋桥），故名。此门已不存，门名仍沿用，桥仍然通车。

1. 历史沿革

高桥相传是汉代隐士皋伯通所建，因名其桥曰皋桥，后人转皋为高，称作高桥。

据史料记载，南朝建康令庾信避梁乱，曾经旅居此桥。后来庾信到了北方，写下了著名的《哀江南赋》。

梁朝末年，大将陈霸先因杀害竞争对手王僧辨，导致其余部徐嗣徽、任约等人相继起兵，并投降北齐。陈霸先曾经率马步兵在高桥一带抵抗叛将徐嗣徽和北齐兵的入侵。

洪武十九年（1386）重建高桥。相传此桥用的是修建七桥瓮剩余的石头而建，故名“剩石桥”，民间讹称“盛世桥”。

洪武二十三年（1390）四月庚子，在高桥附近建造外郭城门，命名为高桥门。

洪武二十四年（1391）二月甲子，置千户所。

永乐九年（1411）九月己巳，修京师高桥门。

清朝康熙七年（1668），再次重修。江宁府太守陈开虞题名为“东观桥”。

民国初期，高桥门依然“重关屹立，形势嵯峨”。

1953年4月，因“高桥门城瓮裂损，行将倒塌”，“为免生事故”，南京市工务局派工将其拆除（1953年4月20日南京市工务局致市公安局《在施工期间请布置绕道通行函》，南京市城建档案馆藏）。高桥门是20世纪50年代大规模拆城前就已拆除的一座城门。

据《南京城墙志》记载：2005年，杨国庆、吴会泽等在当地调查时，世居高桥门8号、时年85岁的朱宗福、吕翠英夫妇称：高桥门曾被人称“大门券”；并称：传说刘基看过此地后，认为风水好，会出天子，故挖井以镇之，称“朱家井”，现村名“井西村”。

高桥门在历史上是通往南京的重要城门之一。进入高桥门，往东北行数里，就是七桥瓮。越过七桥瓮，再前行，经过中和桥，

图 3-53 高桥门、沧波门（明朝《南京都察院志》卷 24）

可以到达明朝御道尽头的正阳门。

民国年间，高桥门的萝卜（又名莱菔、罗服）是南京特产。据民国方继之编写的《新都游览指南》（大东书局 1929 年出版）第六章《物产》记载："莱菔为宁人家常蔬食之一，以产于高桥门者为最佳。皮红鲜可爱，食之味甜，而实大者常逾一斤。"民国南京市市政府秘书处编写的《新南京》（1933 年出版）也记载，高桥门的萝卜是南京的名产。

在高桥门一带，高桥、高桥村、小水关等地名保存至今。

2. 文献史料

《南枢志》卷 48《形胜部·外门事宜》："高桥门：西至上坊门界，东至沧波门界，共计一千零五十丈，垛口三十七座，小关一座，设有锁钥，委官二员。本门轮拨军余守把。水洞二处，官厅六间，直房一间，神庙一座，锁钥一副。"

《南京都察院志》卷 21《职掌十四》："外城七门，俱荒僻。每门把总二员，盘诘官二员。……高桥门，军余六十名。"

《南京都察院志》卷24《职掌十七》："高桥门：西至上坊门界，东至沧波门界，共计一千零五十丈，垛口三十七座，小关一座，设有锁钥，委官二员。本门轮拨军余守把。水洞二处，官厅六间，直房一间，神庙一座，锁钥一副。按：高桥门内有上坊桥、朝阳司，为督税之境，外有石马冲、胭脂井，多膏腴之田。土桥、高庙来往句容之所必由，蔡墓於乡进香三茅之所经过，人烟甚广，防御不疏。"

明朝礼部《洪武京城图志》："高桥，在通济门外。吴皋伯通所建，因名其桥曰皋，后人转皋为高，今因之。"

明朝孙应岳《金陵选胜》（南京出版社 2009 年 4 月版）："高桥，本名皋桥。庾信为建康令，避梁乱，旅居此桥。信有《哀江南赋》。注云：《吴郡图经》以皋伯通所居，因名皋桥。后人转皋为高。"

民国夏仁虎《秦淮志》卷 3："上方桥有支河，通高桥门，其水穴土城而入者曰小水关，有桥曰高桥。"

3. 遗产资源

七桥瓮

七桥瓮，又名七瓮桥，因桥有七孔而得名。位于南京市秦淮区红花街道七桥村，建于明正统五年（1440），是南京地区现存

图 3-54

规模最大的砖石构筑拱桥。2013 年被列为全国重点文物保护单位。

七桥瓮是一座不等跨半圆石拱桥，共有 7 个桥孔，全长达 99.84 米，宽 13 米，桥身酷似弯弓，全部用青石叠砌，桥身质地坚固。中间桥孔最大，其余两两相对，依次缩小。桥孔上方桥耳两侧还有 16 只精雕的螭首兽头，堪称中国古代拱桥中的杰作。现存的七桥瓮依旧保存着明代的原貌，桥墩、桥孔和兽头等均是原物。七桥瓮现已辟为七桥瓮生态湿地公园。占地总面积约 1000 亩，由秦淮河与运粮河围合而成。公园以保持原有地貌、沟通水网、保护湿地、生态造林为主要手段，使 600 年的明代古桥、精致的雕塑、蜿蜒的木栈道、新颖别致的观鸟屋巧妙融合，充满了生机与野趣。

十一、沧波门

清代又称“菖蒲门”，民国时期又写作“苍波门”“仓波门”。位于外郭城垣东南部，西南接高桥门，东北连麒麟门。关于沧波门一名的由来，史无记载。据王志高《〈南京都察院志〉之明代南京城墙资料汇注》一文考证：“门址一带为钟山、青龙山诸水汇聚处，水道多而密集，故称沧波门。”具体位置在今孝陵卫街道西南部，土城头路南侧，双拜岗路南段北侧。此门已不存，门名仍沿用。

1. 历史沿革

洪武二十三年（1390）四月庚子建造。沧波门因地处水源充

图 3-54 七桥瓮

沛之地，钟山、青龙山、珠山等山水均汇于此地，故名沧波门；门外有街一条，称沧波门前街。洪武二十四年（1391）二月甲子，置千户所。

景泰六年（1455）九月戊子，命修南京沧波门城垣、水洞损裂处。

沧波门毁于20世纪中叶，并于原址上建造民房，门牌号码为“五百户村1号、2号”。沧波门外的护城河一段尚存，河上兴隆桥已毁，沧波门前街上的“三步五墩”圆柱体青石尚可辨认。

据《南京城墙志》记载：2003年8月23日，杨国庆随同早年居住在沧波门前街、已经72岁的王广学先生前往沧波门一带考察。沧波门的门券内侧原有“沧波门”石额，门券外侧无字；沧波门的原址被称作“门坡”，而沧波门前街被误称为“沧波门”，街的两端，原各建有牌坊，其中一座牌坊上书“紫气东来”，今已无存。沧波门前街呈中间高，两端低，故被俗称为鱼的脊背；朝沧波门方向一端被俗称为“鱼头”，在“鱼头”与中间最高地段处的街道地面中间，置有圆形石墩五个，因相距极近，仅走三步便尽，故称“三步五墩”。据当地人称，这五个墩子，象征鱼叉，叉住兴风作浪的鱼精，是当年倍受水患之街坊修筑沧波街之遗物，具有“镇街”的含义；另一说，是修筑沧波门时的遗物，具有“镇门”的含义。这两种说法，鲜见记载，仅为当地口碑所传。在沧波门一带的民居及其他建筑物上，仍可看到不少明代城砖及旧石料，据称均取自当年的沧波门券及外郭城垣。

沧波门一带现在保存的地名有大门西、城头村、五百户村、三百户村、沧波门南街、沧波门北街等地名。

2. 文献史料

《南枢志》卷48《形胜部·外门事宜》：“沧波门：南至高桥门界，北至麒麟门界，共计一千六百零三丈。本门系阅视外城大摆饭之所。门楼五间，官厅五间，后厅五间，厢房八间，军余直房三间，把总厅三间倒。”

《南京都察院志》卷21《职掌十四》：“外城七门，俱荒僻。每门把总二员，盘诘官二员。……沧波门，军余六十名。”

《南京都察院志》卷24《职掌十七》：“沧波门：南至高桥门界，北至麒麟门界，共计一千六百零三丈。本门系阅视外城大摆饭之

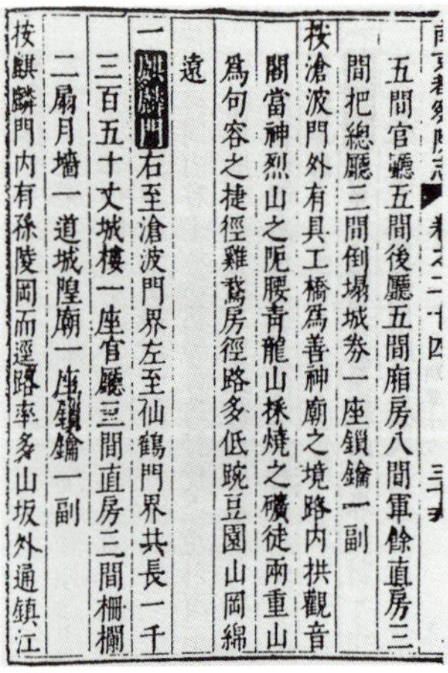
五間官廳五間後廳五間廂房八間軍餘直房三
間把總廳三間倒塌城券一座鎖鑰一副
按滄波門外有具工橋爲善神廟之境路内拱觀音
閣當神烈山之阸腰青龍山採燒之礦徒兩重山
爲句容之捷徑雞鵞房徑路多低豌豆園山岡綿
遠
一麒麟門右至滄波門界左至仙鶴門界共長一千
三百五十丈城樓一座官廳三間直房三間柵欄
二扇月墻一道城隍廟一座鎖鑰一副
按麒麟門内有孫陵岡而邐路率多山坂外通鎮江

图 3-55

所。门楼五间，官厅五间，后厅五间，厢房八间，军余直房三间，把总厅三间倒塌，城券一座，锁钥一副。按：沧波门外有具公桥，为善神庙之境路；内拱观音阁，当神烈山之阸腰。青龙山采烧之矿徒两重山，为句容之捷径，鸡鹅房径路多低，豌豆园山冈绵远。”

十二、麒麟门

又作其林门。位于外郭城垣最东端，西南与沧波门相连，西北与仙鹤门相接。因地处麒麟铺而得名。具体位置在今麒东路、麒西路交界处。此门已不存，门名仍沿用。

1. 历史沿革

洪武二十三年（1390）四月庚子建造。洪武二十四年（1391）二月甲子，置千户所。

麒麟门附近有刘宋武帝刘裕初宁陵神道石刻石麒麟一对，麒麟铺就是因此得名。

据明代胡广《游阳山记》记载，永乐三年（1405）九月，胡广与同僚解缙、金幼孜受明成祖朱棣派遣，赴阳山考察孝陵碑材的开采情况。游毕，胡广写了《游阳山记》。据该文记载，三位大臣途经麒麟门时，见到门额上有“中书舍人詹孟举所书‘麒麟门’三字”。这是明代南京四重城垣的40余座城门中唯一留有当时题名者的城门。

麒麟门同时还是明朝外郭十八门中唯一带有瓮城的城门。据《南京都察院志》记载有“月墙一道”。这道“月墙”就是建有瓮城的明证。在1937年《新南京地图》上，标有上麒麟门、下麒麟门，似乎也可作为佐证。

值得注意的是，在仙鹤门—麒麟门—沧波门沿线的外郭城垣内侧，是明朝初年养马之地，历史上有黄马群、青马群、红马群、白马群等地名，如今，在钟山以东至仙鹤门—麒麟门—沧波门一线之间，还有“黄马”“青马”“青马村”“马群”“草场”“马房山”等相关地名保存下来，堪称是这段历史的活化石。

在麒麟门与沧波门之间的马群镇蛇盘村，有历史上著名的金陵驿。它是宋代南京的驿站，也是传递公文的人员和官员途中落脚之处。

麒麟门在民国年间是前往汤山温泉洗浴的交通要道。

图3-55 沧波门、麒麟门（明朝《南京都察院志》卷24）

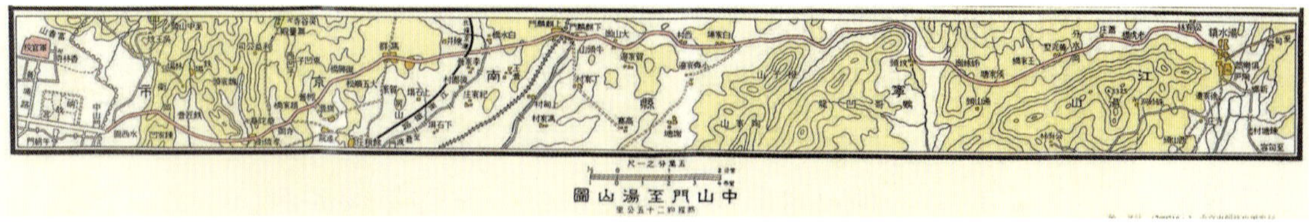

图 3-56

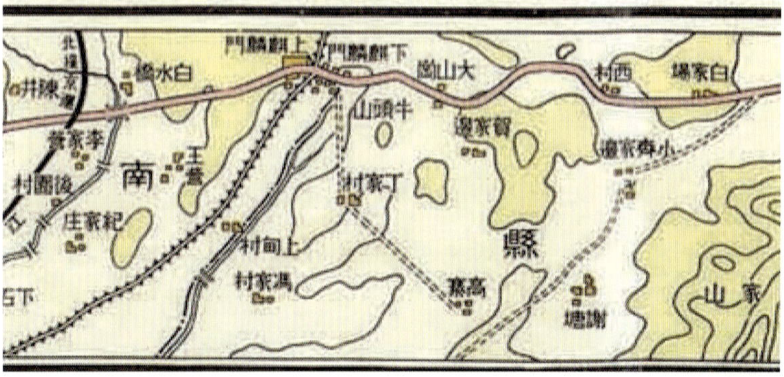

图 3-57

据民国周玲荪《金陵名胜写生集》第二集《水彩写生集》（商务印书馆 1925 年出版）记载当时的游览行程：“汤山路：从中正街向东行，出朝阳门，过麒麟门、坟头、汤水镇等处，即抵汤山。汤山又温泉，四时常温。”

民国刘宣阁《温泉试浴记》写道：“居秣陵一载，苦无娱乐之可言。佳山水亦既游罄，唯南汤山尚未涉足耳。七月廿九日，星期早醒。……餐毕，驱车出朝阳门东行，经孝陵、马群镇、麒麟门、坟头庙、侯家塘，而至汤水镇，计程五十里，时间一小时而弱。沿途笑语，披拂凉风，无复车尘马足之苦矣。此五十里之马路，名钟汤路。逾山越岭，极坡陀起伏之奇观。远望之如修蛇蜿蜒，杂青山平芜中，现粉白之色，尤为美丽。此路系民国八年所筑，宽自三十尺至二十四尺，平坦无陷落之处，实为绝好之驰道。”（民国十六年《旅行杂志》秋季号）

民国周镜泉《京、镇、句三角点线巡礼》写道：“由南京到汤山一段，我是跑热了的，也算仔细地观察过。所以，车子经过孝陵卫，不禁想起那些甲胄之士，雄赳赳、气昂昂地执干戈而挺立卫墓的神情；经过马群，曾看着那嘀啸的奔马，漫长的战斗马群；经过麒麟门，会象形出一座古老的泥土堆砌的城堡；经过坟头，我遥远地看见那黝黑的、漫漫的‘明太祖石碑’。车到汤山，我遥望着路南侧的万松茶山，留恋那热气腾腾的、汩汩的温泉。然而，

图 3-56—57 麒麟门在民国地图上分为上、下麒麟门（1937 年《新南京地图》）

图 3-58《南京市第十三区全图(汤水镇)》(局部)中的麒麟门和蛇盘村,1948 年绘制,台湾“中央研究院”藏,转引自胡阿祥等主编《南京古旧地图集》

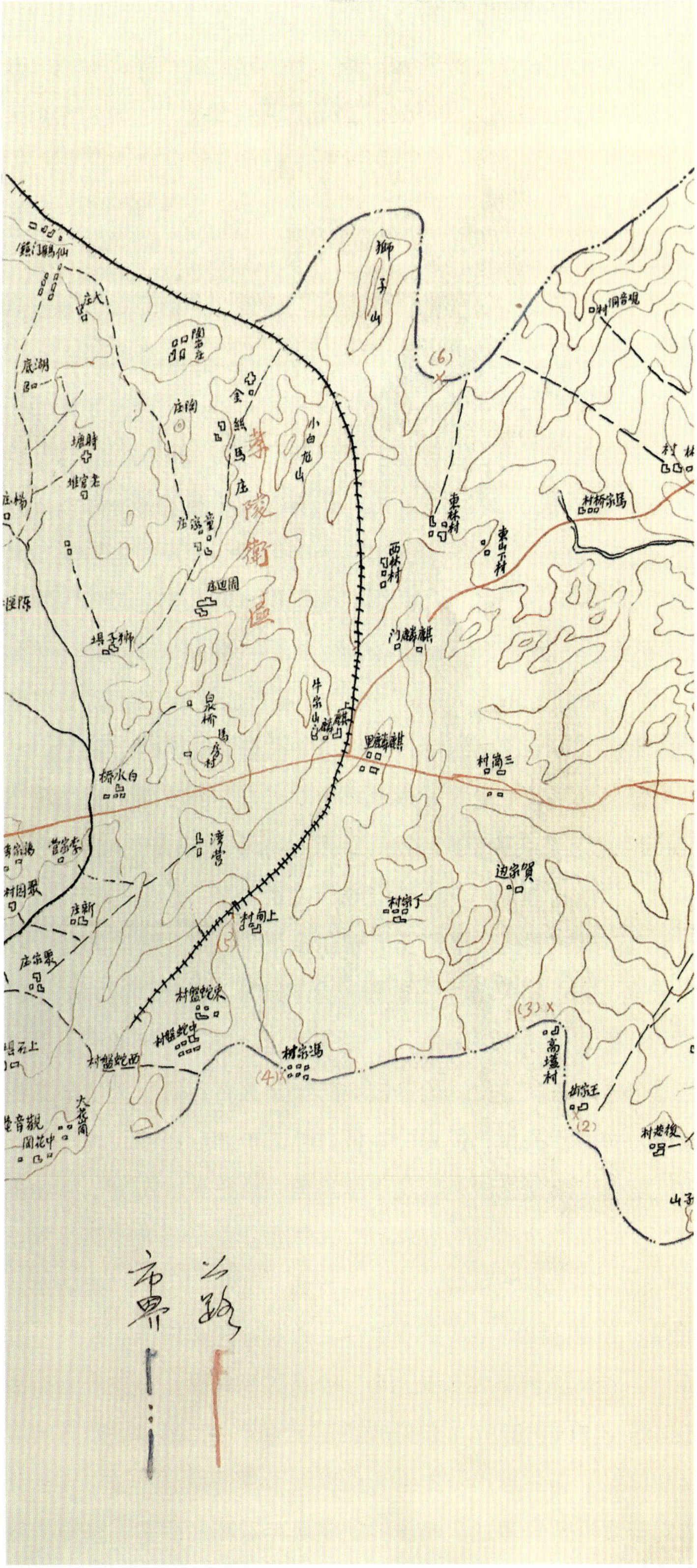

图 3-58

这一段，现在是林立着训练团、军事学校、军营、兵舍、部队……”（民国三十七年《旅行杂志》第22卷第11期）

在麒麟门附近，还有辛亥革命先烈江浙联军总司令徐绍桢墓以及孙中山的密友、号称“四大寇”之一的尤列墓。

如今，麒麟门村、麒麟铺等地名犹存。

2. 文献史料

《南京都察院志》卷21《职掌十四》：“外城七门，俱荒僻。每门把总二员，盘诘官二员。……麒麟门，军余六十名。”

《南京都察院志》卷24《职掌十七》：“麒麟门：右至沧波门界，左至仙鹤门界，共长一千三百五十丈。城楼一座，官厅三间，直房三间，栅栏二扇，月墙一道，城隍庙一座，锁钥一副。按：麒麟门内有孙陵冈而迳路率多山坂，外通镇江府而势当水陆咽喉。梅花坞景色芬芳，石麒麟古迹奇绝。”

清朝甘熙《白下琐言》：“明初牧马皆在外郭门以内，如麒麟门至观音门一带地方，有黄马群、青马群、红马群、白马群。朝阳门外东二十里，有马房山，为骝群，又有马巷口，皆其所也。今附郭民田纳银无米，其地租有黑白草、黑白苜蓿诸名目，盖沿前代之旧也。”

3. 遗产资源

宋武帝刘裕初宁陵石刻

宋武帝刘裕初宁陵石刻位于南京市江宁区汤山街道麒麟铺，距中山门约10公里。现存石麒麟两只，分别坐落在公路两侧。

刘裕（363—422），南朝刘宋开国之君，字德舆，小名寄奴，祖籍彭城（今江苏徐州），后流寓晋陵丹徒（今江苏镇江）。父刘翘，官至郡功曹。刘裕出身寒微，曾以贩履、种田、捕鱼为生。孙恩起义后，刘裕投入北府兵，因勇敢善战，屡立战功。历任下邳太守、中兵参军。彭城内史，跻身北府兵将领行列。东晋安帝义熙元年（405），因击败桓玄，迎晋安帝复位，执掌东晋大权。此后他南征北战，屡建战功。义熙六年攻灭南燕，收复青州。翌年，击败农民军卢循，收复广州。义熙八年，攻破江陵，打败对手刘毅。第二年灭成都王谯纵，收复巴蜀。义熙十一年，攻克襄阳，逐走司马休之，全部扫清了境内割据势力。义熙十二年，他出兵关中，攻破长安，消灭后秦。后官至相国，封宋王。元熙二年（420），刘裕废晋恭帝司马德文，自立

图3-59

图3-59 宋武帝刘裕

图 3-60

为帝，国号宋，改年号永初，仍都建康（今南京）。

刘裕以军功起家，成为一代帝王，彻底打破了门阀士族垄断政权的局面。他建立政权后，起用寒门庶族，减轻徭役赋税，这些措施对加强中央集权，恢复农业生产起到了积极的作用。刘裕居处节俭，无声色之娱。为告诫后人，他命人将年轻时耕田用过的耨耙之类的农具藏入宫中，以使后人知稼穑之艰难。

刘裕称帝后的第三年病死，时年 60 岁。永初三年（422）七月葬于“初宁陵”（《宋书·武帝纪》），谥曰武皇帝，庙号高祖。南宋词人辛弃疾在《永遇乐·京口北固亭怀古》一词中:“斜阳草树，寻常巷陌，人道寄奴曾住。想当年，金戈铁马，气吞万里如虎。”就是赞美他的简朴与武功。

刘裕陵墓坐北朝南，陵前石刻原来还有石柱等物，时隔不久，石柱便被狂风吹折（《建康实录》），现已无存。陵前现存石麒麟一对，东西相向，东为双角，西为独角，均为雄兽，造型相似，身上细部刻纹略有不同。两石兽原来相距 54.5 米，1956 年 9 月维修时位置有较大的移动，现相距 23．40 米，但方向未变。双角麒麟目瞪口张，昂首挺胸；腹侧浮雕双翼，翼前部为鱼鳞纹，依稀可辨，后部似 5 根翎毛，颏下长须垂胸，四足已失，尾巴无存。1956 年有关部门整修时，在其四足部位各置一方形石墩。修复后的双角麒麟身长 2.90 米，身高 2.90 米（连石墩），体围 3.13 米。独角麒麟独角已损，额部已残，尾巴也无存；额下长须垂胸，腹

图 3-61

图 3-60—61 宋武帝刘裕初宁陵石麒麟

侧浮雕双翼，翼前部作鱼鳞状，后部饰6根翎毛，翼状秀美；通体饰勾云纹，极富装饰意味；四足，五趾，身长3.8米，高2.78米，体围3.21米，重约12吨。由于饱经风霜，躯体下垂，1956年维修时腹部垫有两块石墩支撑。这两只麒麟是现存南朝陵墓神道石刻中时代最早的一对，其形貌虽残，但风韵犹存，有一种残缺美，给人以沧海桑田的感觉。

宋武帝刘裕的躯体虽然早已与大地融为一体，但其陵前石麒麟历经1500余年风雨，仍忠诚地守护、陪伴着这位曾经叱咤风云的人物，无时无刻不在向世人昭示着这位帝王生前所拥有的至高无上的尊严和权威。

1988年，初宁陵石刻作为“南朝陵墓石刻”的组成部分，被公布为第三批全国重点文物保护单位。历代咏南朝石麒麟诗主要有：

石麒麟

［南宋］曾极

短樊长堑起寒烟，知是何人古墓田。
千载石麟相对立，肘鬃膊焰故依然。

石步道中有石麒麟数十

［南宋］曾极

地悴天荒丘陇平，难从野老问衰兴。
苍烟落日低迷处，折足麒麟记坏陵。

吊六朝诸陵诗

［民国］朱偰

建康陵墓尽残丛，石兽苍凉夕照中。
断碣飘零三国雨，铜驼惨淡六朝风。
神州河朔悲丧乱，南部江山苦战攻。
最是西京泯灭时，不堪回首旧金墉。

金陵驿

金陵驿位于马群镇蛇盘村。据南宋周应合《景定建康志》卷16《疆域志二》记载：“金陵驿，亦名蛇盘驿，在上元县长乐乡

图 3-62

蛇盘市。俗呼‘佘婆’，音之讹也。淳熙十二年，留守钱公良臣建。”金陵驿建于南宋孝宗淳熙十二年（1185），由建康留守钱良臣兴建。南宋曾极《蛇盘驿》诗云：“枳篱华屋半雕残，列肆屠羊客卸鞍。霸气消沉形胜歇，龙盘何事作蛇盘？”

南宋抗元英雄文天祥（1236—1283）被俘后，曾经被羁押于此，写下了著名的《金陵驿》诗二首：

（一）

草合离宫转夕晖，孤云飘泊复何依？
山河风景元无异，城郭人民半已非。
满地芦花和我老，旧家燕子傍谁飞？
从今别却江南路，化作啼鹃带血归。

（二）

万里金瓯失壮图，衮衣颠倒落泥涂。
空流杜宇声中血，半脱骊龙颔下须。
老去秋风吹我恶，梦回寒月照人孤。
千年成败俱尘土，消得人间说丈夫。

1991 年，南京市政府在金陵驿旧址上建起了文天祥诗碑亭。

图 3-63

图 3-62 文天祥
图 3-63 文天祥诗碑亭

徐绍桢墓

图 3-64 江浙联军总司令徐绍桢

徐绍桢墓位于南京麒麟门外白龙山东麓，与孙中山的好友尤列之墓相邻，在原江宁区麒麟街道麒麟铺上庄村。

图 3-64

徐绍桢（1861—1936），字固卿，广东番禺人，父祖五代为幕僚。1894 年，他在广东乡试中举，任广西桂林知府文案。此后，桂林太守李兴锐升任江西巡抚，他受到李的提拔，由文转武，曾任江西常备军统领、福建武备学堂总办、苏淞镇总兵、署江北提督等职。1905 年，他调任新军第九镇统制。1911 年 10 月 10 日，武昌起义爆发后，11 月 7 日，徐绍桢发动新军第九镇士兵起义，攻打雨花台，因内部缺乏协调和弹药匮乏而失败。徐绍桢率兵退至镇江。此后，沪、苏、浙、淞、镇等各军代表汇集上海，一致决定组织江浙联军，推举徐绍桢为总司令。11 月 25 日，徐绍桢指挥江浙联军进攻南京。11 月 30 日光复南京后，孙中山委任徐绍桢为南京卫戍总督。1912 年 3 月，孙中山辞去临时大总统职务后，徐绍桢也辞去兵权。1915 年后，孙中山先后委以徐绍桢广州军政府卫戍总司令、广东民军援粤总司令、大元帅府参军长、广东省长、内政部长等职。1927 年国民政府成立后，他退出政坛。1933 年，经孙科提名出任国民政府委员。1936 年 9 月在上海病逝，国民政府颁布褒奖令。蒋介石、林森、于右任、蔡元培、孔祥熙、孙科、何应钦、陈果夫、陈立夫等军政要员分别送挽联和发唁电，宋庆龄也送了挽联。1937 年春，国民政府将他公葬在南京麒麟门外白龙山原江浙联军总司令部旧址。徐绍桢晚年著有《共和正解》《大学述义》《学寿堂诗说》《学寿堂日记》等作品。

徐绍桢墓在“文革”期间被毁坏。仅剩下墓前石碑 1 通，系国民政府 1947 年所立，正面有孙科题写的碑文：“故国民政府委员徐固卿先生之墓”。1986 年，经全国政协批准，南京市人民政府对墓园进行了重建。1992 年，徐绍桢墓被列为南京市文物保护单位。

尤列墓

尤列墓位于南京市栖霞区麒麟门外白龙山华侨公墓旁，与徐绍桢墓相邻。

尤列（1865—1936），原名季博，字少纨、令季，号小园，又号吴兴季子，晚年号钵华道人。广东顺德人。近代民主革命者，与孙中山是旧交。

尤列出身于书香门第，受家庭熏陶，他自小便以书为友。尤列记忆力惊人，至中年时仍能背诵儿时所学文章半数以上，孙中山称他是“石龟肚”（记忆力强）。尤列青少年时代便萌发反清思想。他不仅没有参加科举考试，而且在 17 岁时在上海加入洪门，22 岁入广州算学堂，结识了孙中山、郑士良。

1889 年，尤列从广州算学馆毕业后，成为广东舆图局的一名测绘生，后又成为香港华民政务司署书记。在孙中山的倡议下，尤列、孙中山、杨鹤龄和陈少白这四位具有革命抱负的年轻人以年龄为序，宣誓立约革命，抨击清政府，被时人称为“四大寇”。

1895 年，尤列与孙中山、陈少白等在香港组织起兴中会，秘密准备广州起义。起义泄密后，尤列被清廷通缉，流亡到越南，继续进行革命活动。此后，尤列在南洋发起成立中和堂，以联络华侨中工人与小商贩，后来加入中国同盟会。他在新加坡创办《图南日报》，宣传革命思想。二次革命后东渡日本，闭门著书。1921 年，担任孙中山护法军政府顾问。后脱离政界，居住香港，设皇觉书院，以教授蒙童为生。

1936 年，尤列抱病前往南京，不久病逝。

尤列墓在“文革”期间被毁坏。1985 年，南京市有关部门对墓园进行了重建。

十三、仙鹤门

位于外郭东北垣，东南接麒麟门，西北连姚坊门。因汉代在此地建有仙鹤观，故名。城门旧址推测坐落在文枢西路与土城头路（燕西线）交界处附近。此门已不存，门名仍沿用。

1. 历史沿革

洪武二十三年（1390）四月庚子建造。洪武二十四年（1391）二月甲子，置千户所。据《同治上江两县志》载：“万历间重修，今废。”

据《栖霞区志》记载：当地老人回忆，民国时，仙鹤门共有两个城门，西边城门有铁制大门，门状如明内城城门一般大。东边城门无门，城门内外均为石质路面，有砖砌城墙，现已无存。仙鹤门北段土城头与尧化门南段土城头相接，而南段土城头则与麒麟门北段土城头相接。仙鹤门因地势较高，当地有“仙鹤门高于栖霞山二米”之说。

在仙鹤门附近，原有仙鹤观，今已无存。现存遗迹有梁临川靖惠王萧宏墓石刻和民族英雄邓廷桢墓。

今天，在仙鹤门一带，尚保存有仙鹤门村、土城头路、门坡等地名。

2. 文献史料

《南京都察院志》卷21《职掌十四》：“外城七门，俱荒僻。每门把总二员，盘诘官二员。……仙鹤门，军余六十名。”

《南京都察院志》卷24《职掌十七》：“仙鹤门：右至麒麟门界，左至姚坊门界，共计一千二百八十丈。门楼一座，官厅三间，神庙一间，锁房三间，锁钥一副。按：仙鹤门，内邻青黄马群，多草场之田畴；外有仙鹤古观，乃屯兵之故址。地方空旷，巨盗时愤于潜藏；关法详明，门吏每见乎功绩。但时际承平，小丑幸获于一时；思患预防，桑土宜同于未雨。”

3. 遗产资源

仙鹤山道观

仙鹤观位于仙林茶果大队的仙鹤山（原名雉亭山），建于汉代，是南京地区最早的一座道观。道观内有十多间殿堂，供奉着太上老君像、历代名家书法等。据传，朱元璋当年攻打集庆（今南京）时，就曾率部在此道观住过一年有余。由于仙鹤山地势险要，这

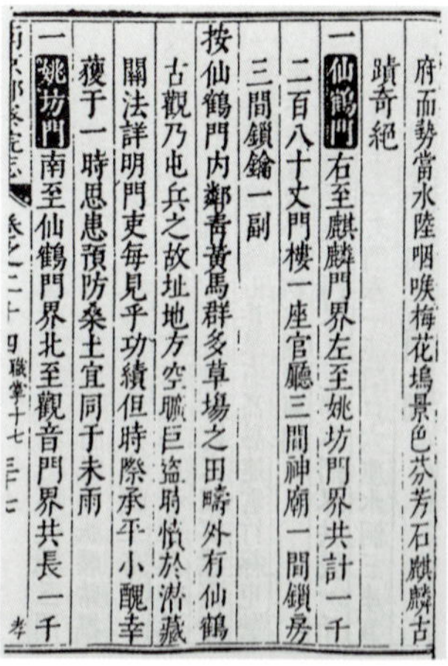
府而勢當水陸咽喉梅花塢景色芬芳石麒麟古
蹟奇絕
一仙鶴門右至麒麟門界左至姚坊門界共計一千
二百八十丈門樓一座官廳三間神廟一間鎖房
三間鎖鑰一副
按仙鶴門內鄰青黃馬群多草場之田疇外有仙鶴
古觀乃屯兵之故址地方空曠巨盜時憤於潛藏
關法詳明門吏每見乎功績但時際承平小醜幸
獲于一時思患預防桑土宜同于未雨
一姚坊門南至仙鶴門界北至觀音門界共長一千

图 3-65

图 3-65 仙鹤门、姚坊门（明朝《南京都察院志》）

里又成了兵家必争之地。抗战期间，侵华日军曾在仙鹤观建有瞭望哨地堡，监控江南新四军的动向。1949 年，后这里又成了我国公安部队对周边地区进行剿匪的制高点。

据桑万邦《难忘仙林那些墓葬文物》（《金陵晚报》2018 年 5 月 9 日《财富新闻》）介绍，仙鹤观毁于 20 世纪 50 年代初的一场大火。如今农历三月十六的仙鹤门庙会，就是沿袭当年此观的道场活动日，办得有声有色。

梁临川靖惠王萧宏墓石刻

梁临川靖惠王萧宏墓石刻位于仙鹤门外的南京栖霞区尧化镇仙林农场第二行政村张库自然村。萧宏系梁武帝六弟，梁朝普通七年（526）死于扬州刺史任上，早于梁武帝萧衍去世 23 年。

梁临川靖惠王萧宏墓前现存石辟邪二（一完好，一残碎）、石柱二、石碑二（一完整，一仅存龟趺座）。辟邪高 3.15 米，长 3.2 米，前宽 1.48 米，后宽 1.38 米，重约 1.5 万余公斤。雕刻技法简洁，造型生动，是南朝石刻中的佼佼者。神道石柱的造型沿袭汉代而有所创新，其结构分为柱头、柱身和柱座三部分。柱头圆盖饰覆瓣莲花纹，圆盖之上伫立着一只昂首挺胸的小辟邪（已无）；柱身饰隐陷直刳棱纹 28 道，柱身上部有长方形柱额，柱额上刻有神道文，柱额侧面饰有云气、火焰、莲花、双龙等纹饰，柱额下饰有力士浮雕和绞龙纹、绳辫纹；柱座上圆下方，上为双螭，下为方形基座。柱头、柱身、柱座三部分组合在一起，形成一个有

图 3-66

图 3-67

图 3-66—67 梁临川靖惠王萧宏墓神道石刻

机而又和谐的统一体。这些石柱造型典雅秀美，给人以亭亭玉立之感。南朝神道石柱还有一个共同点，这就是柱身从下往上逐渐收缩变细，建筑学上称为“收分”，这种造型既增加了石柱的稳定感，同时又平添了几分美感。神道石碑的造型与汉代一脉相承。其结构分为碑首、碑身和碑座（又称龟趺座）三部分。碑首作圆形，碑脊两边各装饰有相互交缠的双龙。碑首中间有一碑额，上刻文字，碑额下方有一穿孔；碑身正面镌刻有长篇碑文，背面刻有立碑者姓氏，文字四周饰有卷草纹之类的图案；碑身侧面镌刻神怪图像。碑座呈龟趺状，凸目圆睁，引颈仰首，一足前迈，作匍匐负重状。碑首、碑身、碑座三部分组合在一起，给人以高耸挺拔、庄严肃穆之感。

1997 年夏，南京市博物馆在距萧宏墓神道石刻南侧 1000 米的马群镇白龙山发掘了一座大型南朝墓葬。该墓呈“凸”字形，全长 13.4 米，由封门墙、甬道、墓室、排水沟等部分组成。墓室长 7.7 米，宽 3.7 米，高 5.25 米。因早年被盗，仅出土青瓷盏、唾壶、陶凭几、盘、俑、铜镜、铁镜等遗物。发掘者认为这座墓极可能是萧宏墓。

1983 年，南朝陵墓神道石刻被评为“新金陵四十景”之一，蜚声海内外。1988 年 1 月，又与南京明朝城墙、栖霞山舍利塔同时被国务院批准为第三批全国重点文物保护单位。

图 3-68

图 3-68 梁临川靖惠王萧宏墓神道石刻被建亭保护

图 3-69

邓廷桢墓

位于南京城东仙鹤门外仙林农场第三行政村林山下（又名邓家山、灵山）自然村山峦上。

邓廷桢（1776—1846），字维周，又字嶰筠。南京人。历任安徽巡抚、闽浙总督、两广总督、陕甘总督。他是中英鸦片战争中力主禁烟抗英的民族英雄，与林则徐齐名。清道光二十六年（1846）卒于西安任所，归葬灵山。墓西南向，背倚灵山。墓前原有邓廷桢夫妇两块墓碑，一刻“皇清诰封荣禄大夫振威将军显考解筠府君之墓”，一刻“皇清诰封一品夫人显妣张夫人之墓”，皆篆体阴刻，下款均刻“男尔晋咸巽敬立”“道光贰拾陆年”。两碑于1958年兴修水库时湮没。现墓碑由南京市文管会于1962年10月重立，碑座高0.28米、宽0.95米；碑身高1.34米、宽0.6米、厚0.19米，正面刻“清两广闽浙陕甘总督邓廷桢之墓”，背面刻“重立碑记”，记述邓廷桢的简历和功绩以及原碑被埋在大蒲塘水坝内，故立新碑以志其事之原委。碑后即墓冢。1982年，被列为江苏省文物保护单位。

十四、姚坊门

又写作姚方门、姚芳门，俗称尧化门。太平天国时期，贬称为“猺化门”。位于外郭城垣东北端，东南接仙鹤门，西北连观音门。门址在原尧化镇尧化村。姚坊门因姚坊山而得名。此门已不存，门名仍沿用。2011年5—9月，南京市博物馆对尧化门老街附近进行了考古发掘，发掘点西南角地理坐标为北纬32度06分43.25秒，东经118度52分12.57秒，共发现明代夯土墙基三道，考古人员认为应属于明代南京外郭城姚坊门遗址的重要组成部分。

1. 历史沿革

洪武二十三年（1390）四月庚子建造。洪武二十四年（1391）二月甲子，置千户所。

姚坊门城门用城砖和石头砌筑，南北两侧城墙用泥土夯筑，俗称“土城头”。

清朝乾隆皇帝多次前往栖霞山，并在栖霞山设有行宫。他曾经经过姚坊门往返南京城与栖霞山之间。

清朝光绪二十九年（1903），英国人修建京沪铁路时，将姚

图 3-69 邓廷桢墓

图 3-70 尧化门、仙鹤门、麒麟门、沧波门、高桥门、上方门一线的外郭城墙成为南京市区的界限（1937年《新南京地图》）

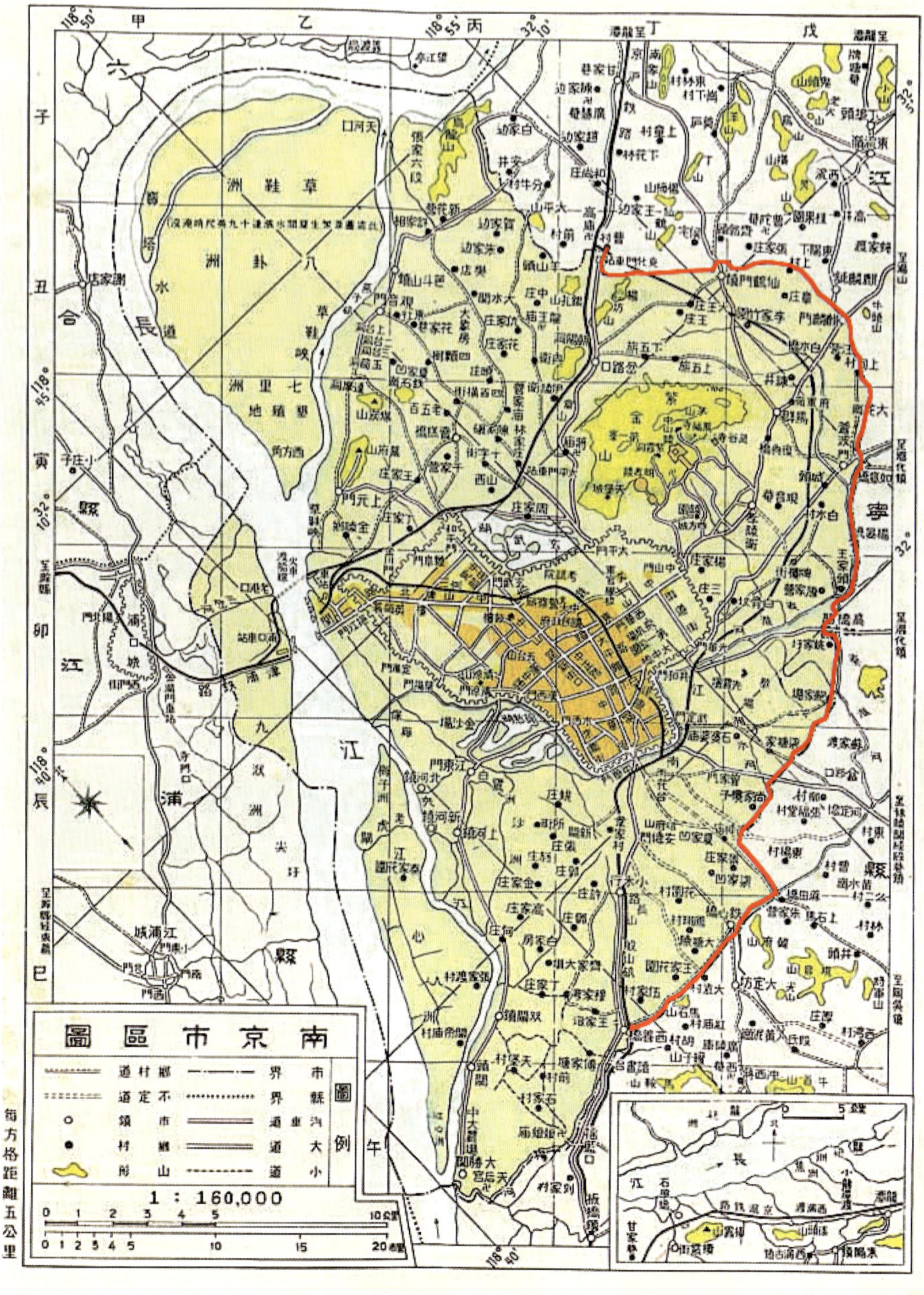

图 3-70

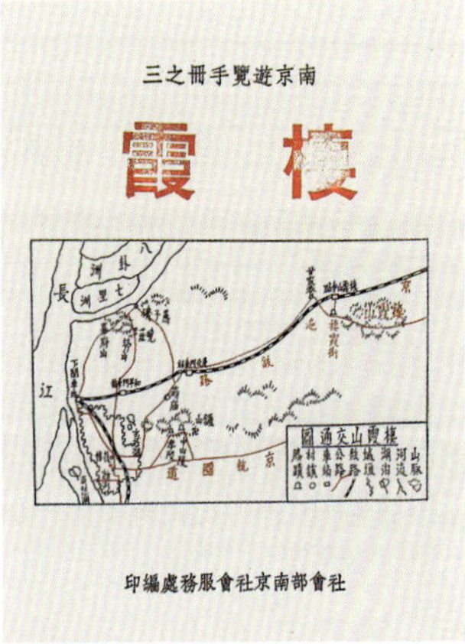

图 3-71

坊门拆除。翻译人员误将姚坊门译作尧化门，所以尧化门一名便传播开来（《栖霞区志》第三编《风景名胜·文物古迹》）。其实，太平天国时期已有“猺化门”贬称，说明“尧化门”的名称可能早已有之，而不是翻译人员的“贡献”。

尧化门门址外曾立有一界碑石，为民国首都南京市与江苏省属江宁县交界地。

姚坊门的枣子在古代一直是南京的著名特产。明朝顾起元《客座赘语》卷 1 记载：“果之美者，姚坊门枣，长可二寸许，肤赤如血，或青黄与朱错，驳荦可爱，瓤白逾珂雪，味甘于蜜，实脆而松，堕地辄碎。惟吕家山方幅十余亩为然，它地即不尔，移本它地种亦不尔。”

清代《康熙江南通志》卷 86 记载：“姚枣，出上元姚坊门，长大而甘脆。”清代陈作霖 1908 年编写的《金陵物产风土志》记载：“迤北曰姚坊门，产大枣，实硕而甜，以其地氏之曰‘姚枣’。”民国方继之编写的《新都游览指南》（大东书局 1929 年出版，）第六章《物产》写道：“姚枣以产于姚芳门而得名，实大而甘，每斤价约一角。”民国南京市市政府秘书处 1933 年出版的《新南京》一书也记载尧化门的枣子是南京的著名特产：“尧化门之枣，鲜者名瑶枣（笔者按：姚枣），晒干后，即为红枣。”

民国年间，南京云锦的制造工匠多来自于尧化门、燕子矶。民国卢前《织造余闻》记载：“‘万家机杼声’，盖指门东、门西及南乡一带机民而言。摇经工人多为尧化门、燕子矶人。”（此文撰于 1948 年，见《东山琐缀》，收入《卢前笔记杂钞》，中华书局 2006 年 4 月版）

如今，“尧化门”“尧化村”“土城头路”“门里村”地名仍存。

2. 文献史料

《南京都察院志》卷 21《职掌十四》：“外城七门，俱荒僻。每门把总二员，盘诘官二员。……姚坊门，军余六十名。”

《南京都察院志》卷 24《职掌十七》：“姚坊门：南至仙鹤门界，北至观音门界，共长一千四百九十丈。大门楼一座，大官厅三间，后厅三间，卷篷三间，茶房二间。春秋二季阅视外城腰跕摆饭或即于本门上城。神庙一座，大水关三券。按：姚坊门有上下花林，梁武之疑冢。内有岔路口，北演至三官之庙堂，石埠桥称居民之

图 3-71 尧化门是前往栖霞的必经之地（民国《南京游览手册》之三《栖霞》）

稠密，栖霞寺乃胜境之禅关。摄山苍翠而高耸连云，竹篠屯营而春时操练。野无狗盗，关绝鸡鸣。”

明朝葛寅亮《金陵梵刹志》卷29：“小刹梵惠寺，在郭城姚坊门外，北城地。”

明朝乔宇《游摄山记》：“出都城，北经蒋山庙，东行出姚坊门三十里，入山后，有田畴平野，度石桥而东，复入山，古桧长松，连抱夹路。至栖霞寺，寺匾乃宋人书。”

太平天国李秀成《忠王李秀成自述》：“次日开攻，移营由燕子机（矶）猺化门扎寨四营。猺化门清将是向帅发来镇守……我等移营，重困猺化门清营。”（中国近代史资料丛刊续编《太平天国》（二），台湾世界书局1962年影印本）

民国王焕镳《首都志》：光绪三十三年（1907），“沪宁铁路开，至下关姚坊门一带”。

3. 诗词歌赋

姚坊门枣

［清］王友亮

长二寸许。顾文庄曰：惟吕家山方幅十余亩为然，他地则不尔。

新秋佳果说姚坊，火齐堆盘喜乍尝。
甜到十分知过雨，艳生半颊为迎阳。
戏抛恰可同心赤，饱掇何须患齿黄。
记得吕家山畔路，薰风先递枣花香。

木兰花慢·尧化门车中作

［民国］张尔田

倚軨天似醉，问何地，著羁才。堪乱雪荒壕，春鹃泪点，残梦楼台。低徊笛中怨语，有梅花休傍故园开。燕外寒欺酒力，莺边暖阁吟怀。

惊猜，鬓缕霜埃。杯暗引，剑空埋。甚萧瑟兰成，江关投老，一赋谁哀。秦淮旧时月色，带栖乌还过女墙来。莫向危帆北睇，山青如发无涯。

十五、观音门

观音门位于观音山（即幕府山）上，门址在原燕子矶中学东

图 3-72

校区前。它处在外郭城垣最北端，是明朝外郭最北边的一个城门。它北面俯瞰燕子矶，西南接佛宁门，东南连姚坊门。此门已不存，门名仍沿用。2013 年，相关部门在观音门遗址附近重建该城门。观音门是明代外郭十八门关中，唯一留有图片资料的城门。

1. 历史沿革

洪武二十三年（1390）四月庚子建造，洪武二十四年（1391）二月甲子，置千户所。

观音门因洪武初年在幕府山修建观音阁而得名。观音山又因观音门而得名。民国胡祥翰《金陵胜迹志》记载：“直渎山，在观音门外。……有直渎，山因以为名。或称岩山，俗曰观音山，以门名。”清朝金鳌《金陵待征录》卷 1《志地・观音山》记载：“明始有观音门，故因门名山。”

明朝时期，在观音门外，设有鲥鱼厂、冰窖，专供皇家使用（顾炎武《建康古今记》）。朝廷祭祀用的鲥鱼就是通过观音门和太平门，运进南京城的（《南枢志》）。

由于观音门外有著名的燕子矶、幕府山、观音阁和沿山十二洞等景观，因此观音门成为游客必经之地。

但是，观音门建在高坡上，阻碍了往来车辆直达燕子矶，民国前期只有雇驴或乘黄包车或步行才能通过此门。据民国周玲荪《金陵名胜写生集》第二集《水彩写生集》（商务印书馆 1925 年出版）记载当时的游览行程：“北路：由中正街北行，至十庙口，雇驴或乘黄包车再北行。经神策门、迈糕桥，至观音门。此地地势高耸，燕子矶已在望。”陆衣言编写的《南京游览指南》（中华书局 1929 年第 5 版）记载南京的旅游线路之一“北山路”：“从中正街向北行，经中山路、子午线路，出和平门，再到观音门。观音门在高坡上，汽车、马车应于门下停车等候。游人徒步过门……”倪锡英撰写的“都市地理小丛书”《南京》（中华书局 1936 年出版）记载：“燕子矶靠在长江边涯，离南京二十余里，从南京到燕子矶，有两条路线可通：其一是从和平门东站向东北行，经过观音门而到燕子矶，路较仄，通马车和人力车。其一是从下关江边，沿着江岸直向东去，道路广阔，可行汽车。”

民国后期，为了改善交通状况，拓宽和燕路，将城门拆除。据民国年间社会部南京社会服务处资料室 1947 年 3 月编印的《南

图 3-72 观音门旧影

京游览手册》之九《燕子矶》写道：“燕子矶在和平门外二十五里，由淮海路江南汽车公司汽车，可乘车直达，出中央门，经迈皋桥、晓庄等，达燕子矶，仅需四十分钟。”这条线路经过观音门，而文字中只字未提“观音门”，也可相见观音门已经荡然无存了。

现在燕子矶初级中学东校区西南门前，仍遗留有“门坡”地名，可以作为观音门的旁证。

观音门是通往燕子矶的交通要道和兵家必争之地，明清以来，帝王将相、文人墨客、富商巨贾，以及外国军人使节，屡屡通过观音门，前往燕子矶游览；或者泊舟燕子矶登岸，进入南京城。

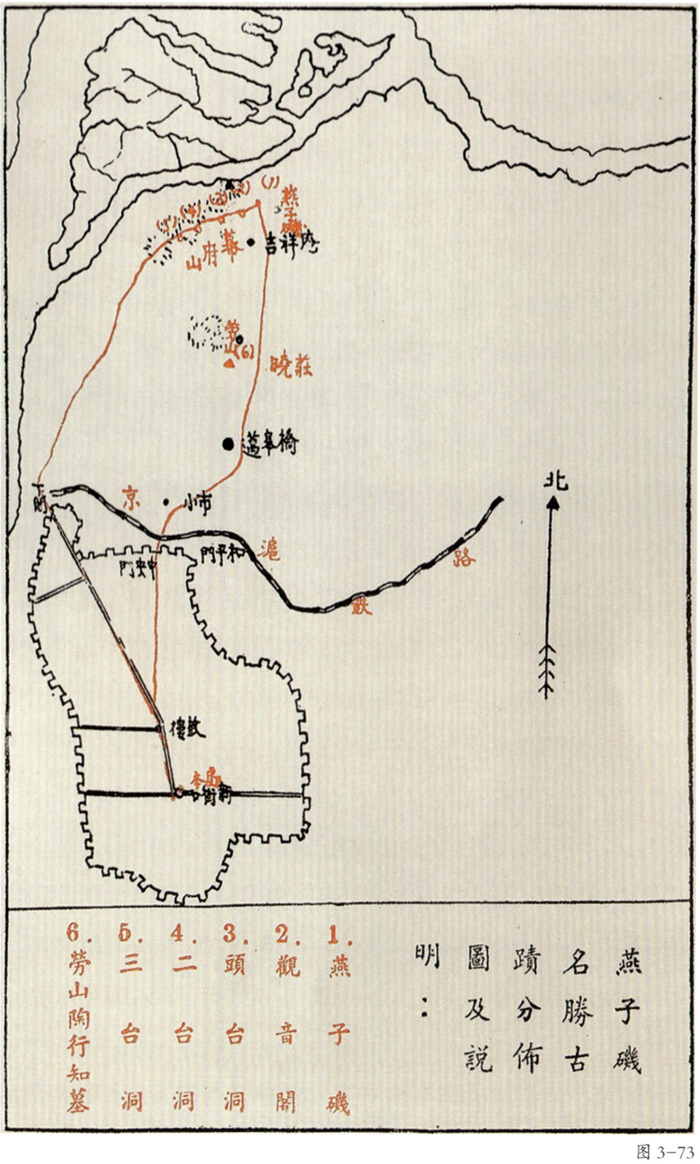

图 3-73

图 3-73 1947 年 3 月编印的《南京游览手册》之九《燕子矶》

图 3-74

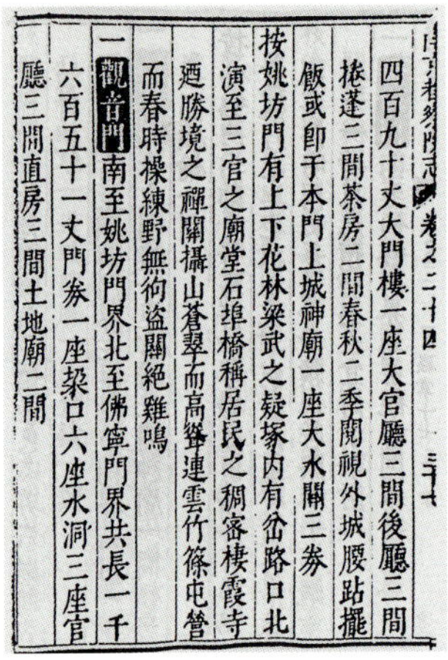

四百九十丈大門樓一座大官廳三間後廳三間
捲蓬三間茶房二間春秋二季閱視外城腰跕擺
飯或卽于本門上城神廟一座大水關三券
按姚坊門有上下花林梁武之疑塚內有岔路口北
演至三官之廟堂石埠橋稱居民之稠密棲霞寺
迺勝境之禪關攝山蒼翠而高聳連雲竹篠屯營
而春時操練野無徇盜關絕雞鳴
一觀音門南至姚坊門界北至佛寧門界共長一千
六百五十一丈門券一座垛口六座水洞三座官
廳三間直房三間土地廟二間

图 3-75

朱元璋当皇帝后，通过观音门前往燕子矶游览，信笔写下了《咏燕子矶》一诗：“燕子矶兮一秤砣，长虹作杆又如何？天边弯月是钩挂，称我江山有几多。”

清朝康熙皇帝和乾隆皇帝六次南巡，到达江宁（今南京），曾经由燕子矶进入南京城或由燕子矶渡江北上。乾隆皇帝游览燕子矶时，写下了《燕子矶》一诗：“当年闻说绕江澜，撼地洪涛足下看。却喜涨沙成绿野，烟村耕凿久相安。”

清代道光二十二年（1842）农历六月底，英国军舰一百多艘开到南京段长江江面，观音门外也停泊了多艘英国军舰。英国在燕子矶附近登陆，通过观音门到达迈皋桥，威胁在紫金山上架炮轰打南京城，迫使清朝政府于 7 月 19 日签订了中国历史上第一个丧权辱国的不平等条约——《南京条约》。直到 8 月底 9 月初，英舰才陆续驶离。英军滞留南京期间，将燕子矶庙宇拆毁殆尽。“英夷在燕子矶劄营，将矶上庙全行拆毁”（张喜《抚夷日记》，南京出版社 2018 年 5 月版）。

在清朝时期，观音门一带生产的稻米“观音籼”是南京的特产。据清代陈作霖《金陵物产风土志》记载：“稻米佳者，北乡观音籼，以产观音门得名。”民国陈迺勋等《新京备乘》也云：“观音门外之观音籼，粒长而白，最适煨粥。”

民国年间，观音门外的石榴闻名遐迩。民国南京市市政府秘书处 1933 年出版的《新南京》记载：“和平门（按：观音门）外崖山十二洞之石榴，子大味甘，亦为南京名产。”胡山源《步游二日记》记载：“民国十二年的冬天，我在南京和几个朋友去玩燕子矶。走过沿山十二洞的时候，看见遍地是石榴树，我就对桓鲁说，我明年夏天，一定来看榴花。……最使我欢心惬意的，当然是那十多里长的榴林了。”

2. 文献史料

《南京都察院志》卷 22《职掌十五》：“外城四门，俱荒僻。每门把总二员，盘诘官二员。……观音门，军余八十名。”

《南京都察院志》卷 24《职掌十七》：“观音门：南至姚坊门界，北至佛宁门界，共长一千六百五十一丈。门券一座，垛口六座，水洞三座，官厅三间，直房三间，土地庙二间。按：观音门内自舍儿冈、四颗柳，境路必由；外有弘济寺、燕子矶，长江在目。

图 3-74 朱元璋标准像
图 3-75 观音门（明朝《南京都察院志》卷 24）

清真寺景色僻静多幽，草堂寺江皋相去咫尺。古寒桥人烟辐辏，鲥鱼厂岁行荐新。虽然密尔大江，门外颇多险峻。”

明朝葛寅亮《金陵梵刹志》卷 29：“小刹清真寺（古寺）：在郭城观音门外，北城钟山乡。”

明朝乔宇《游幕府山记》：“……两峰相夹处，有小城堞，盖都城之外郭，阻山带江者也，其峰名夹骡，亦释氏家之说，相传至今。”

明朝张岱《游燕子矶》：“燕子矶，余三过之。……戊寅到京后，同吕吉士出观音门，游燕子矶。方晓佛地仙都，当面蹉过之矣。”

明朝吕柟《游燕子矶记》：“己丑二月虚斋王子崇邀弘斋陆伯载及予同游燕子矶。是日，予独先往，北出观音门，傍山西行，其路磈礌偪仄。舆马皆难，乃令吏扶持迤逦而步。”

明朝许榖《重修观音寺碑略》：“金陵都城之北，置观音门以为内卫。门之外，弘济寺、汉寿亭侯祠在焉。襟江枕山，民居稠密。语地势之壮盛者，莫逾于此。环江立鲥鱼厂，以荐上新。厂前敕建观音寺，俾护国安民，昭示久远。而寺之故地在鹰扬卫地方，因江潮泛涨，既荡于水，而故寺弗存久矣。而今建于鲥鱼厂左隙十有八年……”

清朝王锡祺《游燕子矶记》：“由长山蜿蜒中，突起一峰，三面阻水，号称险厄，脱敌由此登岸，直趋观音门，金陵形势尽失。故历来僭称兵，血肉相薄，穷年累月，争此尺寸土。……乙酉八月十七日。”

清朝钱载《登燕子矶望金陵》：“观音门外春风湿，矶石横当大江立，矶头客袂吹江急。岷山脉，趋建康，中脊而降翕复张……江月白，江花开，庾兰成赋千秋哀，可惜春风阅霸才。”

1899 年日本学者内藤湖南游览南京后，次年写《金陵游》一文：“十九日去参观燕子矶，照例由农商务、三井的四君陪伴出发。由北极阁下向北拐弯，顺着城墙前行良久，一路颠簸多石，马行艰难。由得胜门出，经幕府山下，过二三村落，出观音门。观音门乃南京外郭最北端，据高处干爽之地设门，门外是一条很陡的坡道。沿坡下行，突然来到大江支流的岸边，眼界豁然大开。有一小市镇，即观音港口，热闹喧阗。临江小丘，即所谓燕子矶，建有一碑，上勒康熙帝所书‘燕子矶’三字。燕子矶与大江干流

图 3-76

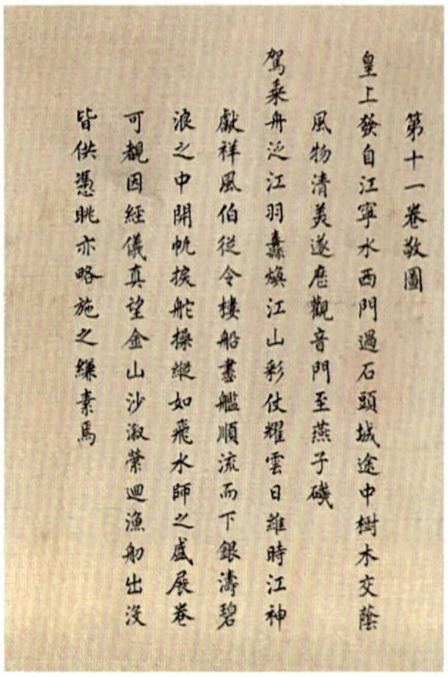

第十一卷敬圖
皇上發自江寧水西門過石頭城途中樹木交蔭
風物清美遂歷觀音門至燕子磯
駕乘舟泛江羽纛旟江山彩仗耀雲日維時江神
獻祥風伯從令樓船畫艦順流而下銀濤碧
浪之中開帆挨舵操縱如飛水師之盛展卷
可覩因經儀真望金山沙溆縈迴漁舠出沒
皆供憑眺亦略施之縑素焉

图 3-77

图 3-76 康熙帝像

图 3-77 康熙帝经观音门至燕子矶的记载（王翚等《康熙南巡图》卷 11）

图 3-78

隔七里洲相望，缺乏壮大气势。然往陆上看，则出观音门，忽接平衍景色之处，最宜远眺；沿水路看，则岩山十二洞之奇尽于此，最后的这个危矶，兀立江上，是其所以为胜之处。”（《禹域鸿爪记》第十一章《赤壁 金陵游 镇江》，收入《燕山楚水》，吴卫峰译，中华书局 2007 年 5 月第 1 版）

1925 年，历史学家王桐龄《江浙旅行记写道》：“十一点十分，行八里，至观音门，门为江宁外郭门，因幕府山为城，无城墙，门在山口峻坡上，出入皆须上坡，出门下坡，不半里，至观音门镇。”

1928 年由铁路企业创刊的《津浦之声》，刊载了笔名为“醉”的文章——《燕子矶岩山十二洞游记》，文中写道：“观音门，在幕府山之东麓，由燕子矶下山，沿江西行，遥望所谓观音门者，不过沿半山之麓，建一小庙，庙前有一类似回廊之木棚，两端各有墙，西端之墙上横书‘观音门’三字。”

民国年间的戊辰八月（1928 年 9 月），阮宗瑗游观音门后，写下了《游观音门谯楼记》，其中写道：“舟行至燕子矶者，遭石尤风厉，不得济江，羁愁轖结，则挈伴而游。游踪所至，穷山巅，历诸寺，旁及沿山林洞，目之所遇，一再至矣。更招之往，则倦矣。戊辰八月，泊舟斯地，循山而下，遇樵者入观音门，随之行二里许，及门。门上谯楼甚隘。从磴道上，见楼有侧户，叩之，僧启扉迎焉。楼三楹，中供佛像，虚其左待客，其右即僧卧所，一榻一灶几不得。……倚楼四望，第见诸山拱揖，烟岚杳蔼，出没变幻，顷刻万状。……惜乎偶一憩焉，不若僧之日居此地，延朝暾，迟夕景，

图 3-78 康熙帝经观音门至燕子矶（王翚等《康熙南巡图》卷 11 局部）

非斯楼之所有者，皆攘而为斯楼之所有也。然则僧之烟霞成癖也宜哉！”（民国胡祥翰撰《金陵胜迹志》“观音门谯楼”，南京出版社 2012 年 4 月版）。

当代单鹤《燕子矶岩山十二洞游记》：“……出神策门，树末云蒸。顷迷翠黛，山头烟合。忽掩青螺，桃花含笑，柳条舞媚，林莺出谷，园蝶逾墙，一若欢迎吾侪之至者。计行二十里，过观音门，燕子矶特入眼帘，巍然临江流。”

民国南京市市政府秘书处《新南京》：“观音门，在幕府山山谷之间，地势险要，为南京外城十八门之一。”

3. 诗词歌赋

泊船观音门（十首选二）

［明末清初］吴嘉纪

（一）

鼓鼙声飒飒，道路色凄凄。
盘髻妇驰马，横刀兵捉鸡。
山城常罢市，帝里已成畦。
黄屋光辉瓦，纷纷碎入泥。

（二）

即以山为郭，坚完世所稀。
云鸿应得度，塞马竟如归。
陇雨耕时大，人烟战后微。
年年禾与黍，养得骆驼肥。

4. 遗产资源

幕府山

幕府山，一作莫府山。又名岩山、观音山。又因山多石灰石，故又称石灰山、白石山。幕府山位于长江南岸，西起上元门，东至燕子矶，长约 5.5 公里，宽约 800 米，主峰劳山高 190 米。

相传晋元帝司马睿过江，王导设幕府（参谋部）于此，故名。

幕府山山峦延绵起伏，登临幕府，远望江天一色，万里长江从山脚下奔腾向前。清代的金陵四十八景中，幕府山占了六景：“幕府登高”“达摩古洞”“永济江流”“化龙丽地”“嘉善闻经”“燕矶夕照”。清末至民国年间，幕府山的石榴是南京著名的特产。

燕子矶

燕子矶位于南京市主城区北郊观音门外，与安徽采石矶、湖北城陵矶并称“长江三大矶”，有“万里长江第一矶”之称。

燕子矶是幕府山东北的一支。海拔 36 米，山石直立江上，三面临空，形似燕子展翅欲飞，故名为燕子矶。康熙、乾隆二帝下江南时，均在此停留。乾隆帝在此书有“燕子矶”碑，并留有咏燕子矶诗。“燕矶夕照”为清代金陵四十八景之一。燕子矶附近有弘济寺、观音阁、头台洞、二台洞、三台洞等景点。

图 3-79

图 3-80

图 3-79—80 幕府山

图 3-81

图 3-82

图 3-83

图 3-81 燕子矶旧影

图 3-82 燕子矶

图 3-83 燕子矶御碑亭

岩山十二洞

图 3-84

岩山（即幕府山）十二洞即仙源洞、上台洞（头台洞）、鳌鱼洞、中台洞（二台洞）、石床洞、观音洞、水帘洞、三台洞、天台洞、玉笋洞、达摩洞、猴儿洞。这些溶洞均为江水冲击而成，洞外大多是悬崖绝壁。历经风雨沧桑和大规模的人工开凿，大多溶洞已经不复存在。现可供观赏的有观音阁、头台洞、二台洞、三台洞、达摩洞等。

这些洞穴由东向西，高低错落，绵延排开。头台洞、三台洞洞口位置较低，高约 10 米；二台洞较高，约 30 米；达摩洞最高，约达 90 米。

头台洞位于燕子矶西约 1 公里处，属石灰岩溶洞，洞里有明清碑刻 4 方，洞外有摩崖题刻“寿”字，草体，相传系明太祖朱元璋所书。头台洞中有“犀牛望月”“龙牙滴水”等景点。

头台洞东面石岩上是观音阁，位于燕子矶西约 600 米，明朝洪武年间修建，属弘济寺，因岩壁上有石刻吴道子绘的观音像，所以叫观音阁。观音阁中有“铁链锁孤舟”“马娘娘梳妆台”等遗迹。

从头台洞西行约 500 米，是二台洞。二台洞以龙头观音像为中心，设有象鼻洞、普贤菩萨石刻、大士殿、药草园等景点。

二台洞西边是岩山风景区的最佳处——三台洞。门额上有“古三台洞”四字，传为清末探花商衍鎏所书。下洞中有一泓水，名观音泉。扶栏而上可到中洞、上洞。出洞即是玉皇阁，再向上就可到达三台

图 3-85

图 3-84 三台洞、观音阁旧影

图 3-85 头台洞“寿”字石刻

图 3-86

图 3-87

图 3-88

图 3-86 二台洞

图 3-87 三台洞、观音阁

图 3-88 达摩洞景区

洞极顶望江楼，登临远眺，江水茫茫，烟波浩渺，令人心旷神怡。

三台洞西为达摩洞，洞高 90 米，洞壁四周有许多碑刻和佛龛，多为明代遗存。达摩是六朝梁代高僧，梁代大通元年（527）被梁武帝迎至建康（今南京），因意见分歧，达摩离开建康北上。相传渡江北上前，曾在此洞中休息，故名达摩洞。

十六、佛宁门

坐落燕子矶西幕府山下。位于外郭城垣西北端，东北接观音门，西南连上元门。相传梁武帝时期，达摩禅师曾经过此地“一苇渡江”，故称“佛宁门”。民国时期，讹称“福宁门”。1949 年新中国成立后，又讹称“佛灵门”。门已不存，门名也不用。根据 2018 年 5 月 24 日现场走访当地居民，并结合文献记载和考古发掘资料，可以确定佛宁门门址位于煤炭山东北侧的燕子矶采石厂（原渡狮石村）一带。

图 3-89

1. 历史沿革

洪武二十三年（1390）四月庚子建造。洪武二十四年（1391）二月甲子，置千户所。

明洪武初年，在佛宁门外开挖一湖，供舟船停泊，以避风涛，取名稳船湖。

1983 年南京市文物普查时，在疑似佛宁门遗址上发现有门址

图 3-89 “佛灵门”位于煤炭山北面的渡狮石村东北侧（1988 年 2 月南京市测绘院编印《南京市城区图》局部）

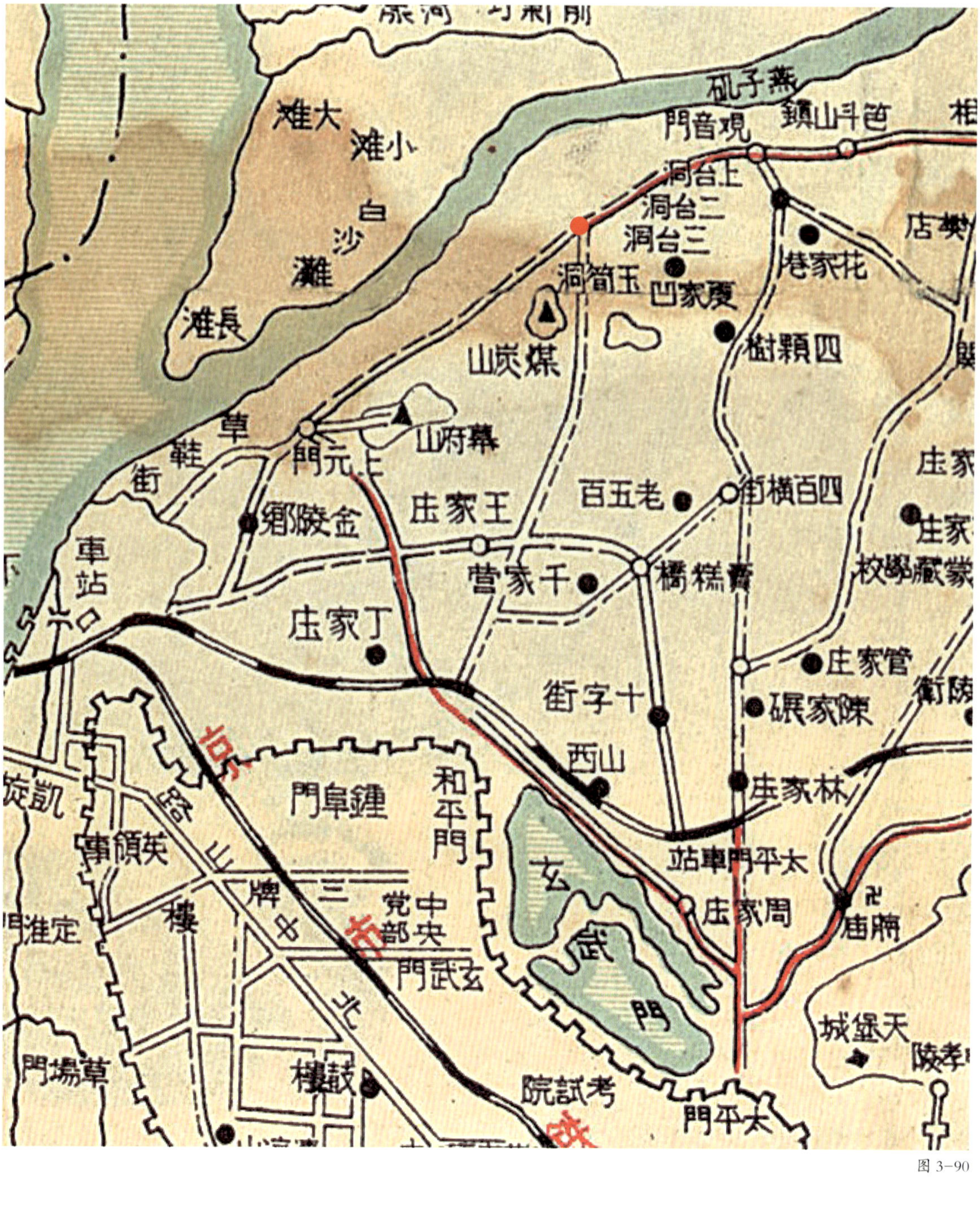

图 3–90

图 3–90 在观音门与上元门之间，有一条道路直通江边，出口处红色圆点位置疑为佛宁门所在地（20 世纪 40 年代《最新南京道路明细图》局部）

基石及明代城墙砖散落四周。佛宁门如今已经荡然无存。

2. 文献史料

《南枢志》卷48《形胜部·外门事宜》：“［缺页］元门界，共长一千一百四十五丈。城门二扇，上系坚实板枋，下系透明通水栅栏。盖本门一遇山水发动，即为出水之所，屡被冲坏。原有神庙一间，倒塌无存；官厅三间渗漏，檐墙倒塌；直房三间，倒塌无存；水洞一座，石桗损坏；盘诘三间，倒塌无存。”

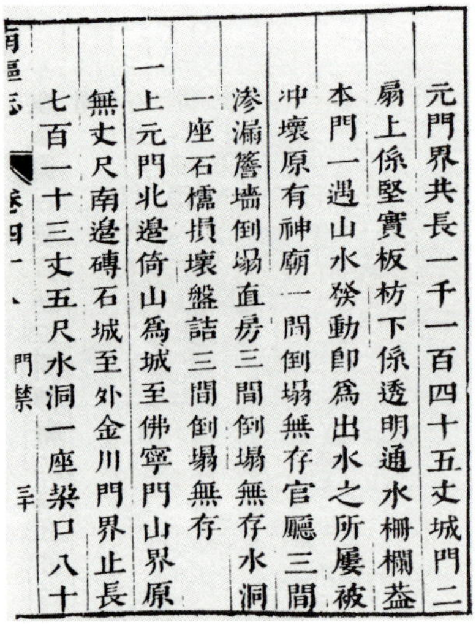
元門界共長一千一百四十五丈城門二扇上係堅實板枋下係透明通水柵欄蓋本門一遇山水發動卽爲出水之所屢被冲壞原有神廟一間倒塌無存官廳三間滲漏簷墻倒塌直房三間倒塌無存水洞一座石檽損壞盤詰三間倒塌無存

一上元門北邊倚山爲城至佛寧門山界原無丈尺南邊磚石城至外金川門界止長七百一十三丈五尺水洞一座梁口八十

图3-91

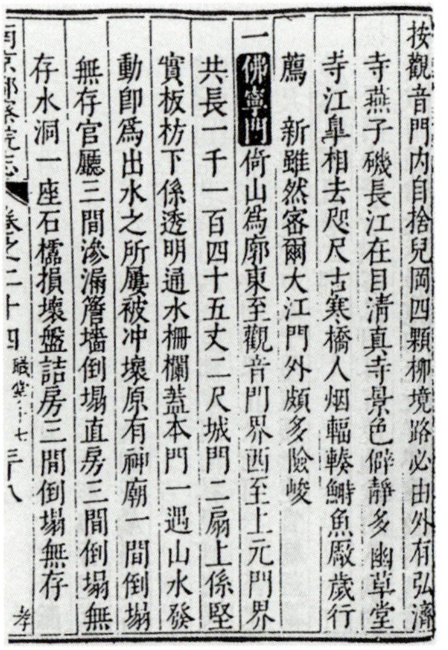
按觀音門內自拾兒岡四顆柳境路必由外有弘濟寺燕子磯長江在目清真寺景色僻靜多幽草堂寺江皐相去咫尺古寒橋人烟輻輳鰣魚厰歲行薦新雖然密爾大江門外頗多險峻

一佛寧門倚山爲廓東至觀音門界西至上元門界共長一千一百四十五丈二尺城門二扇上係堅實板枋下係透明通水柵欄蓋本門一遇山水發動卽爲出水之所屢被冲壞原有神廟一間倒塌無存官廳三間滲漏簷墻倒塌直房三間倒塌無存水洞一座石檽損壞盤詰房三間倒塌無存

图3-92

《南京都察院志》卷22《职掌十五》：“外城四门，俱荒僻。每门把总二员，盘诘官二员。……佛宁门，军余七十名。”

《南京都察院志》卷24《职掌十七》：“佛宁门：倚山为廓，东至观音门界，西至上元门界，共长一千一百四十五丈二尺。城门二扇，上系坚实板枋，下系透明通水栅栏。盖本门一遇山水发动，即为出水之所，屡被冲坏。原有神庙一间，倒塌无存；官厅三间渗漏，檐墙倒塌；直房三间，倒塌无存；水洞一座，石桥损坏；盘诘房三间，倒塌无存。按：佛宁门内有夹罗峰而山势巍峨，外有折芦渡而江河环绕。三台洞古迹称幽，一苇亭形胜奇绝。土著苦无居民，门下山水泛溢。但僻静多属遐荒，当事首宜筹画。”

《洪武京城图志》：“稳船湖，在佛宁门外。国朝新开，通江水，于此泊舟，以避风涛。”

明代马生龙《凤凰台记事》：“又佛宁门外开稳船湖，以通江水，为泊舟避风之所。”

图3-91 佛宁门（明朝范景文修、张可仕纂《南枢志》卷48《形胜部》）

图3-92 佛宁门（明朝《南京都察院志》卷24）

十七、上元门

位于外郭西北垣，东北接佛宁门，西南连外金川门。在幕府山西麓，北临长江。

上元门名称的由来，应该与唐肃宗上元二年（761）将昇州（今南京）改名“上元县”有关。自唐朝将南京取名为上元之后，上元成为南京的又一个代名词。如今，上元门已不存，但门名仍在使用。上元门门址位于今中央北路与老虎山、幕府山的交界处的上元里83号建筑物与东面的南京向阳养老院之间。

1. 历史沿革

洪武二十三年（1390）四月庚子建造。洪武二十四年（1391）二月甲子，置千户所。

宣德十年（1435）五月己卯，修理南京上元等门及城楼、铺舍被损坏部分。

留存至今的与此相关的地名有上元里等。

2. 文献史料

《南枢志》卷48《形胜部·外门事宜》：“上元门：北边倚山为城，至佛宁门山界原无丈尺，南边砖石城至外金川门界止，长七百一十三丈五尺。水洞一座，垛口八十座，城楼一座，官厅三间，神庙二间，直房二间。”

《南京都察院志》卷22《职掌十五》：“外城四门，俱荒僻。每门把总二员，盘诘官二员。……上元门，军余七十六名。”

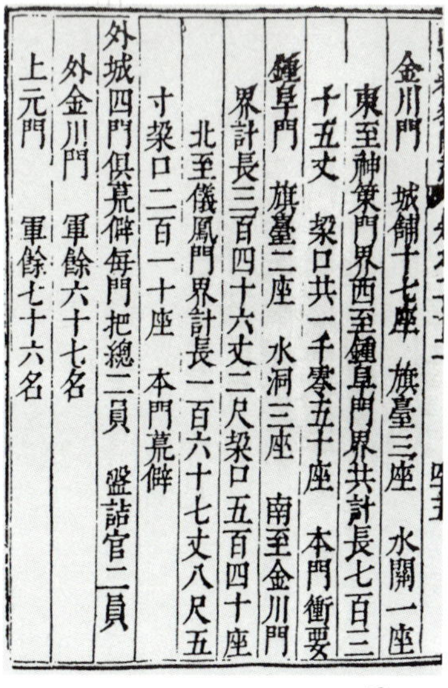

金川門　城鋪十七座　旗臺三座　水閘一座
東至神策門界西至鍾阜門界共計長七百三
十五丈　垛口共一千零五十座　本門衝要
鍾阜門　旗臺二座　水洞三座　南至金川門
界計長三百四十六丈二尺垛口五百四十座
北至儀鳳門界計長一百六十七丈八尺五
寸垛口二百一十座　本門荒僻
外城四門俱荒僻每門把總二員　盤詰官二員
外金川門　軍餘六十七名
上元門　軍餘七十六名

图 3-93

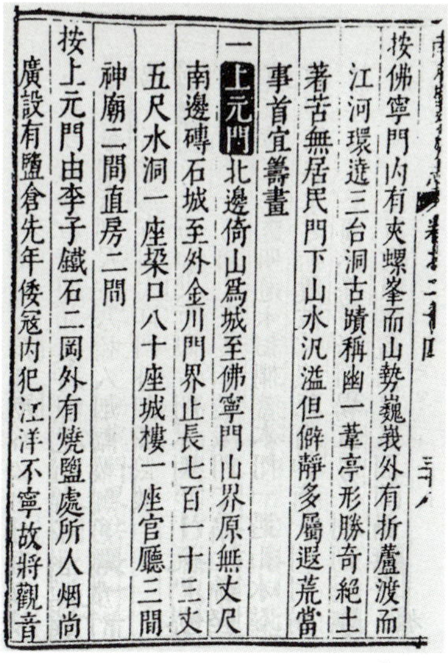

按佛寧門内有夾螺峯而山勢巍峩外有折蘆渡而
江河環遶三台洞古蹟稱幽一葦亭形勝奇絶土
著苦無居民門下山水汎溢但僻靜多屬遐荒當
事首宜籌畫
一上元門北邊倚山爲城至佛寧門山界原無丈尺
南邊磚石城至外金川門界止長七百一十三丈
五尺水洞一座垜口八十座城樓一座官廳三間
神廟二間直房二間
按上元門由李子𡑅石二岡外有燒鹽處所人烟尚
廣設有鹽倉先年倭寇内犯江洋不寧故將觀音

图 3-94

图 3-93 外金川门和上元门的记载（明代《南京都察院志》卷24）

图 3-94 上元门（明朝《南京都察院志》卷24）

图 3-95

图 3-95 上元门（1948 年《南京市街道详图》）

《南京都察院志》卷24《职掌十七》：“上元门：北边倚山为城，至佛宁门山界原无丈尺，南边砖石城至外金川门界止，长七百一十三丈五尺。水洞一座，垛口八十座，城楼一座，官厅三间，神庙二间，直房二间。按：上元门由李子、铁石二冈，外有烧盐处所，人烟尚广，设有盐仓。先年倭寇内犯，江洋不宁，故将观音、佛宁、上元、外金川四门，隶于浦口守御衙门，朔望回风具结，使其遥为应援，诚为有见，近颇安宁。”

十八、外金川门

外金川门简称金川门，位于外郭城垣西北端，东北接上元门，西南临近狮子山东边的护城河。因与京城城门金川门南北相对，故名。又因外金川门西侧是木栅栏，所以俗称“栅栏门”。其位置在今天的城河南路、城河北路与郑和北路一带。

1. 历史沿革

洪武二十三年（1390）四月庚子建造。洪武二十四年（1391）二月甲子，置千户所。

弘治三年（1490）六月丙申，修理南京外罗城垣及外金川门等17门。

外金川门的城门有三个门洞，这在明朝外郭城门中是一个特例（明朝外郭城门一般都是一个门洞）。中间一个门洞是明成祖当年发动靖难之役时所经过的，所以一直关闭，只有左右两个门

图3-96

图3-96 金川门旧影

图 3-97

洞开放。《南京都察院志》称："门券三座，中间系成祖经由，至今不敢擅开。"

外金川门和上元门、佛宁门、观音门，因与长江对面的浦子口城相对，明朝时期，将此三门划归浦子口守御遥控管理。

1398 年明朝开国皇帝朱元璋死后，因太子朱标早逝，孙子朱允炆登基，年号建文。建文帝为加强中央集权，采纳大臣齐泰、黄子澄的建议，推行削藩政策，先后削除五位亲王的爵位，这引起了分封北平的皇四叔燕王朱棣（后来的明成祖）的不满。

1399 年，朱棣以"诛齐黄""清君侧"为名，发动"靖难之役"，带兵南下，公开造反。1402 年，兵临南京城下，由外金川门进入南京，谷王朱橞和曹国公李景隆打开金川门，迎接燕王朱棣入城，京师遂陷落。此时，"宫中火起，（建文）帝不知所终"。燕王朱棣夺取政权，登上帝座。

外金川门遗留下来的相关地名有水关桥、栅栏门等。

2. 文献史料

《南枢志》卷 48《形胜部·外门事宜》："外金川门。东城墙六百二十二丈，西水城系木栅栏二十九丈，在城河之中。门券三座，中间系成祖文皇帝经繇，至今不敢擅开。城垛四十一座，里外拦马墙倒塌，基址见存；东西官厅六间，三间渗漏，三间倒塌；直房四间，二间朽坏，二间倒塌，止存基址；神庙三间；水洞三券；门外盘诘房一间，倒塌无存。"

《南京都察院志》卷 22《职掌十五》："外城四门，俱荒僻。每门把总二员，盘诘官二员。外金川门，军余六十七名。"

《南京都察院志》卷 24《职掌十七》："外金川门：东城墙六百二十二丈，西水城系木栅栏二十九丈，在城河之中。门券三座，中间系成祖经由，至今不敢擅开。城垛四十一座，里外拦马墙倒塌，基址见存；东西官厅六间，三间渗漏，三间倒塌；直房四间，二间朽坏，二间倒塌，止存基址；神庙三间；水洞三券；门外盘诘房一间，倒塌无存。按：外金川门，外有望江楼，为江河之客道；内有老军营，为神策、金川之全津。密迩内城，防御尚称有备，侧有雄兵捍御，自可无虞。"

《南枢志》卷 48《形胜部·南京门禁考》："三十五年，题准京城金川门等处无兵专守，将浦子口指挥量加署都指挥佥事，

图 3-97 明成祖朱棣

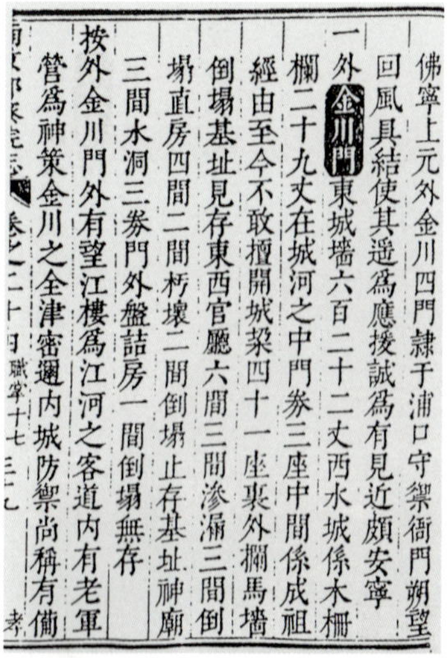
佛寧上元外金川四門隸于浦口守禦衙門朔望
回風具結使其遥爲應援誠爲有見近頗安寧
一外金川門東城墻六百二十二丈西水城係木柵
欄二十九丈在城河之中門券三座中間係成祖
經由至今不敢擅開城垛四十一座裏外攔馬墻
倒塌基址見存東西官廳六間三間滲漏三間倒
塌直房四間二間朽壞二間倒塌止存基址神廟
三間水洞三券門外盤詰房一間倒塌無存
按外金川門外有望江樓爲江河之客道內有老軍
營爲神策金川之全津密邇內城防禦尚稱有備

图 3-98

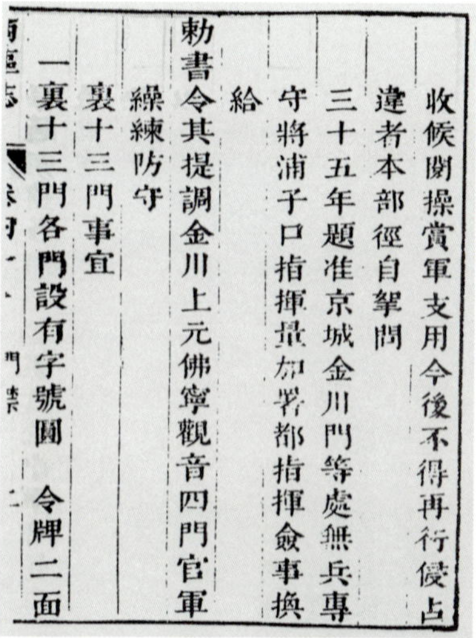
收候剔操賞軍支用今後不得再行侵占
違者本部徑自挐問
三十五年題准京城金川門等處無兵專
守將浦子口指揮撮加署都指揮僉事換
給
敕書令其提調金川上元佛寧觀音四門官軍
操練防守
裏十三門事宜
一裏十三門各門設有字號圓 令牌二面

图 3-99

图 3-98 外金川门（明朝《南京都察院志》卷 24《职掌十七》）

图 3-99 外金川门等四门（明朝《南枢志》卷 48《形胜部》）

图 3-100 外金川门（明朝范景文修、张可仕纂《南枢志》卷 48《形胜部》）

换给敕书，令其提调金川、上元、佛宁、观音四门官军，操练防守。”

明朝周晖《读金陵琐事》：“金川、观音、佛宁三门，其形势与浦子口相对。成祖入金川门后，方设守御一员，今三门，守御遥管之。”

3. 诗词歌赋

金川门

［清］王友亮

明建文时，燕兵由此门入。

十八篱门在，金川最擅名。
前朝曾设险，靖难此驱兵。
但虑鼋侵岸明太祖筑城门事，谁知燕入城。
至今风雨夜，铁骑走江声。

值得注意的是，明朝外郭城墙从尧化门至上方门段，在民国年间成为南京特别市与江苏省属江宁县的分界线。据陆衣言编写的《南京游览指南》（中华书局 1929 年第 5 版）记载：“南京特别市的区域，西北以长江为界。东南以东后庄、平牛村、尧化门、仙鹤门、麒麟门、上村、中花园、孙家巷、上方门、宋家庄、铁心桥、西善桥、沙洲圩、大胜关为界。”1935 年出版的李邵青编写的“平民小丛书”之一《南京》的记载更为详细：“（南京）市区界限：东边从乌龙山起，南沿尧化门、仙鹤门、麒麟门直达

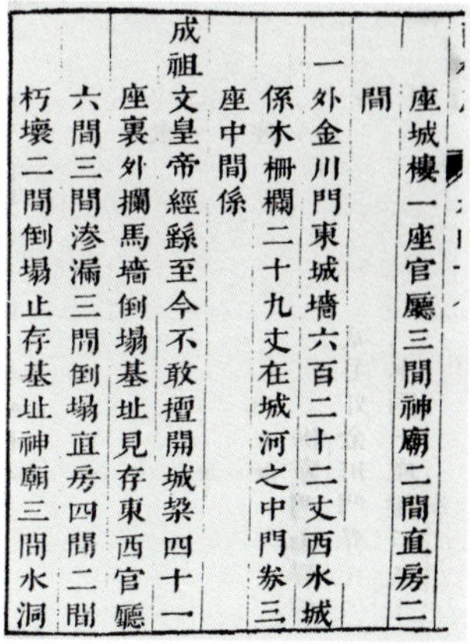
座城樓一座官廳三間神廟二間直房二
間
一外金川門東城墻六百二十二丈西水城
係木柵欄二十九丈在城河之中門券三
座中間係
成祖文皇帝經繇至今不敢擅開城垛四十一
座裏外攔馬墻倒塌基址見存東西官廳
六間三間滲漏三間倒塌直房四間二間
朽壞二間倒塌止存基址神廟三間水洞

图 3-100

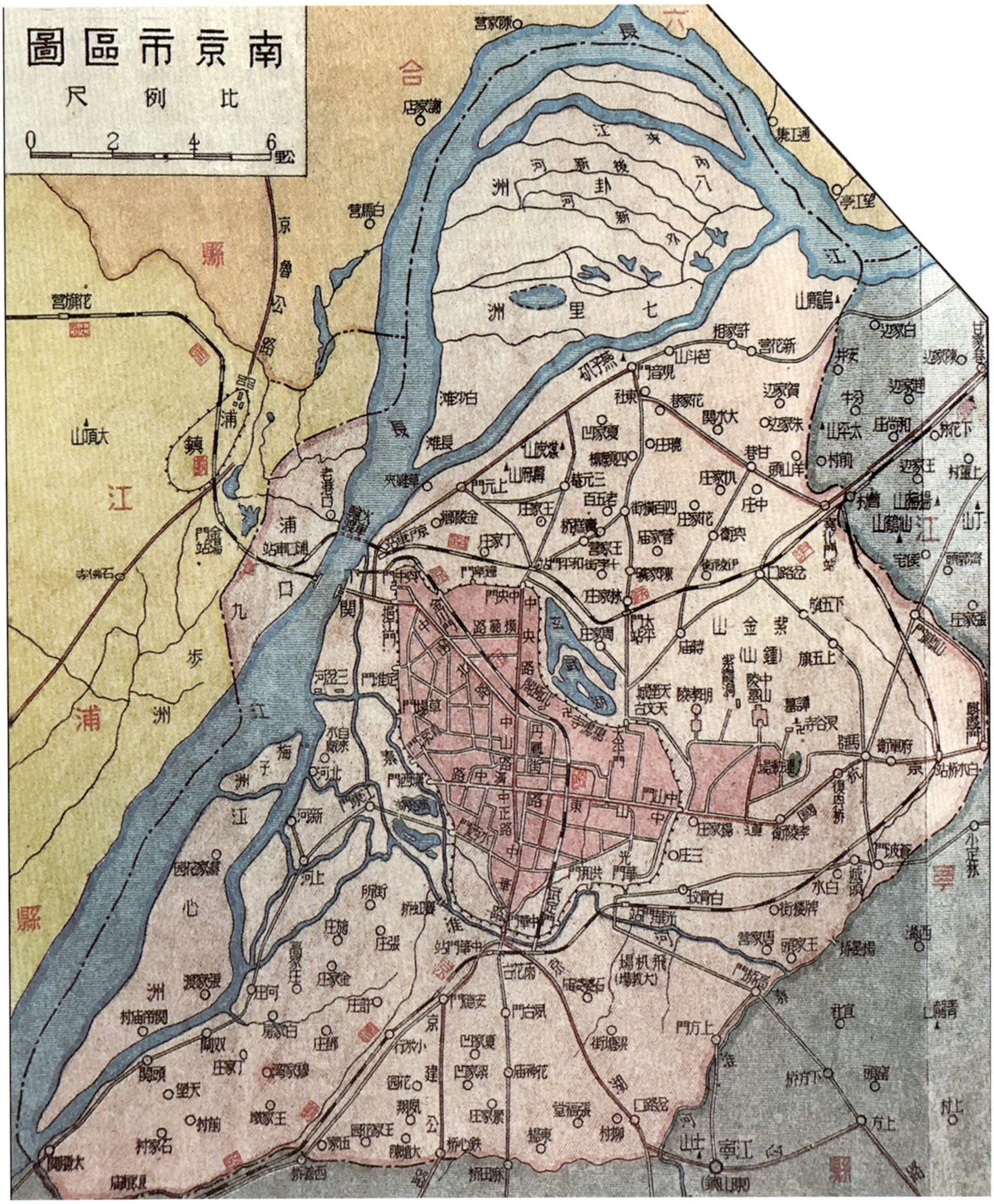

图 3-101

图 3-101 《南京市区图》中的上元门等外郭城门（1946 年《南京全图》）

上坊门；南边从上坊门西经西善桥，到大胜关；西边从大胜关西边渡江，南括江心洲，北包浦口商埠；北边从浦口入江，依江心为界，包括八卦洲，直到乌龙山为止；这是民国十九年省市两方共同划定的界限。”

4. 遗产资源

狮子山

狮子山位于南京城西北角，濒临长江，自古以来就是军事战略要地。

狮子山，因形似狮子而得名。又名卢龙山。晋元帝初渡江，见其山岭连绵，地势险要，形似塞北卢龙山，故名。据《洪武京城图志》记载：“狮子山，在仪凤门北，与马鞍山接。周回十余里，高三十丈。又，旧名卢龙。国朝以其形名之。”元末，朱元璋在狮子山下打败劲敌陈友谅，从而奠定建立大明王朝的基础。

“狮岭雄观”为明清金陵“四十景”和“四十八景”之一。

在狮子山风景区内，有阅江楼、玩咸亭、古炮台、五军地道、古城墙、地藏寺、静海寺等多处历史遗迹，融人文景观与自然景观于一体。

阅江楼

阅江楼位于南京市城西北角的狮子山巅，屹立在长江之滨，是中国十大文化名楼、江南四大名楼之一，也是南京阅江楼景区

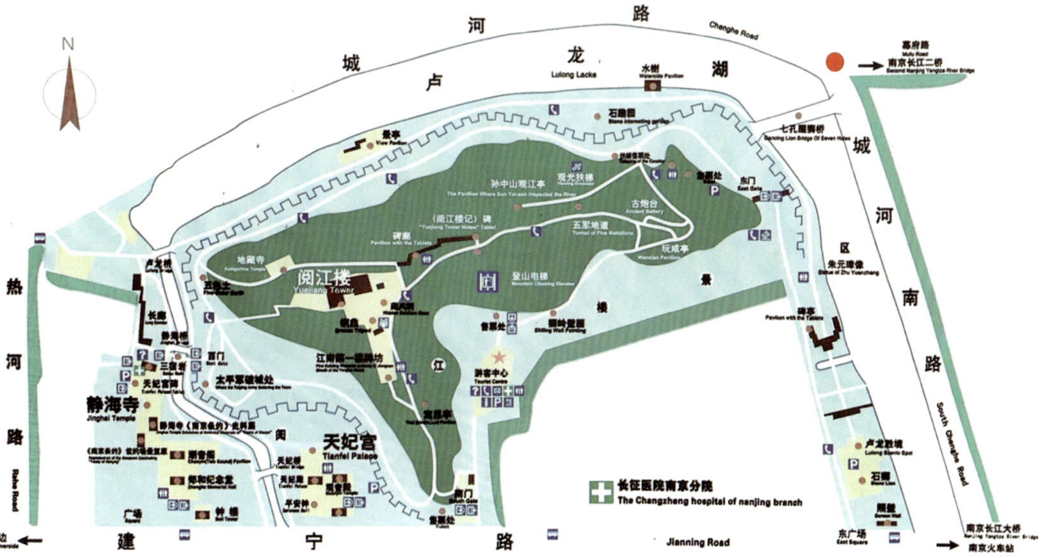

图 3-102

图 3-102 阅江楼风景区，其中红色标记处为外金川门门址所在地

的主要景点，有“江南第一楼”之称。

阅江楼寓“阅江揽胜”之意，楼高52米，外四层暗三层，共七层，碧瓦朱楹、檐牙摩空、朱帘凤飞、丹扉彩楹，具有鲜明的古典的皇家气派，为典型的明代皇家建筑风格。总建筑面积5000余平方米。

明洪武七年（1374）春，明太祖朱元璋拟在国都南京城西北角的狮子山建一楼阁，并亲自撰写《阅江楼记》，又命朝廷众文臣每人写一篇《阅江楼记》，其中以大学士宋濂所写一文最佳，后入选《古文观止》一书中。

阅江楼自明代开始，一直处于“有记无楼”的状态。直到20世纪末才有复建“阅江楼”的动议，得到社会各界的积极响应。1997年，南京市人民政府正式批准建造阅江楼，2001年9月，阅江楼正式竣工建成，从此结束了六百年来“有记无楼”的历史。

图3-103 狮子山阅江楼与明城墙、护城河

图3-103

图 4-1 《康熙上元县志》中的《国朝省城图》中的内城和外郭

第四章　明外郭典故、民谣和传说

南京明外郭城墙自建成以来，在南京地区乃至全国，流传着一些美妙动人的历史典故、民谣、民间传说。据不完全统计，与南京明外郭有关的历史典故、民谣、民间传说有 6 个。其中典故 1 个，民谣 1 个，传说 4 个。

一、历史典故

与南京明外郭城墙相关的历史典故是关于城门的。

里十三，外十八

清朝吴敬梓的《儒林外史》第 24 回中写道：“这南京乃是

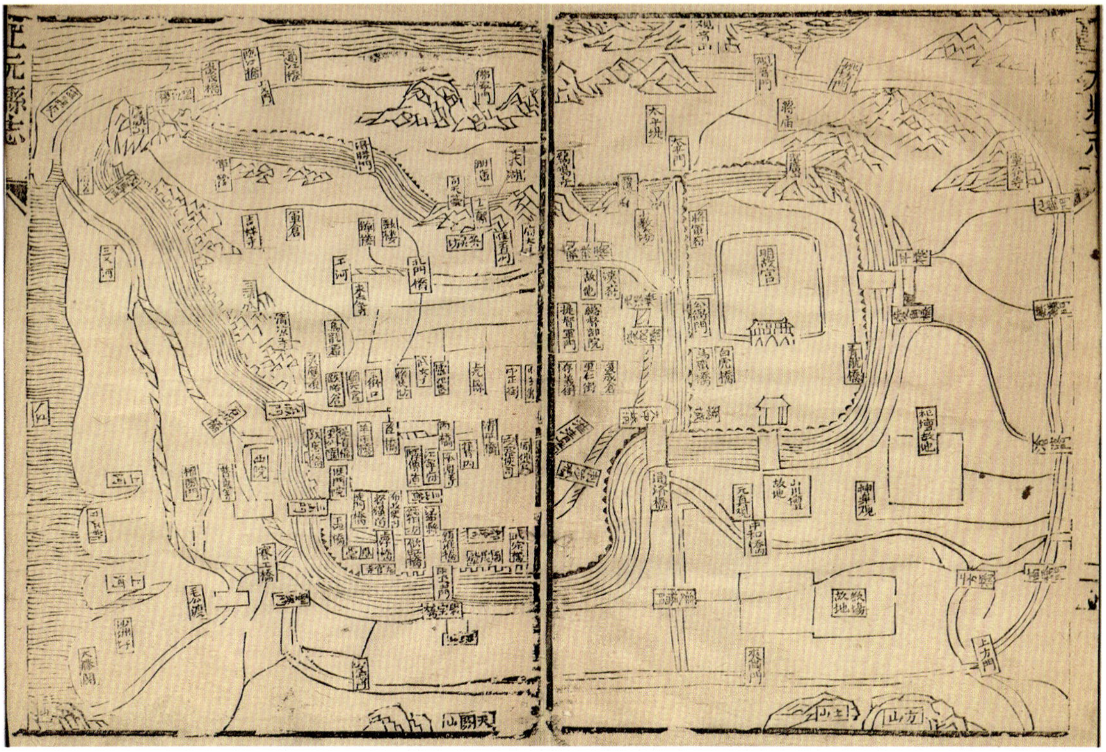

图 4-1

图 4-2

太祖皇帝建都的所在，里城门十三，外城门十八，穿城四十里，沿城一转足有一百二十多里。”书中提到的“里城门十三，外城门十八”，简称为“里十三，外十八”，是有关南京明城墙的最常见的典故，被各类诗文广泛引用。

二、民谣

南京城门谣

金陵古城城门大，
里城外城甲天下。
里十三，外十八，
一道门闩外面插。
三山聚宝临通济，
神策金川与小东，
洪武朝阳定太平，
仪凤清凉到石城。

江东、驯象只一家，
安德、凤台一枝花，
双桥、夹岗在山凹，
高桥、上坊有八家，
沧波、麒麟走天下，
尧化、仙鹤人人夸，
上元、佛宁无人家，
童子跪拜观世音，
栅栏、崇潼人害怕。

——南京民间文学三套集成编委会编：《南京歌谣谚语》，1990年版

三、民间传说

（一）筑城传说

紫金山上架大炮，炮炮打到紫禁城

相传当年南京城修好后，朱元璋颇为得意。有一天，他带着

图 4-2 朱元璋像

马娘娘和众皇子登上紫金山，欣赏他的杰作。在山顶上，第四子朱棣信口说道：“紫金山上架大炮，炮炮打到紫禁城。” 朱元璋听后，脸色变得十分阴沉，默不作声剥了个橘子递给朱棣。回宫后，马娘娘交给朱棣一个包裹，对朱棣说：“今天你揭穿了父皇的秘密，父皇给你橘子吃的意思是要扒你的皮抽你的筋，赶紧逃命去吧！”就这样朱棣逃到了北京。而朱元璋见朱棣走了，也就不再追究。他左思右想，觉得朱棣说的在理，于是下令修筑了外郭城墙，将紫金山包进城内。

——吴福林、王崇辉编：《南京的民间传说》，南京出版社 1996 年版

（二）城墙传说

第三重和最外层的墙是不连续的

在整个中国及邻近各邦，南京被算作第一座城市。它为三重城墙所环绕。其中第一层和最里面的一重，也是最华丽的，包括皇宫。宫殿依次又由三层拱门墙所围绕，四周是壕堑，其中灌满流水。这座宫墙长约四五意大利里。至于整个建筑，且不说它的个别特征，或许世上还没有一个国王能有超过它的宫殿。第二重墙包围着包括皇宫在内的内墙，囊括了该城的大部分重要区域。它有十二座门，门包以铁皮，门内有大炮守卫。这重高墙四围差不多有十八意大利里。第三重和最外层的墙是不连续的。有些被认为是危险的地点，他们很科学地利用了天然防御。很难确定这重墙四围的全长。当地人讲了一个故事：两个人从城的相反两方骑马相对而行，花了一整天时间才遇到一起。

——［意大利］利玛窦（Mathew Ricci，1552—1610）《利玛窦中国札记》，中华书局 1983 年版

（三）城门传说

仙鹤门的传说

说的是明朝朱洪武当朝时，内城和外城的城门是里十三、外十八，一把门栓往外插。当时的仙鹤门就是外十八的一个门。

这个门的名字是怎么得的呢？是这样的。从前，此地有个山，山状像仙鹤的形状，山的走向呢是南北走向，南北是仙鹤的两只翅膀，南北的中间处是仙鹤的肚子。山上有一个道光，坐落在南北山中间，庙的形状像仙鹤的头。人们就把这座山叫作仙鹤山，

图 4-3

图 4-3 《利玛窦中国札记》书影

就是现在的仙鹤观所在地。那时候观里住着一个老道士，在道观的南面约一里处有一个门，这个门旁还放着一块大青石。青石面呢，有卖肉的案板那么大，高头刻的字和图案有红黄蓝黑等好几种颜色，这个面子上，还有一个大虾子。据说这个青石是一个"变宝肥子"，这个门是进宝门子。每年过年时，初一早上，总有一只仙鹤飞来。这只仙鹤啊，在这个门口叫两声，飞到仙鹤观叫两声，而后又飞门上叫两声，这是个吉祥的日子。每年总有吉祥之物来到这个门上。人们这个门叫作仙鹤门。后来皇帝到此处查问民情时，听百姓这样说，就将仙鹤门这里的城门定为仙鹤门了。

——《栖霞区民间文学集》，收入《栖霞区志》"综录·民间传说"

（四）景点传说

上元门候子洞的传说

南京城北的幕府山，东起燕子矶，西到上元门，沿山共有十二洞。紧靠上元门的山下有个洞叫"候子洞"，现在称"猴子洞"。一字之差，虽属谐音，但其中有着一段辛酸的往事。

很早以前，镇江有个寡妇带着个孩子，靠祖传的两亩薄地为生，后来，竟被一家富豪占为祖坟地。几年后，寡妇的儿子成了身强力壮的后生。富户怕后生找他报仇，便点火烧了自家一间破屋，报官府诬陷后生。知县收了富户的贿赂，不问青红皂白，发配后生充军。充军又不准走官道，令他从法海洞里进去。传说这洞与南京的猴子洞相通，在洞里要经过六六三十六难关，象蟒蛇关、冷龙关、恶虎关……才能幸免生还。两个解差押着后生进了洞，约莫向里走了三四里路，就故意落在后面，让后生自己往前走。

儿子充军后，母亲伤心透了，她相信儿子不会犯法的，可找哪个讲理呢？她盼儿子早日回家，等啊，等啊，等得青丝变成了白发。后来她只好拄着拐杖，从镇江走到幕府山，实在走不动了，就住到一个山洞里。她在洞里天天眼巴巴地望着路上的行人，盼望能看到儿子。最后，她没能盼到儿子，却饿死在山洞里。

幕府山下的乡亲们掩埋了这位久盼儿子的老太太。人们被她的想子、盼子、等候儿子的真情所感动，就把这个山洞叫作"候子洞"。

随着时间的变化，名字也叫白了，变成了今天的"猴子洞"了。

——《栖霞区民间文学集》，收入《栖霞区志》"综录·民

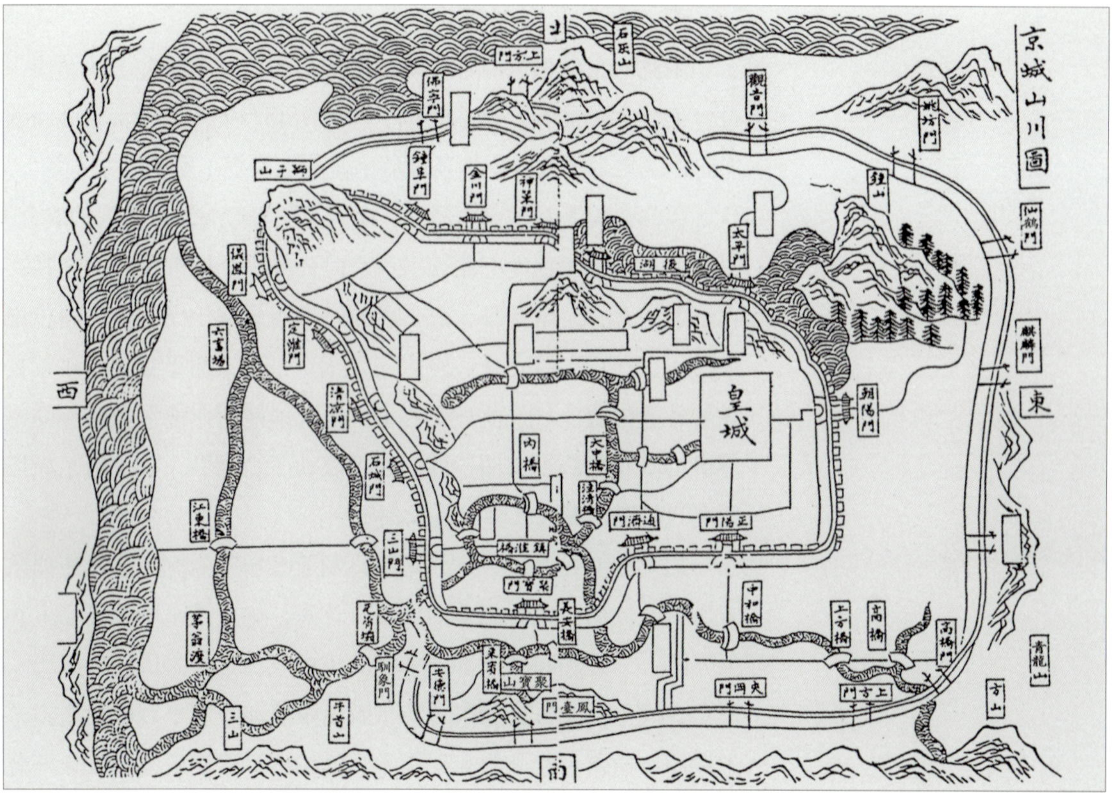

图 4-4

间传说”

四、历史典故和民谣的真实性

“里十三，外十八”这个典故是否真实可信？回答是肯定的。

明代南京城由宫城、皇城、京城、外郭四重城垣组成。京城城墙全长 35.267 公里，在东西南北四面共辟有 13 座城门，也就是典故中的“里十三”。13 座城门的分布情况是：南面是聚宝门、通济门、正阳门，东面是朝阳门，西面是三山门、石城门、清凉门、定淮门、仪凤门，北面是钟阜门、金川门、神策门、太平门。外郭周长约 60 公里，从西向东、由南往北依次是：石城关（栅栏门）、江东门、驯象门、小安德门、大安德门、凤台门、双桥门、夹岗门、上方门、高桥门、沧波门、麒麟门、仙鹤门、姚坊门、观音门、佛宁门、上元门、外金川门。典故中的“外十八”，指的是 18 座外郭城门。

图 4-4 《京城山川图》中的南京京城与外郭城门（明代礼部编《洪武京城图志》）

五、民间传说的真实性

围绕南京明城墙有许多历史之谜。人们受到好奇心的驱使，希望了解它的来历，于是便有了种种传说。从有关南京明城墙的民间传说来看，其内容涉及城墙的修建、长度、城门和景点等。

民间传说看似浅薄、琐碎、粗俗，甚至常常带有迷信的成分，实际上它在某种程度上体现了一个时代或一个地区民众的精神，它小中见大，俗中见雅，蕴含着深厚的历史文化内涵。民间传说中往往含有真实的成分。19 世纪德国考古学家谢里曼，当年就是凭着希腊史诗——《荷马史诗》，发现了掩埋在地下数千年的特洛伊古城和迈锡尼文明，他的发现震动了全世界。关于南京城墙的民间传说，其真实性又是如何呢?

以“紫金山上架大炮，炮炮打到紫禁城”为例，这个传说既有历史的依据，也有想象的成分。首先，这个传说中的出场人物朱元璋、马娘娘和朱棣都是著名的历史人物，这是毋庸置疑的。但是，其中的细节，如朱元璋带着马娘娘和众皇子登临紫金山，朱棣脱口说出“紫金山上架大炮”这句话，促使朱元璋修筑外郭城墙，等等，显然是后人想象的产物。正因为这则民间传说源于生活，高于生活，情节曲折，扣人心弦，所以千百年来，代代相传。

总之，这些历史典故、民谣和传说，既有虚构的成分，又有真实的内容，它折射了南京明城墙深厚的历史文化内涵，体现了广大民众丰富的想象力，具有浓郁的地方特色和普世价值。

图 5-1 《同治上江两县志》卷 27 上《明应天府外郭门图》

第五章 明外郭城门相关地名

南京明外郭经历 600 多年的风雨侵蚀和战争洗礼，“十八门关”荡然无存，城垣有将近一半化为公路（俗称土城头），另一半无影无踪。尽管如此，明外郭的雄姿和影响犹存。明外郭“十八门关”中，除了石城关、驯象门、凤台门 3 座城门名称被彻底废弃外，其余 15 座城门已经飞入寻常百姓家，成为南京城市道路、街巷、社区、学校、车站等名称的一个重要组成部分；与明外郭相关的地名流传下来的也颇为可观，成为我们这座城市一笔宝贵的历史文化遗产。现就明外郭留存下来的相关地名按逆时针方向作一介绍。

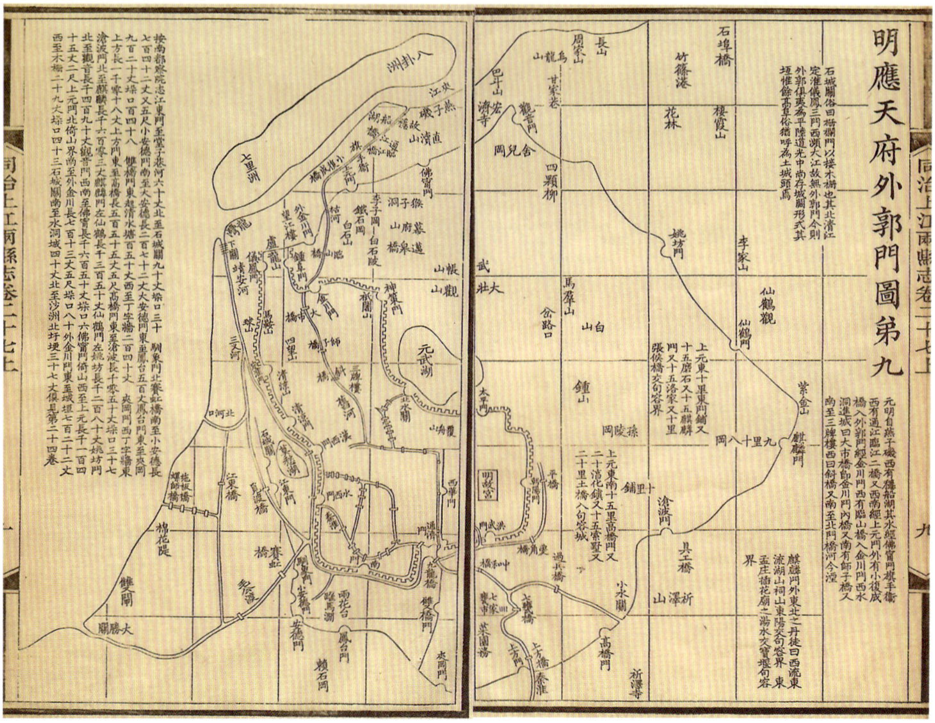

图 5-1

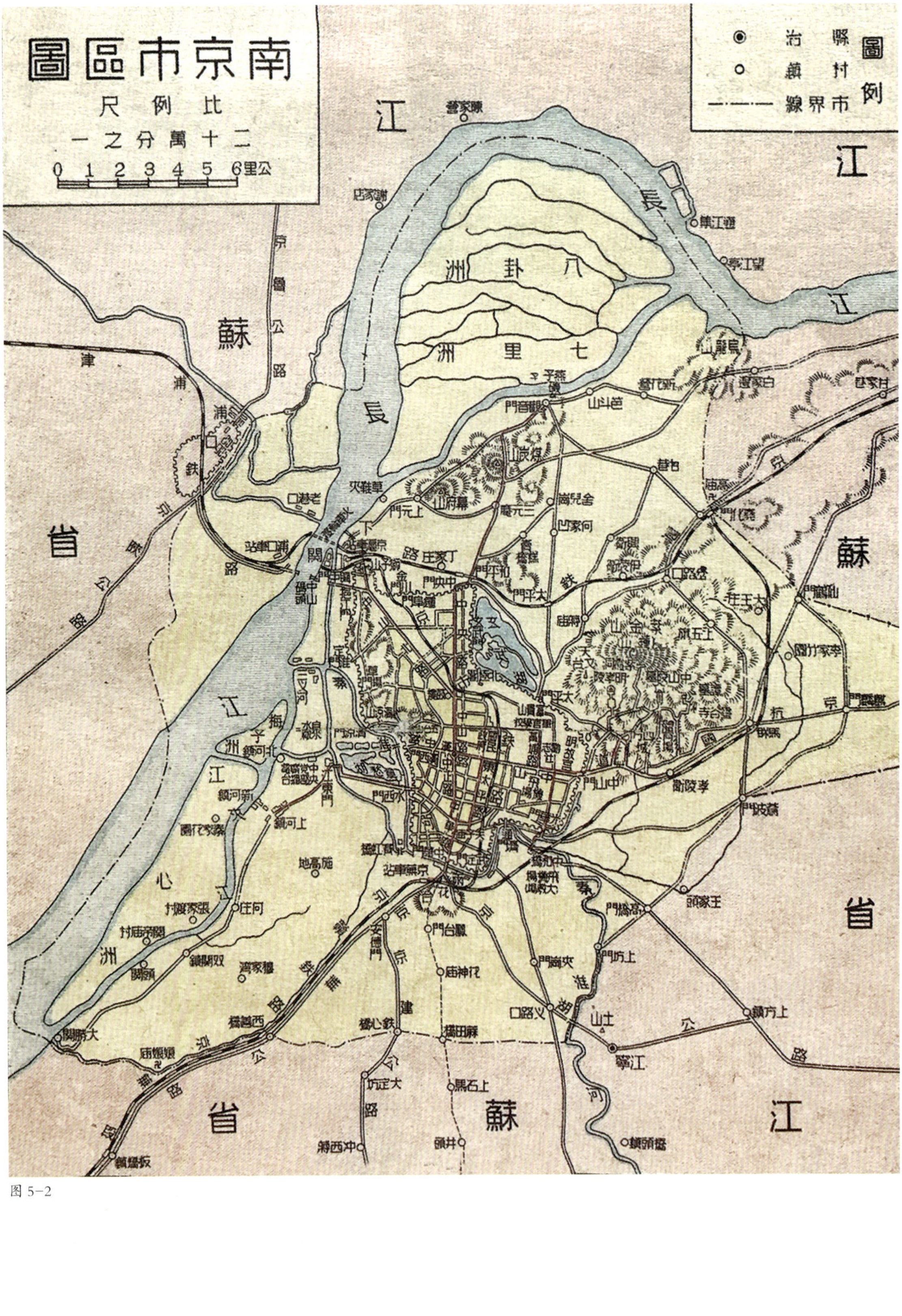
南京市區圖
比例尺
二十萬分之一
0 1 2 3 4 5 6公里
圖例
縣治
村鎮
市界線
長江
八卦洲
七里洲
江心洲
蘇省
江蘇省
京滬鐵路
京杭國路
玄武湖

图 5-2

一、江东门

江东门：外城门（废）。明南京外城十八门之一，因长江芜湖至南京段呈南北流向，此门在长江的东岸，故名。或云源于三国时期，孙吴踞江东，以“江东”二字得名。此门已不存，门名仍沿用。

江东门大街：街巷（废）。1938 年前，名江东门大街。1938 年后改名江东门后街。

江东门新街：街巷（废）。1936 年扩建，以江东门得名。曾名燕子巷。

江东门北街：街巷（废）。位于水西门大街北侧，清河路与江东中路之间，因在原江东门新街北得名。

江东门西街：街巷。位于江东南路、江东北路分界处之西。原为江东门新街一部分。1995 年，江东南路、江东北路筑成，将江东门新街拆为两部分，其西部分名江东门西街。

江东中路：路。因江东门而得名。江东中路位于南京市河西新城，是河西新城的一条快速通道，也是河西新城的中轴线，道路南北走向，北起汉中门大街，南至江山大街，长约 6.8 公里，双向十车道。

江东北路：路。因在江东中路之北而得名。江东北路位于鼓

图 5-2 1948《南京市街道详图》中标注的外郭城门名称有江东门、安德门、凤台门、夹岗门、上坊门、高桥门、沧波门、麒麟门、仙鹤门、姚坊门、观音门、上元门 12 个

图 5-3 江东门（1946 年《南京全图》）

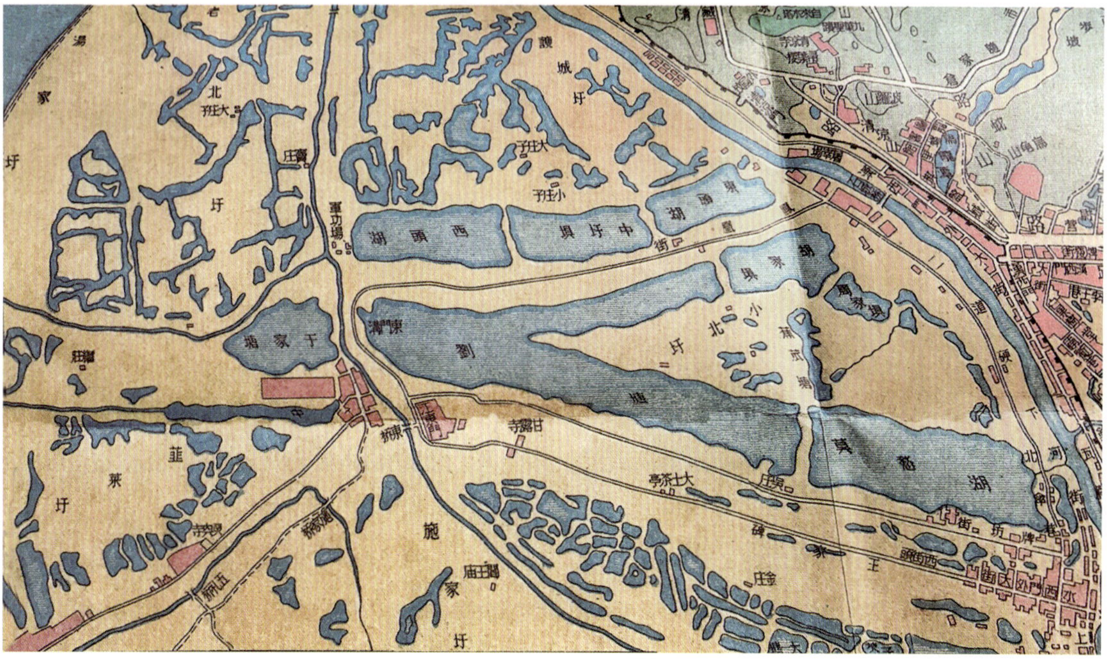

图 5-3

楼区，是河西北部地区的中轴线，也是江东中路的延伸。江东北路北端经三汊河大桥与热河南路相接，南端与汉中门大街、江东中路相连。

江东南路：路。因在江东中路之南而得名。江东南路位于南京市建邺区，是河西南部地区的中轴线，也是江东中路的延伸。江东南路起于江山大街，止于保双街。

江东快速路：路。是南京市河西新城的中轴线，包括江东北路，江东中路北段，北起于鼓楼区三汊河大桥，南止于建邺区积善广场互通，沿线设有定淮门大街地下立交，龙江隧道，管子桥隧道，北圩隧道，江东门隧道，积善广场互通。2012 年 8 月 31 日开工建设，2013 年 12 月 31 日建成通车。

二、安德门

安德门：外城门（废）。位于雨花台区赛虹桥街道。安德门分大、小两门，因民国年间利用外郭城垣修筑公路，城垣被毁，城门也不存。今小行路所经之处的江苏警官学院东南门附近是设置大安德门之处。

安德门大街：路。位于雨花台区赛虹桥街道，安德门广场之南。北起安德门广场，南至绕城公路铁心桥立交桥。2003 年 9 月，以广场名中“安德门”三字命大街名。

安德门北街：街巷。位于雨花台区赛虹桥街道。西北起雨花南路，东南至小行路。2007 年 5 月，以处安德门西北，以门名加方位命街名。

安德里：居民区。位于雨花西路 230 号。1949 年新中国成立时有村，因临近安德门，以门名“安德”二字加通名“里”字得名。

图 5-4

小门村：街巷（废）。位于雨花台区宁南街道。明代，以小安德门得名。1950 年并入安德里。

窑岗村：自然村（废）。位于雨花台之西，集合村东。传明初建南京城时，在此岗上建窑烧砖和琉璃瓦，名窑岗。后建村，以岗为名。

窑湾街：街巷。位于中华门外长干桥西南。东起见子桥，西至南珍珠巷。传明代筑城时在此造窑烧砖，名窑窝。故后成街，“窝”讹为“湾”。

图 5-4 大安德门
图 5-5—6 安德门北街
图 5-7 安德门大街
图 5-8 安德门公交场站
图 5-9—10 雨花西路 230 号安德里小区

图 5-5

图 5-6

图 5-7

图 5-8

图 5-9

图 5-10

三、双桥门

双桥门：外城门（废）。位于夹岗门西北，原九龙桥南，在雨花门外养虎巷东。以门前有两座石桥得名。又传明初此段秦淮河上并立两座桥，过桥只经过一个门通往大路，故名双桥门。

双桥门：街巷。位于江宁路雨花桥东南侧。西起养虎巷与晨光路交会处，向东至晨光立交桥，全长约 300 米，因近明代外郭城门双桥门得名。

双桥门北街：街巷（废）。位于雨花门外东南侧，双桥门街东端北侧，秦淮河东岸。南起双桥门街，东北至龙蟠南路。1997 年主体部分并入龙蟠南路；街北段向东弯曲部分，1995 年并入文安街；现在仅留下南段一截。

图 5-11

图 5-12

图 5-13

图 5-14

图 5-15

图 5-16

图 5-17

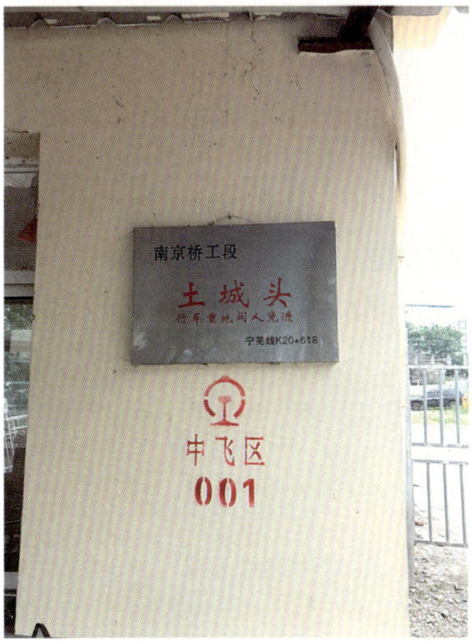

图 5-18

图 5-19

图 5-11 双桥门街道全长 300 米
图 5-12 双桥门街道标志牌
图 5-13 双桥门北街
图 5-14 双桥里
图 5-15 双桥门街道
图 5-16 土城头 1 号居民小区
图 5-17 土城头茶馆
图 5-18 土城头铁路道口
图 5-19 卡子门大街与玉兰路之间为丁墙路

图 5-20

双桥里：居民区。位于雨花门外双桥门街南侧。东至鸡鹅所，西至晨光路，南靠养德村。清代有村，曾称火药局、洋炮局、炮弹小街、小街。1949 年以地处双桥，始更今名。

土城头：古遗址。亦名土城根。位于雨花台区雨花门南，路字铺西。原为明代南京外郭土城墙一段，名土城头。地名沿用至今。现晨光路 50 号附近有土城头 1 号小区。

土城头路: 路(废)。位于雨花门外。北起雨花门，南至卡子门。原为明代外郭城土城墙，后辟为路，故名。“文革”中曾名长征南路。2003 年 12 月更名为晨光路。

丁墙：自然村（废）。位于雨花台区宁南街道丁墙村。传此处北面原有明代南京外郭城的“丁”字形土城墙，村以墙名。

四、夹岗门

夹岗门：外城门（废）。位于红花街道夹岗村，卡子门大街东侧。明洪武二十三年（1390）建造的南京外郭城门之一，遗迹不存，门名犹在。

夹岗门：自然村（废）。位于红花街道夹岗村。东至中片村，西至绕城公路，南至双麒路，北至长塘村。以南近明代南京外郭城夹岗门得名。

夹岗村：村（废）。位于红花街道南部，响水河西岸，东靠卡子门大街。1965 年，以驻地夹岗门自然村，称夹岗大队。1983 年改村。

下坞营：自然村。位于红花街道夹岗村。传明代曾有军队在附近建土堡扎营，名坞营。后营废，其下方成村，以方位“下”字和“坞营”二字组合，名村为下坞营。另一说，村建在四面高中间低的地方，称“坞”。“营”为古代村庄通名。

图 5-20 土城头（1988 年 2 月南京市测绘院编印《南京市城区图》局部）

图 5-21—24 夹岗门和夹岗村

图 5-21

图 5-22

图 5-23

图 5-24

图 5-25

图 5-26

五、上坊门

上坊门：外城门（废）。位于红花街道广洋村上坊门自然村东，跨秦淮河，与江宁区交界。明代南京外郭城十八门之一，今门废名存。

上坊门：自然村（废）。①位于红花街道广洋村。以南近明代南京外郭城十八门之一上坊门得名。②位于江宁区东山街道原上坊镇西北边缘，上坊门桥东南，西临秦淮河。以近上坊门得名。

图 5-27

图 5-25—26 夹岗门和夹岗村

图 5-27 上坊桥

图 5-28—29 高桥及河流

上坊桥：桥。位于红花街道东约五公里，横跨外秦淮河。明代建，以近上坊门得名。亦名江上桥。1927 年改建为钢筋水泥结构桥。2001 年建成新桥，长 135.7 米，宽 9.5 米。

六、高桥门

高桥门：外城门（废）。位于秦淮区光华路街道与江宁区东山街道交界处。明洪武二十三年（1390），桥北边建外郭城门，名高桥门。1953 年，门基拆除，门名犹存。

高桥：桥。位于秦淮区光华路街道原石门坎镇高桥村。今桥建于明代，清代重修，跨护城河，仍沿用历史名。

高桥村：村（废）。①位于秦淮区光华路街道原石门坎镇南部。1965 年，以驻地高桥门，称高桥大队。1983 年改村。驻桥西里自然村。②位于江宁区东山街道西北部。1958 年，以境内有高桥门而成高桥大队。1983 年改村。驻神路口自然村。

桥西里：自然村（废）。位于秦淮区光华路街道高桥村。原名小门坎。后因处高桥之西，而以“桥西”二字加通名“里”字，更为今名。

小水关：自然村（废）。位于光华路街道高桥村。明代设置的小水关是外郭的一个水门，与十八门关齐名，当时派兵把守。清代有村，以村建在明代运粮河小水关边得名。

图 5-28

图 5-29

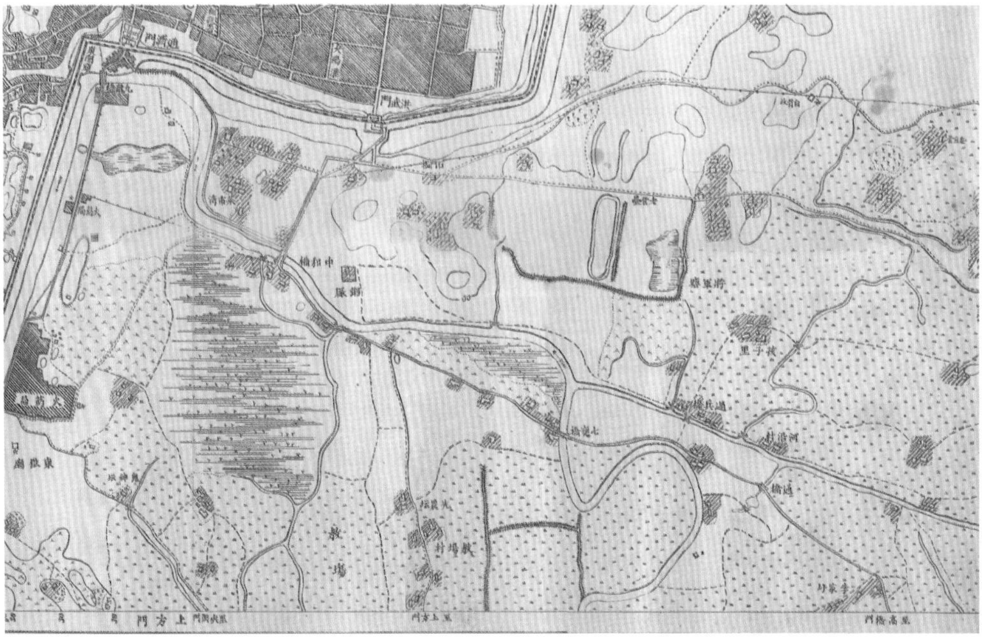

图 5-30

图 5-31

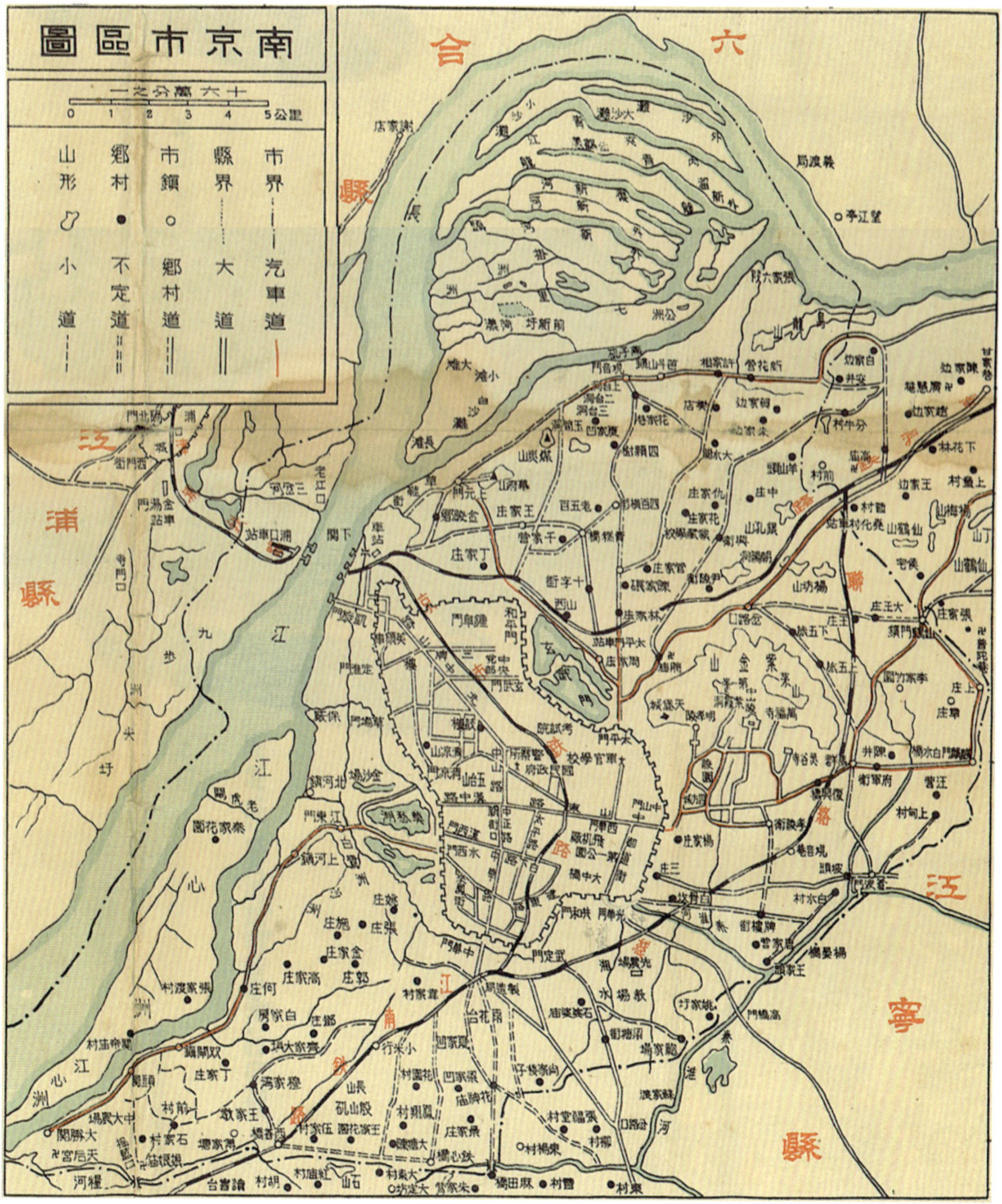

图 5-32

图 5-30 七桥瓮与中和桥是高桥门通向南京城的必经之地（《南京南部》地图局部。清朝光绪三十一年（1905）测量，1906 年绘制）

图 5-31 南京南部地图（清朝光绪三十一年（1905）测量，1906 年绘制）

图 5-32 南京明外郭城垣是南京市与江宁县的分界线（20 世纪 40 年代后期的《最新南京道路明细图》）

图 5-33

七、沧波门

沧波门：外城门（废）。位于孝陵卫街道西南部，土城头路南侧，双拜岗路南段北侧。明初，南京外城十八门之一。今建筑已不存，门名仍沿用。

沧波门街：街巷（废）。位于孝陵卫街道东南部，双麒公路南侧。古名福兴街。后因近明外城门沧波门，以门名更街名。建国一度为自然村，名沧波门。

沧波门桥：桥。位于孝陵卫街道东南双麒公路上，跨百水河而建。原名兴隆桥。1973 年改建。以近沧波门街得桥名。

沧波村：村（废）。位于孝陵卫街道西南部。1964 年建大队，因驻地沧波门街，以街名“沧波”二字得大队名。1983 年改村。

城头村：自然村（废）。位于江宁区东山街道定林社区居委会。明代有村。因靠善司庙，名神头村。1971 年，以近南京沧波门至麒麟门段外郭城墙遗址，改“神”为“城”，更为今名。

大门西：自然村（废）。位于孝陵卫街道东南部，沧波村境。清末有村。因地处沧波门西侧，名门西村。后分大门西、小门西两村，此村较大，故名。今已无存。

小门西：自然村（废）。位于孝陵卫街道东南部。清代有村，因在沧波门西侧，始名门西村。后村分大门西、小门西两村。今已无存。

五百户：自然村（废）。位于孝陵卫街道东南余粮村。传明初此处及附近驻军五个营，其每营长官称百户，此营按序为第五个百户统领。后建村，以营得名。另一说，“佰”，为古代村庄

图 5-34

图 5-35

通名，村人口在百人以上为“佰”，此村按序为第五个“佰”，即第五村。后“佰”简为“百”。今已无存。

沧波门南街：路。位于南京麒麟高新技术产业开发区。北起马高路，南至东麒路。因临近沧波门，且相对位置偏南，故名。2015 年建成。

沧波门北街：路。位于南京麒麟高新技术产业开发区。北起马高路，南至东麒路。因临近沧波门，且相对位置偏北，故名。2015 年建成。

八、麒麟门

麒麟门：外城门（废）。位于江宁区汤山街道麒麟门自然镇西部，今麒东、麒西等路相接处附近。为明代外郭城门之一，因宋武帝刘裕初宁陵石刻麒麟在其附近而得名。门已毁，名沿用。

麒麟门村：村（废）。位于江宁区汤山街道麒麟门自然镇周围。1961 年，以驻麒麟门镇，称麒麟大队。1983 年改村。

麒麟铺：自然村（废）。位于江宁区汤山街道，原麒麟镇麒麟铺村。《景定建康志》谓麒麟市。元代，此处为铺所，因南朝宋刘裕初宁陵石麒麟在此得名。村以铺名。

图 5-33 沧波门桥下的百水河
图 5-34 沧波门桥
图 5-35 沧波门北街
图 5-36 麒麟门大道（宣义路、文荟路交界处）

图 5-36

图 5-37 土城头路路标
图 5-38—39 明朝《南枢志》中有关伏场的记载
图 5-40—41 燕尧路上的水关一桥（大水关）

九、仙鹤门

仙鹤门：外城门（废）。位于仙鹤门南街与仙鹤门北街之间。明洪武二十三年（1390）建，为明代南京外郭城十八城门之一。门名的由来，一说因附近一山外形似鹤，门遂以山名。另一说附近山上有著名的仙鹤观，以观得名。民国时，此门还有两个门洞，现已不存，门名仍沿用。

仙鹤门北街：街巷（废）。位于仙鹤门之北。1940 年建，以有街市，且处仙鹤门南街之北得名。曾名仙鹤街。

仙鹤门南街：街巷（废）。位于仙鹤门之南。1940 年建，以有街市，且处仙鹤门北街之南得名。曾名仙鹤门街。

门坡：自然村（废）。位于栖霞区仙林街道仙林农牧场一村。因地处仙鹤门门外坡下，故名。1999 年，土地已被亚东国际实业有限公司征用，村已消失。

土城头路：路。跨江宁区和栖霞区境内。北起玄武大道，南至麒麟门大道。原为明代外郭城土城墙，后辟为路，故名。现为燕西线一段。

图 5-37

十、尧化门

尧化门：外城门（废）。位于栖霞区尧化街道尧化门街。原名姚坊门，为明初所建南京外郭城十八门之一。清代，讹称为尧化门。

尧化门街：街巷。位于栖霞区尧化街道街区南部。西南起姚新路、仙尧路与此街交叉口处（尧化广场），东南至仙新路附近。清末有街。因近尧化门，以门名“尧化”二字得街名。为栖霞区政府、尧化街道等党政机关驻地。

门里村：自然村（废）。位于栖霞区尧化街道尧化村。清代因地处尧化门城门里，故名。

小岗下：自然村（废）。位于栖霞区燕子矶街道柳塘村。因地处明初南京外城城脚下，城脚废墟形似小山岗，故名。

伏场村：自然村。位于栖霞区燕子矶街道下庙村，东十里长沟东侧。明朝时期，在这里设置伏场（防御阵地），属于“北营十二伏”之一，故名。又称伏家场。新中国成立后称伏场村。如今伏家场地名犹存。

水关一桥：燕子矶至尧化门段的公路上。明代设置，名叫大水关，是外郭的一个水门，当时派兵把守。东南不远处为柳塘村，东北为伏场村。

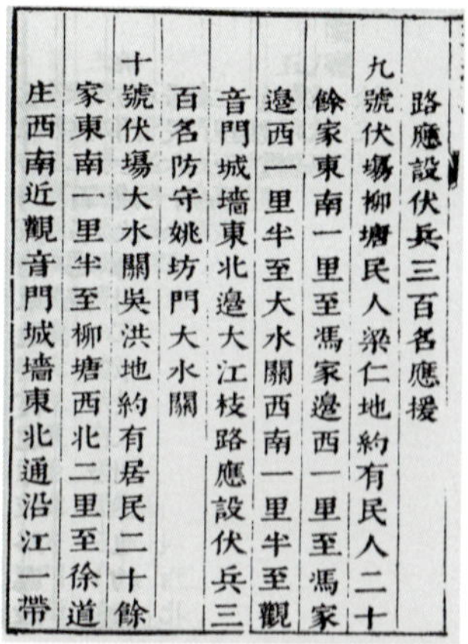

路應設伏兵三百名應援
九號伏場柳塘民人梁仁地約有民人二十
餘家東南一里至馮家邊西一里至馮家
邊西一里半至大水關西南一里半至觀
音門城墻東北邊大江枝路應設伏兵三
百名防守姚坊門大水關
十號伏場大水關吳洪地約有居民二十餘
家東南一里半至柳塘西北二里至徐道
庄西南近觀音門城墻東北通沿江一帶

图 5-38

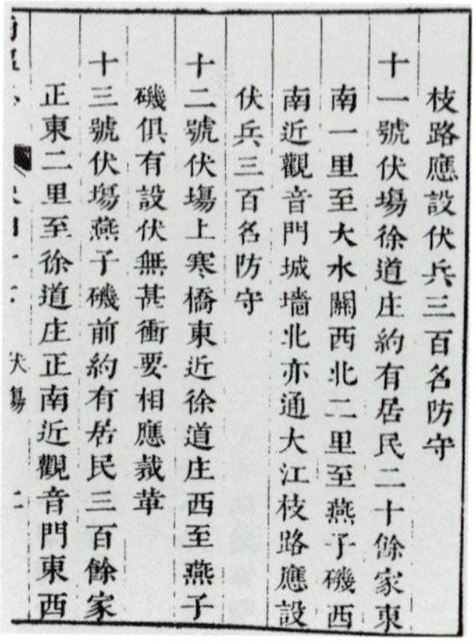

枝路應設伏兵三百名防守
十一號伏場徐道庄約有居民二十餘家東
南一里至大水關西北二里至燕子磯西
南近觀音門城墻北亦通大江枝路應設
伏兵三百名防守
十二號伏場上寒橋東近徐道庄西至燕子
磯俱有設伏無甚衝要相應裁革
十三號伏場燕子磯前約有居民三百餘家
正東二里至徐道庄正南近觀音門東西

图 5-39

图 5-40

图 5-41

图 5-42

十一、观音门

观音门：外城门（废）。位于栖霞区燕子矶街道。为明代南京外郭城十八门之一，因临近观音山（直渎山），故名。

门坡：街巷。位于栖霞区燕子矶街道和燕路太平村一带。因地处观音门门外坡下，故名。

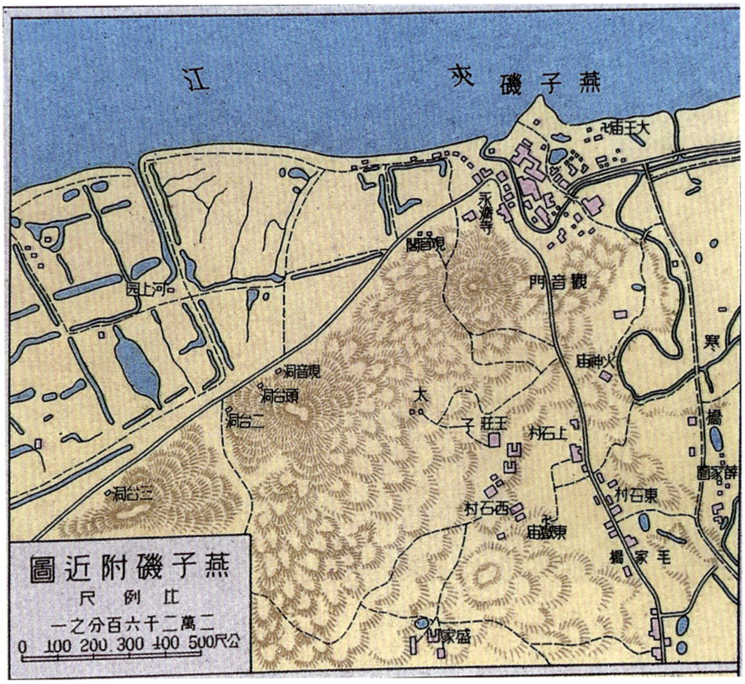

图 5-43

图 5-42 明朝葛寅亮《金陵梵刹志》中的观音门

图 5-43 观音门（1949 年《南京市街道详图》）

十二、佛宁门

佛灵门路：路。位于栖霞区永济大道南。西起永济大道，东至燕子矶公园西门。2009 年 5 月，因该路在幕燕滨江风光带内，中有重要明代外郭十八城门之一的佛宁门，又因南京话中“灵”“宁”不分，故取用“佛宁门”的谐音“佛灵门”命名。长 3200 米，宽 5 米。

图 5-44

十三、上元门

上元门：外城门（废）。位于幕府山西麓长江边。为明代南京外郭城十八门之一。

上元里：街巷。位于上元门之南。南起燕江路，北至白云石矿。清宣统二年（1910）建，以地近上元门得名。

图 5-44 佛灵门路

图 5-45

图 5-46

图 5-47

十四、外金川门

栅栏门：街巷（废）。位于大桥南路西侧，南起建宁路，北至四平路。曾名谢家塘、城隍庙街。1950年因近栅栏门（外金川门）而更名。1995 年，为大桥南路环道组成之一的城河南路所取代。

水关桥：桥。位于鼓楼区四平路北之晓燕路上，跨外金川河。明初建，1937 年重修，1958 年改建。因明代水关闸在此得名。

图 5-45—46 上元里 83 号
图 5-47 上元门地铁站

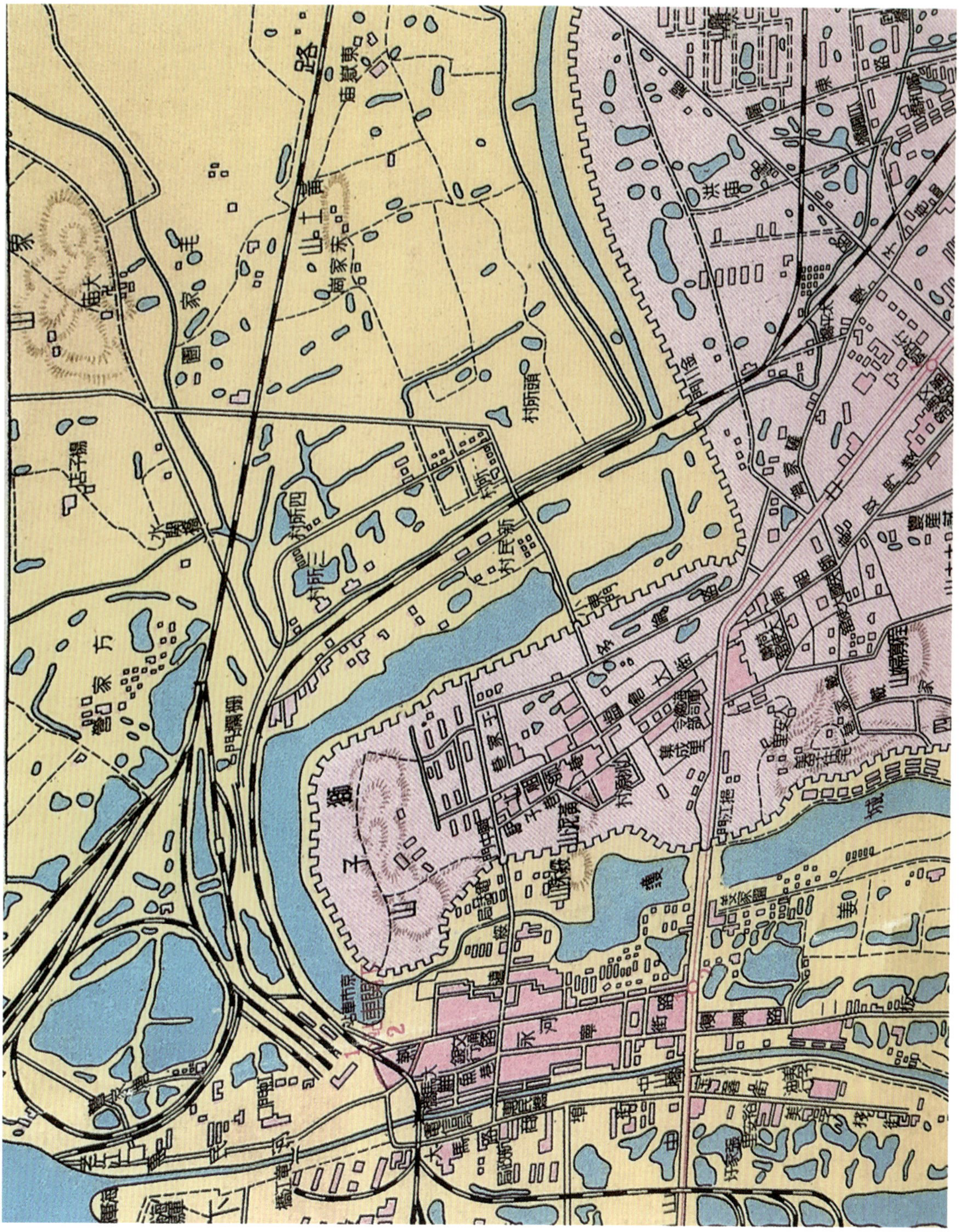

图 5-48

图 5-48 与外金川门相关的栅栏门和水关桥（1949 年《南京市街道详图》）

图 5-49

图 5-50

图 5-49 水关桥社区及金川河

图 5-50—51 新建的水关桥

图 5-51

十五、其他

南湾营：自然村（废）。位于栖霞区马群街道百水桥村。明代在此设军营，以村在其南侧水流弯曲处而得名。

北湾营：自然村（废）。位于栖霞区马群街道百水桥村。传明代在此附近设军营，因处水流弯曲处而名湾营。后建村，因处湾营北侧，故名。

马群村：自然村（废）。位于栖霞区马群街道，孝陵卫东。明初，因周围圈养军马于此而得名。

马群街：街巷。位于栖霞区马群街道，孝陵卫东。明初，因周围圈养军马，设牧马管理机构于此而得名。

草场：自然村（废），位于栖霞区马群街道果场村。明洪武间为堆放军马草料场地，名草场。后建村，以场名。

马房山：自然村（废）。位于栖霞区马群街道石坝村。明代，因在山坡上设马厩养马，名马房山。后山边建村，村以山名。

吴家墩：自然村（废）。位于栖霞区马群街道石坝村。传明代此处有两大土墩。驻军经常在此训练，名武家墩。后吴姓在墩边建村，改称今名。

白马村：自然村（废）。位于太平门外钟山脚下。明代此处及附近（即今白马公园一带）几个小山头均放养白马，人称白马群。后建村，名白马群山村。1950年，简称白马村。1995年11月，拆建为白马山庄。

青马村：自然村（废）。位于栖霞区马群街道环陵路东。明代，此处为放养青马的场所，名青马群。后成村，村以场名。后简为今名。

黄马村：自然村（废）。位于栖霞区马群街道青马村。明代，此处为放养黄马的场所，名黄马群。后建村，村以场名。1949年中华人民共和国成立后简称今名。

第六章　明外郭的现状

长期以来，明代南京外郭城垣遗址的研究、保护和利用，未得到应有的重视，存在“重内城轻外郭”的现象。不仅学术界研究力度不够，社会上的保护意识也有待加强，更遑论传承弘扬外郭历史文化遗产了。现根据文献记载和实地调研资料，并结合东南大学建筑学院、东南大学城市规划设计研究院 2010 年 6 月编印的《南京百里绿廊——明城墙外郭城墙沿线综合规划设计》成果，尤其是 2010 年 5 月至 7 月南京市考古研究所许志强、王志高等人对明代南京外郭遗址的考古调查成果，将明外郭的现状按照逆时针方向分别介绍如下。

一、石城关至江东门段

该段城墙地面无遗迹可寻，城墙走势及城门位置难以推定，有待开展全面、系统的考古调查勘探和发掘工作。

石城关又名栅栏门，为明代所开的南京外郭城门，位于明外郭西垣，与石城门（今汉中门广场中央的汉西门）相呼应。遗迹不存，石城关和栅栏门之名也没有保存下来。

由于江水西移，这一带地貌特征变化巨大，因此，我们根据历史文献记载，对照相关地图，初步推测城门位于江东门北、凤凰西街与江东北路交界处一带。

二、江东门至驯象门段

根据史料记载，江东门与驯象门之间并无城墙相连。江东门北面城垣接石城关界，南面城垣至堂子巷河止。

江东门为明代所开的南京外郭十八城门之一，位于明外郭西垣，在石城关之南。遗迹不存，但名称保存下来。据杨心佛《江

图 6-1

东门与中岛桥》（收入《金陵十记》）一文记载：“旧城址与江东桥相对，当中仅隔一条公路。旧城遗址（城券及其周围），国民党时期即被改为‘陆海空军监狱’。1982 年，笔者前往调查时，已为人民解放军八六五一七部队驻地，该部队围墙西门，即江东门西门原址。西门外为古江东门后街，原有一条七孔石桥，名江东。东河岸树大木桩，西岸皆大青石板，规模宏大，与今江东桥（日寇中岛桥的后身）相距约五十公尺。旧桥为水西门至上新河的公路要冲。传朱元璋定鼎南京，曾率兵过此桥，与陈友谅决战，使陈自大胜关败走。抗战时期，唐生智所部六十六军驻守江东门，撤退时为阻止日军渡河，乃将此桥炸毁。时为 1937。”

我们根据历史文献记载，对照 1928 年和 1949 年的南京地图，结合实地调研，推定江东门位于侵华日军南京大屠杀遇难同胞纪念馆北侧、南京云锦研究所西侧，门牌号码是茶亭东街 242 号，民国时期为国民党中央军人监狱，现为中国人民解放军东部战区某部驻地。

图 6-1 江东门北的石城关已杳无踪迹（1903 年《陆师学堂新测金陵省城全图》）

观音门
佛宁门
上元门
外金川门
姚坊门
仙鹤门
麒麟门
沧波门
高桥门
上坊门
夹岗门
凤台门
安德门
小安德门
驯象门
双桥门
通济门
石城关
江东门
莫愁湖
琵琶湖
前湖
图例
河流湖泊
明代外郭（有遗迹）
明代外郭（无遗迹）
明代内城墙（有遗存）
明代内城墙（无遗存）
明代皇城遗址
明代宫城遗址
N

图 6-2

图 6-3

图 6-4

图 6-5

图 6-2 南京明外郭现状示意图（本图根据东南大学建筑学院、东南大学城市规划设计研究院《南京百里绿廊——明城墙外郭城墙沿线综合规划设计》中的相关图片绘制而成）

图 6-3—5 国民党中央军人监狱

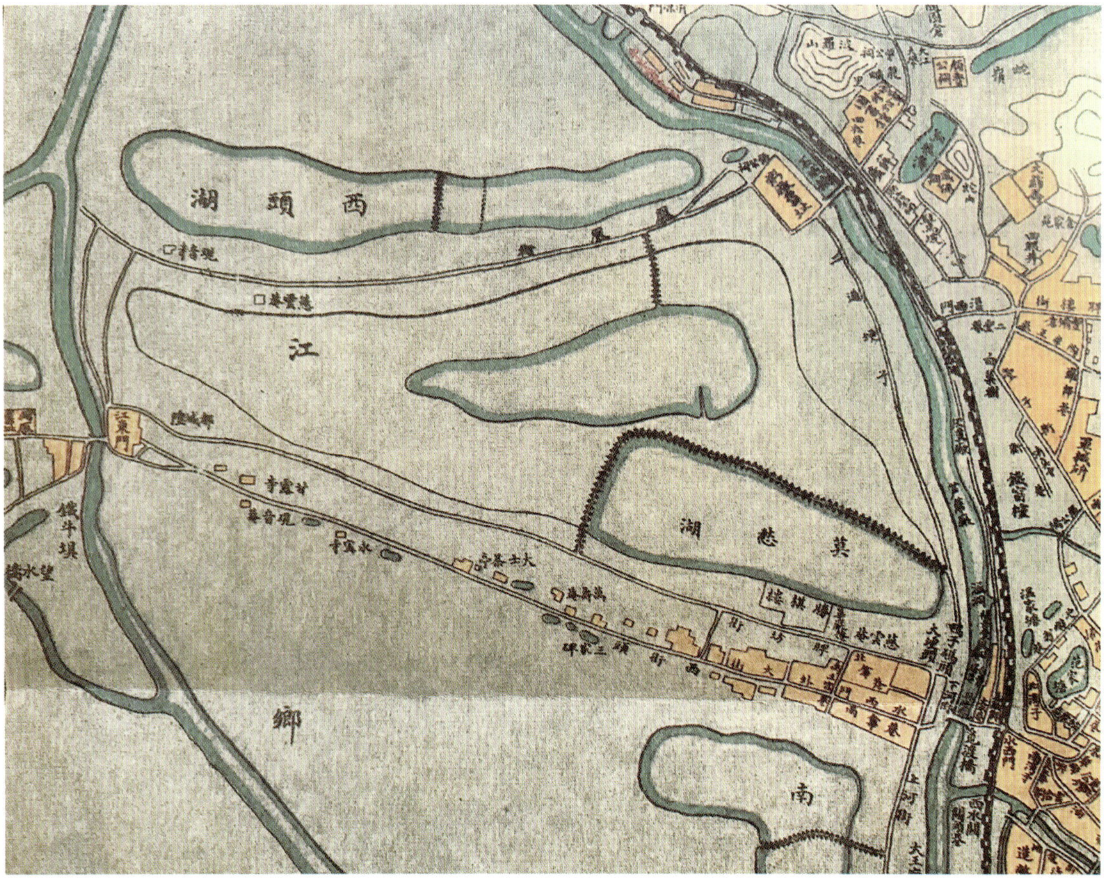

图 6-6

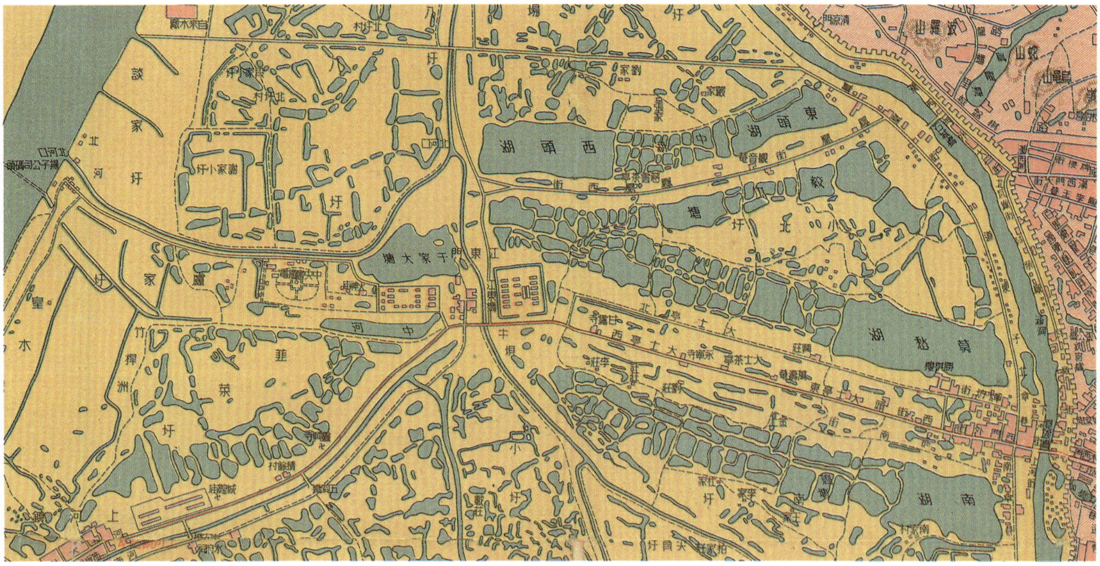

图 6-7

三、驯象门至小安德门段

该段城墙地面无遗迹可寻，城墙走势及城门位置难以推定，有待更加深入的考古调查勘探及发掘工作。

驯象门位于明外郭西南城垣。北至赛虹桥，南至小安德门，遗址无存，门名也未保留下来。因此，对于其位置的调查确定十分困难。杨心佛《金陵十记》推测位于“集合村路口左近”。我们根据明朝《南京都察院志》“驯象门在赛虹桥与小安德门之间”，以及《南枢志》“驯象门一号伏场，赛公桥上府前。……东南半里至驯象门”的记载，对照相关老地图，结合实地调研，推定在今赛虹桥立交桥一带。

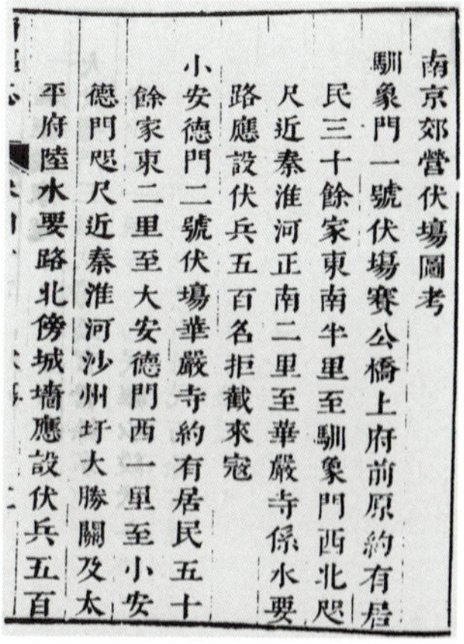
南京郊營伏場圖考
馴象門一號伏場賽公橋上府前原約有居民三十餘家東南半里至馴象門西北咫尺近秦淮河正南二里至華嚴寺係水要路應設伏兵五百名拒截來寇
小安德門二號伏場華嚴寺約有居民五十餘家東二里至大安德門西一里至小安德門咫尺近秦淮河沙州圩大勝關及太平府陸水要路北傍城墻應設伏兵五百

图 6-8

图 6-9

图 6-10

图 6-6 江东门（1928 年《最新首都城市全图》）

图 6-7 江东门遗址上建起了中央军人监狱（1949 年《南京市街道详图》）

图 6-8 有关驯象门位置的记载（明朝范景文修、张可仕纂《南枢志》卷 47《形胜部》“南京郊营伏场图考”）

图 6-9—10 驯象门门址在今天赛虹桥立交桥一带

图 6-11 Hsunhsiang Men—— 驯象门（美国总参谋部地理处 1927 年绘制《NANKING》图局部，1945 年第 2 版）

图 6-12 驯象门（美国总参谋部地理处 1927 年绘制的《NANKING》图，1945 年第 2 版）

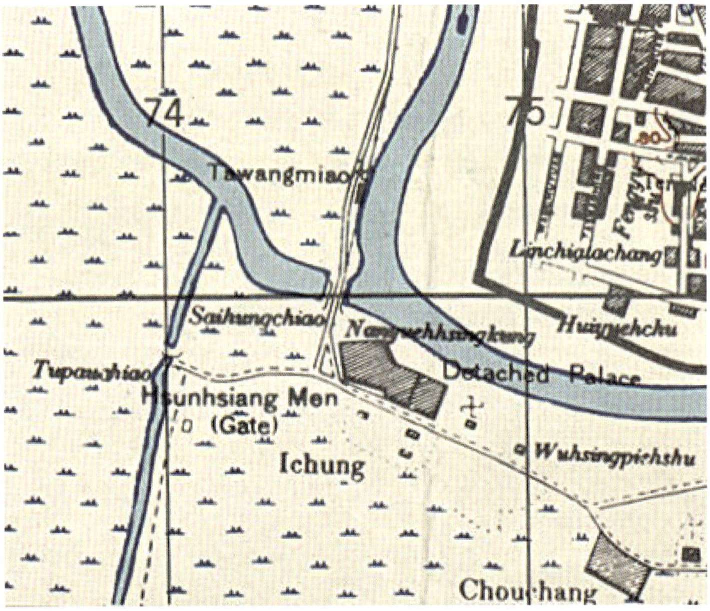

图 6-11

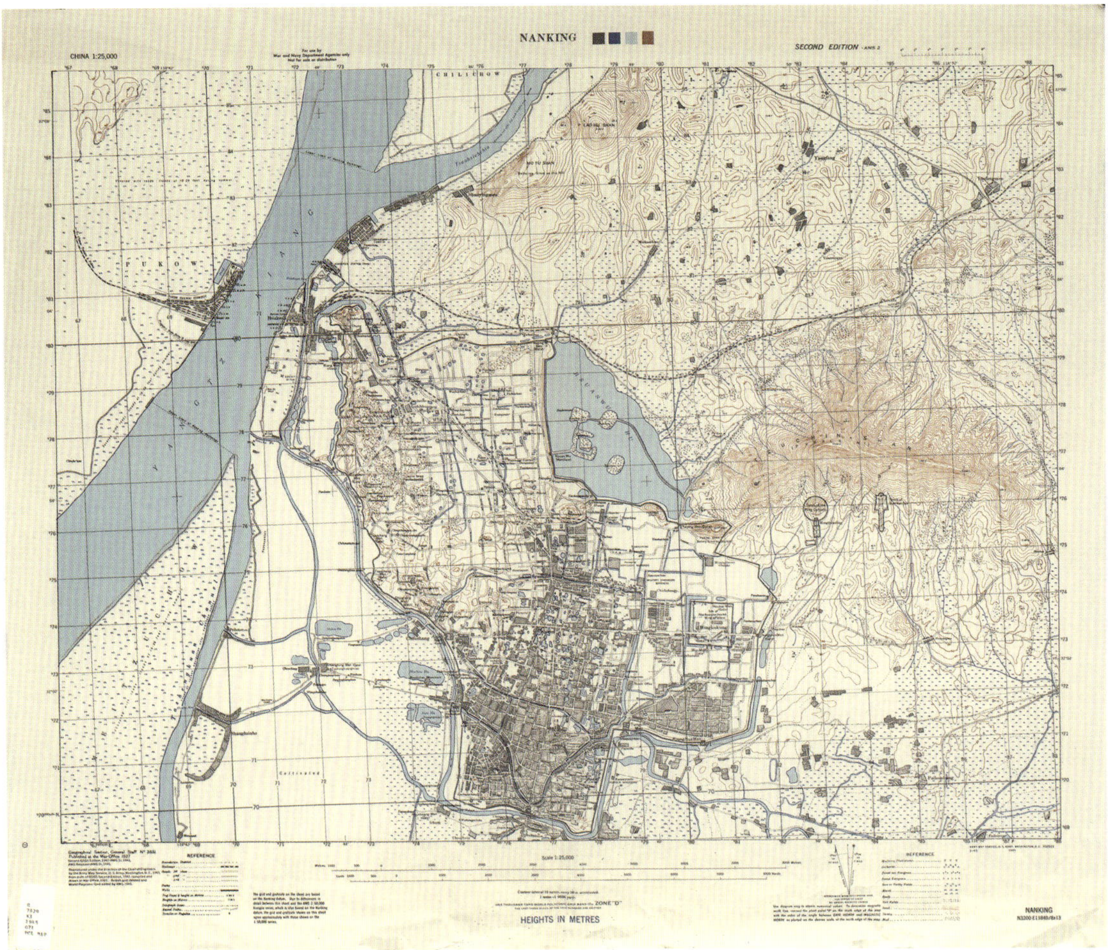

图 6-12

四、小安德门至大安德门段

该段城墙地面无遗迹可寻，城墙走势和城门位置难以确定，有待更加深入的考古调查勘探及发掘工作。

小安德门为明代所开的南京外郭城门，位于明外郭西南城垣。遗迹不存，与大安德门共同以“安德门”的统称保存了下来。

小安德门的位置在窑岗村南。据南京市地名委员会 1995 年编印的《南京市古今地名对照表》记载，安德里的前身是“小门村”，属于雨花镇，1950 年并入安德里。另据 1937 年 8 月日本人绘制的《南京市街近傍图》，上面标识有“小门里”。我们认为，“小门村”“小门里”均与小安德门有关。据 2018 年 5 月 25 日现场调研雨花台区雨花西路 230 号安德里小区及安德门北街，并结合相关老地图，可以大致推定其位置在安德里小区之西的雨花南路与窑岗村之间一带。

图 6-13 小门里（可能就是安德小门遗留下来的地名）与安德门（1937 年 8 月日本人绘制的《南京市街近傍图》局部）

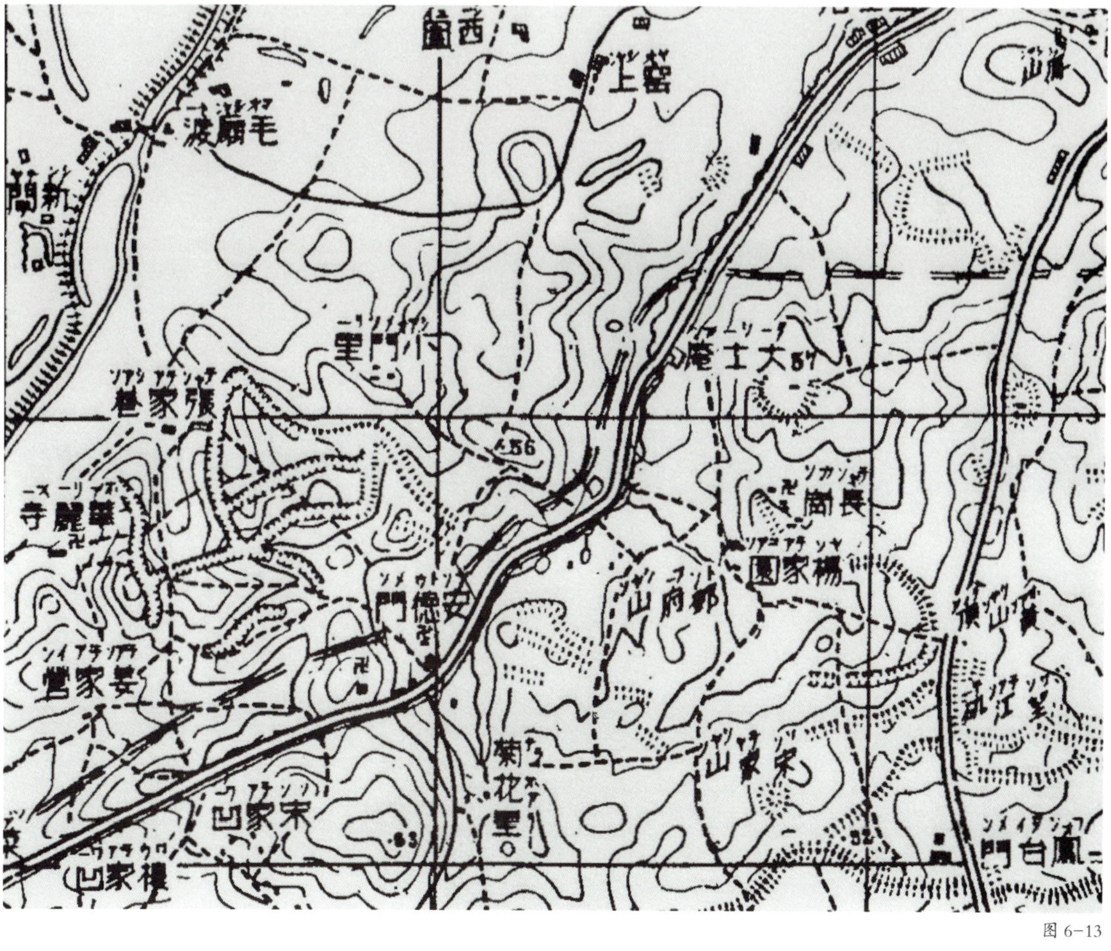

图 6-13

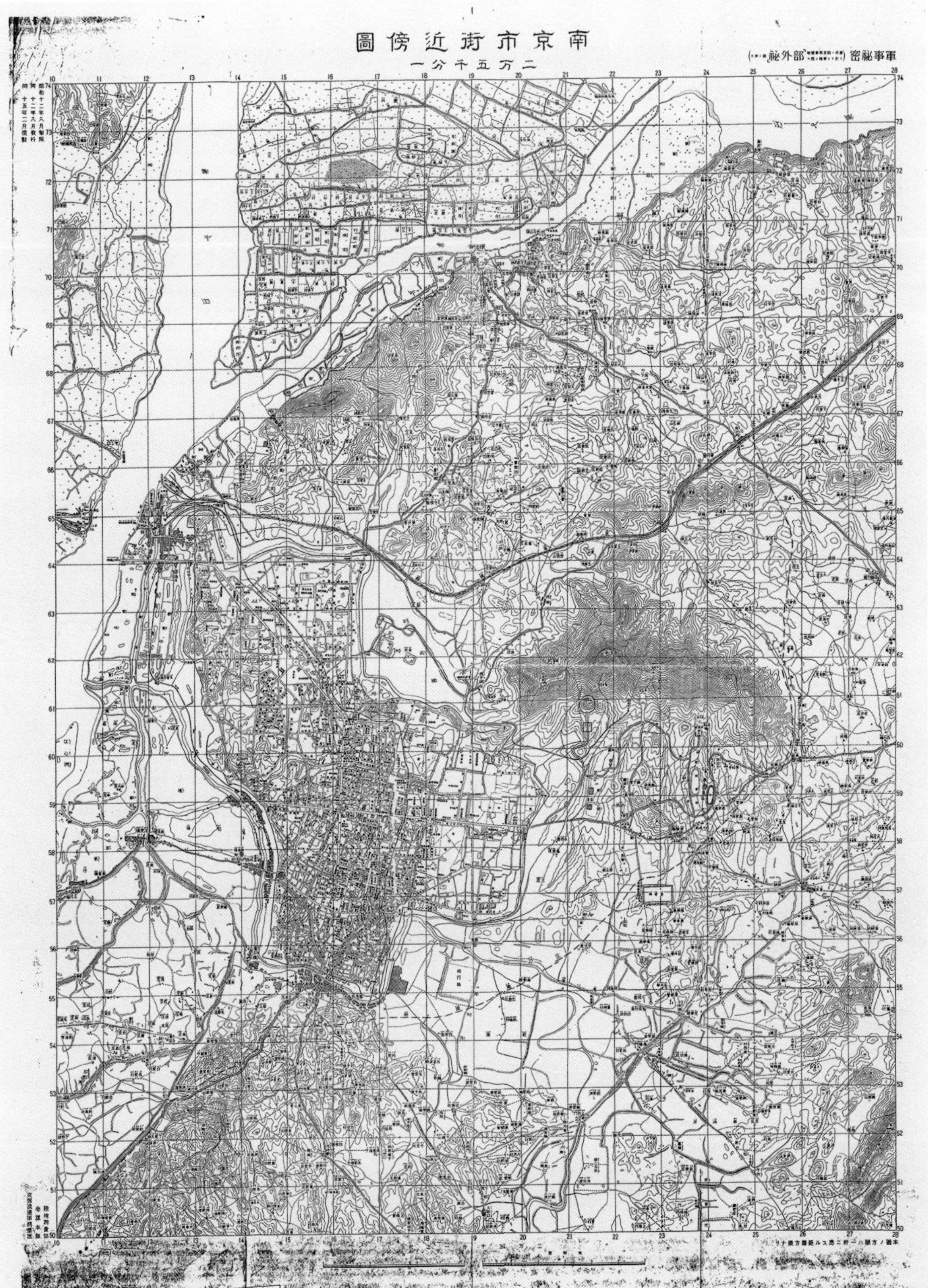

图 6-14

图 6-15

图 6-16

图 6-17

图 6-14 1937 年 8 月日本人绘制的《南京市街近傍图》
图图 6-15—17 雨花西路 230 号安德里小区

五、大安德门至凤台门段

该段城墙地面无遗迹可寻，城墙走势难以推定，有待更加深入的考古调查勘探及发掘工作。

大安德门为明代所开的南京外郭城门，位于外郭西南城垣。遗迹不存，但是它与小安德门一起共同以“安德门”的统称保存了下来。在安德门附近，有安德门大街、安德门北街等地名。

大安德门的位置，我们根据历史文献记载，对照南京老地图，结合前人研究成果和实地调研，推定在小行路 16 号江苏警官学院东南门前一带。

图 6-18 安德门大街与小行路（右）交界处
图 6-19 安德门北街
图 6-20 小行路 16 号江苏警官学院东南大门
图 6-21 江苏警官学院东南大门处小行路中部隆起位置，推测为大安德门所在地

图 6-18

图 6-19

图 6-20

图 6-21

六、凤台门至夹岗门段

该段城墙沿线地貌已发生巨大变化，已难觅城墙在地面上的痕迹，有待进一步的学术研究和实地调研。

凤台门位于明外郭城垣南部，《南京地名大全》认为其位置“在今雨花台区宁南街道花神庙村”；杨心佛《金陵十记》认为“凤台门原名凤台关，明洪武年间规划外城，将其处改名凤台门，地在今雨花台区雨花乡雨花大队”。我们结合文献资料和实地考察，认为其位置在望江矶南侧紫荆花路与郁金香路之间的花神大道上。

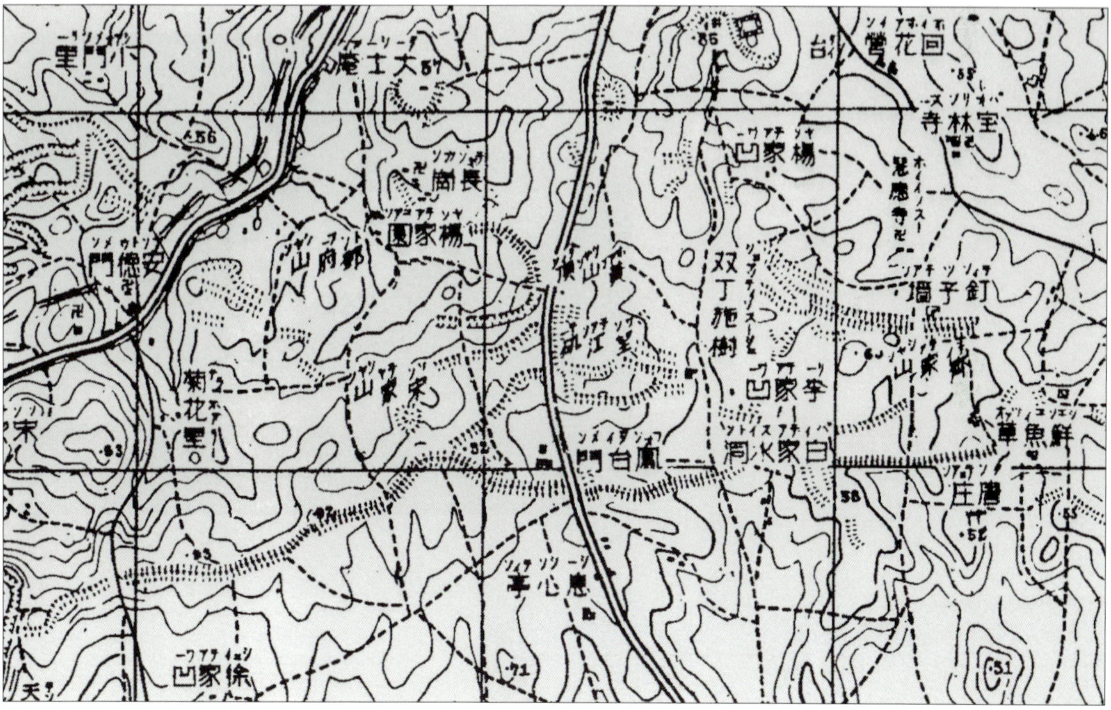

图 6–22

图 6–22 凤台门（1937 年 8 月日本人绘制的《南京市街近傍图》局部）

图 6-23

图 6-24

图 6-23—25 花神大道上的凤台门遗址

图 6-25

七、双桥门至凤台门—夹岗门之间段

该段外郭城墙长度约 8100 米，史料上称作“丁字墙”，因相互交接呈“丁”字形而得名。也有人讹作“钉子墙”。

丁字墙为明代南京外郭城垣的组成部分，它将南京东南外郭一分为二。丁字墙从双龙大道与双麒路交界处开始，沿西北—东南走向的双龙大道、卡子门大街至卡子门，现作为卡子门大街道路路基使用；然后自卡子门沿晨光路（其中一段叫土城头路）至雨花门外养虎巷东边的双桥门（现道路名）与晨光立交桥交界处，向北沿龙蟠南路至通济门南外秦淮河。

卡子门附近原有丁墙村，位于今郁金香路和紫荆花路之间，西邻玉兰路，东至卡子门大街。该地名应与明代外郭城丁字墙有关。

双桥门位于外郭城垣丁字墙中部，其具体位置，我们根据历史文献记载，对照南京老地图，结合前人研究成果和实地调研，推定位于今天雨花门外双桥里小区一带。

图 6-26

图 6-27

图 6-28

图 6-29

图 6-26 丁字墙的南段（图中的雨花门至双龙街立交桥）
图 6-27—28 晨光路段土城头
图 6-29 卡子门大街

图 6-30

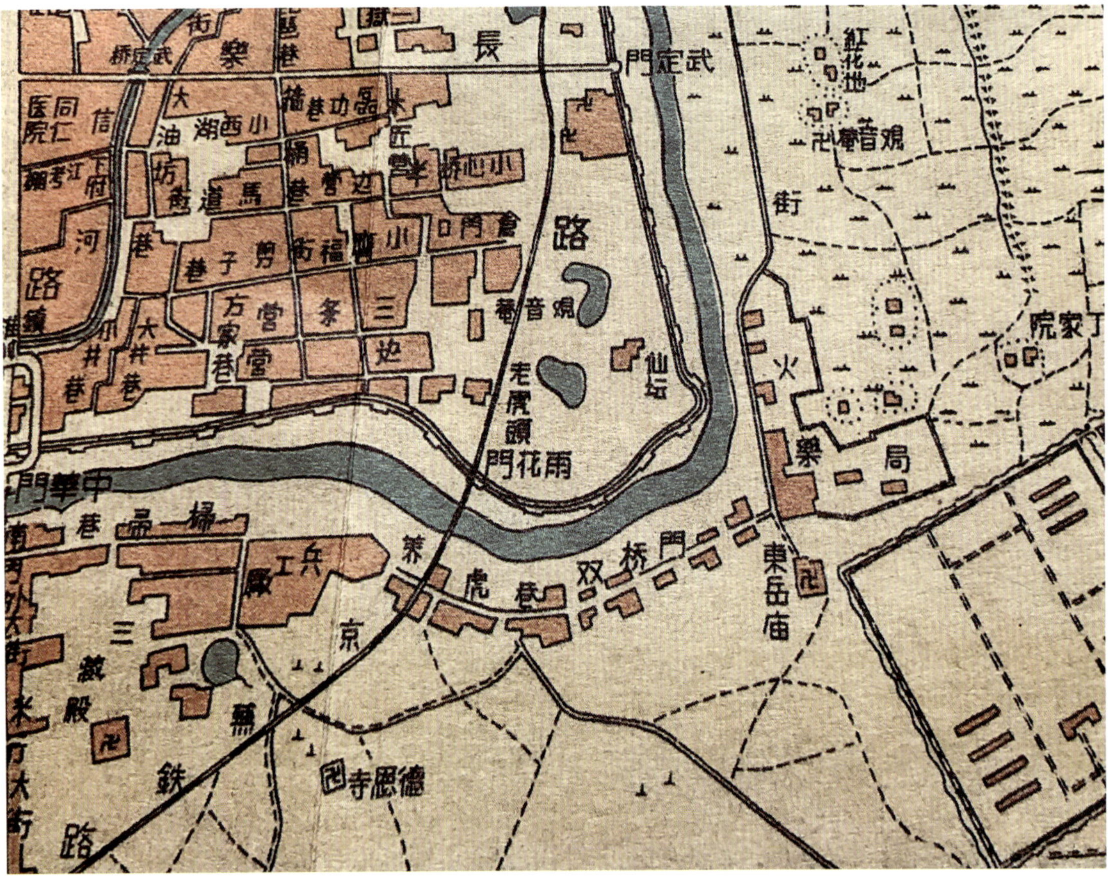

武定桥
長樂街
武定門
紅花地
同仁醫院
小西湖
大油坊巷
馬道街
小心桥
剪子巷
三条营
方家营
大井巷
小井巷
观音庵
老虎头
仙坛
雨花門
中華門
火藥局
丁家院
東岳庙
双桥門
兵工廠
德恩寺
鉄路

图 6-31

图 6-32

图 6-33

图 6-34

图 6-35

图 6-30 隔河眺望双桥门公园

图 6-31 双桥门（1943 年《南京市市街图》）

图 6-32 双桥里

图 6-33—34 双桥门街道

图 6-35 土城头 1 号小区

图 6-36

八、夹岗门至上坊门段

该段城墙长约 2408 米，由夹岗门依次经过双龙街、邵盛村，至上坊门村，城墙顶部现作为双龙大道、双麒路路基使用，两侧有水塘、高铁、民居等。除上坊门西侧因京沪高铁通过将城墙隔断外，其余地段城墙保存较好，走势清晰。城墙顶宽 8—12 米、底宽 20—30 米，顶部与两侧地面落差 2—4 米。

夹岗门又作“夹冈门”，位于明外郭南垣。今已不存。根据民国年间地图并结合现今地貌，推测门址位于今中国人民解放军陆军工程大学（原气象学院）北门对面约 21 米京沪高铁路基下，其北侧有夹岗村，据当地老人回忆，夹岗门为砖砌，仅有一个门洞，门洞北侧有城隍庙。

图 6-37

图 6-38

图 6-39

图 6-40

图 6-41

图 6-36—40 夹岗村

图 6-41 陆军工程大学北大门。门前不远处，为夹岗门门址所在地

九、上坊门至高桥门段

该段城墙长约 2084 米，依次经过上坊桥、南圩村、宁杭高速高架桥、高桥村。城墙保存较好，走势清晰，基本无断缺，现作为双麒路路基使用。城墙顶宽 8—10 米、底宽 15—25 米，顶部与两侧地面落差 1—3 米。

这段明外郭城墙沿线三处散落有明代城砖：其一为位于高桥门与宁杭高速高架桥之间道路旁的民居，部分砖面上有铭文；其二位于双麒路高桥村南圩 170 号对面民居所砌墙体上，此处铭文砖较多；其三位于上坊门门址附近，发现数块残断的城砖，其上未发现铭文。

上坊门又作“上方门”，位于明外郭东南城垣，今已不存。上坊桥南侧有地名叫上坊门村，紧贴河流西岸有条南北向小路，推测该小路与双麒路交界处为原上坊门门址所在，门址东紧邻秦淮河和上坊桥，南为水塘及住宅小区，西为京沪高铁施工区域，门址周边区域今通称为“上坊门”。

秦淮河在今上坊桥（明代称“分水桥”）处穿过城墙，河面宽约 120 米，推测该地点为明代外郭城水关之一。

上坊桥至高桥门段城墙外侧约 30 米处有水沟紧贴城墙，水沟宽约 35 米，与城墙走势一致，至上坊桥处汇入秦淮河。推测该段水沟为外郭城濠。

图 6-42

图 6-42 上坊桥对面是上坊门所在地，下为秦淮河
图 6-43 高桥门至上坊门的双麒路
图 6-44—45 上坊桥至高桥门之间的双麒路

图 6-43

图 6-44

图 6-45

图 6-46—47 上坊桥至高桥门之间的双麒路

图 6-46

图 6-47

十、高桥门至沧波门段

该段城墙长约 5090 米，依次经过小水关、郑家营、大石山、小石山、小门西、大门西，至沧波门，除大石山、小石山段被京沪高铁施工隔断外，其余地段基本连续，整体保存较好，两侧分布有民居、田地、洼地、在建工地等。城墙现作为双麒路路基使用，城墙顶宽 6—10 米、底宽 15—25 米，顶部与两侧地面落差 1—5 米。

高桥门位于南京明外郭东南城垣，门已不存，推测门址位于中和桥路与双麒路交界处。门址附近民居上发现不少城砖，其上多有铭文。门址东侧有河流，河流上桥梁名为“高桥”。

在高桥门北，有明代设置的小水关。运粮河从小水关处穿过城墙，河上有桥，桥下河道宽约 40 米。该河与城墙交汇处至今仍称作“小水关”。小水关附近民居中发现不少明代城砖，上有铭文。

图 6-48 高桥（明朝《洪武京城图志》中的街市桥梁图）

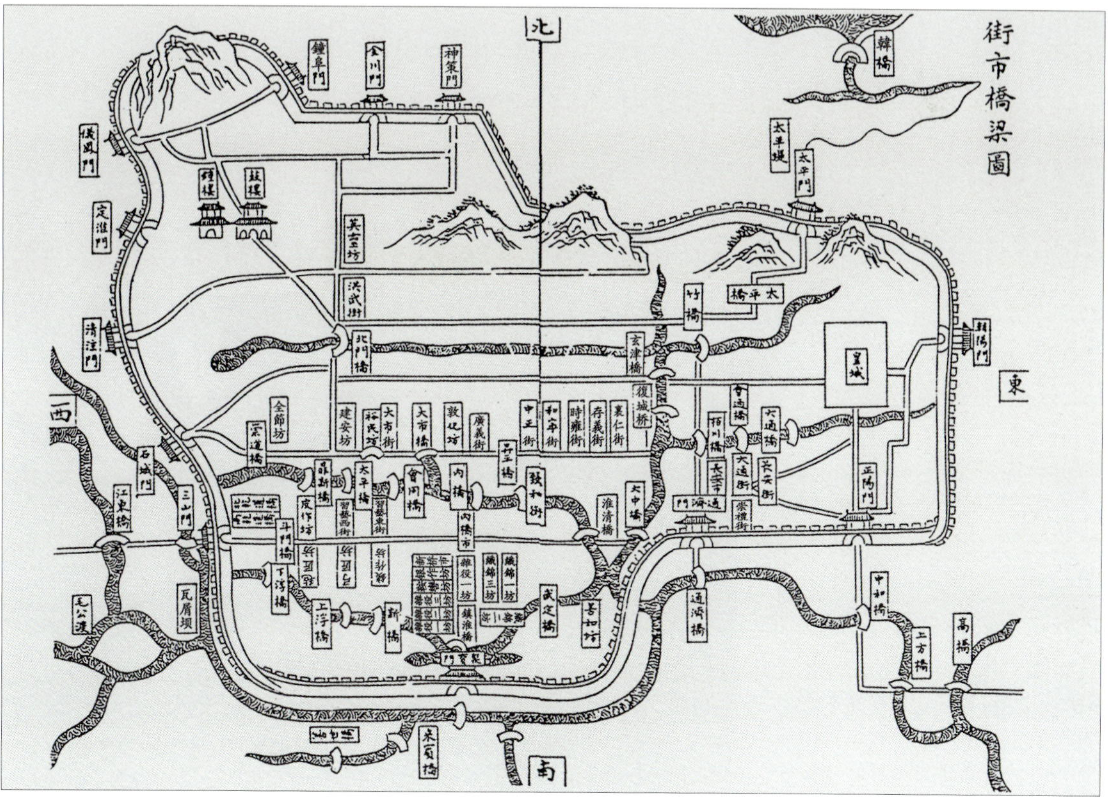

图 6-48

图 6-49

图 6-50

图 6-49 高桥下的河流
图 6-50 高桥
图 6-51—52 高桥门前的梅家廊路
图 6-53—54 高桥门至沧波门段双麒路

图 6-51

图 6-52

图 6-53

图 6-54

十一、沧波门至麒麟门段

该段城墙顶部现作为文荟路路基使用，两侧为民居、村落、田地水塘、施工区等，道路两侧植树木，沿途经过五百户村、沧波门桥、玄武区看守所、向南村、花岗村、西蛇盘村、中蛇盘村、东蛇盘村至麒麟中学，总长约 5109 米。城墙顶宽 5—8 米、底宽 15—20 米，顶部与两侧地面落差 2—5 米。

沧波门位于明朝外郭东南城垣。今已无存。据当地小庄村陈姓老人回忆，抗战时期，沧波门门洞仍存，门洞规模与中山门类似；解放战争期间，被村民建筑取砖，渐次拆毁。门洞内原有道路通过，门内侧有城隍庙。现道路、城隍庙均已不存。推测沧波门门址位于双拜岗路与城墙交界处西南侧，原为五百户村五队 1 号、2 号民居位置。据现场调查，沧波门门址附近民居内散落大量城砖，部分城砖有铭文。现沧波门前街被误传为“沧波门”，其中段 101 号街面上有圆形石墩五个，纵向排列，与街道方向一致。这五个石墩排列紧密，总长仅有约三步长，俗称“三步五墩”。门址旁有地名“五百户”，可能与明代沧波门千户所的设置有关。

图 6-55

图 6–56

图 6–57

图 6–58

图 6–59

图 6–55 沧波门桥

图 6–56 笔者（右二）与东南大学周琦教授（右一）、南京出版社卢海鸣社长（左一）、南京中国近代史遗址博物馆刘刚部长(左二）在沧波门遗址现场调研

图 6–57—58 沧波门南街、北街

图 6–59 双拜岗附近是五百户村所在地

十二、麒麟门至仙鹤门段

该段城墙长约4644米，起自麒西路与麒东路交界处（麒麟门门址），依次经过南京工程高等职业学校、麒麟铺社区居民委员会、南京交通技师学院、沪宁高速、白龙山华侨永久公墓、西林村、上庄、南京农业科学研究所、仙龙湾在建项目工地、仙鹤名苑小区。现作为环城公路燕西线路基使用，两侧有民居、工厂、公司、田地鱼塘、洼地、在建工地等，城墙顶宽6—10米、底宽15—20米，顶部与两侧地面落差1—4米。

据南京市博物馆考古人员当年的现场调查，麒麟铺村18号附近（刘裕初宁陵雄性石刻旁）民居发现大量城砖，部分城砖有铭文，但因墙体上粉刷黄色油漆，字体已较难辨认。

麒麟门位于明朝外郭东垣，门已不存。民国时期道路经中山门、孝陵卫、马群，至麒麟门，然后通往汤山。其走向与现今中山门大街至麒西路一线相符，故推定麒麟门门址位于麒西路与城墙交界处，即麒西路与文荟路交叉口附近。原门址位于现道路路基下，门址四周为现代房屋建筑。

图 6-60

图 6-61

图 6-64

图 6-62

图 6-63

图 6-60 麒麟门遗址（宣义路与文荟路、麒麟大道交界处）

图 6-61 麒麟门至仙鹤门段土城头（宣义路）

图 6-62 麒麟门遗址（麒麟门大道与宣义路、文荟路交界处）

图 6-63 麒麟门至仙鹤门段土城头（燕西线）

图 6-64 笔者与专家在麒麟门至仙鹤门段土城头调研

图 6-65—66 外郭土城头（南京市考古所）

图 6-65

图 6-66

十三、仙鹤门至姚坊门段

该段城墙南起仙鹤门，北至姚坊门，全长约 3533 米，城墙顶宽 8—10 米，顶部与两侧地面落差 1—6 米。该段城墙依次经过仙鹤名苑小区、仙居雅苑小区、南京市科利华中学紫东分校、金陵家天下小区、东仙渔庄、312 国道、路桥总公司、博得高尔夫俱乐部、仙尧路、小庙村、门里村，至姚坊门（今尧化门）。该段城墙除部分被道路、施工隔断或房屋覆盖外，其余部分多作为道路路基使用，墙体特征非常明显，整体走势亦比较清晰，保存较好。

仙鹤门位于明外郭东北城垣，东南接麒麟门，西北至姚坊门，得名于门址附近仙鹤山上汉代建造的仙鹤观。推测门址位于仙鹤名苑小区东南侧的文枢西路与土城头路（燕西线）交界处附近。

图 6-67—68 仙鹤门遗址（文枢西路与土城头路交界处）

图 6-69—70 仙鹤门至玄武大道之间的土城头（燕西线）

图 6-67

图 6-68

图 6-69

图 6-70

十四、姚坊门至观音门段

该段城墙南起姚坊门，北至观音门，全长约 6950 米。自姚坊门至金浦集团钟山化工厂段，城墙保存较好，与两侧地面有明显落差。城墙顶宽 6—10 米、底宽 15—20 米，顶部与两侧地面落差 2—5 米。自金浦集团钟山化工厂至观音门处，该段今被现代道路、房屋所覆盖，难觅城墙痕迹。据当地居民介绍，该段原为山岭，新中国成立后多次取土，山岭已不存，城墙亦遭到严重破坏，难见踪影。

姚坊门今称“尧化门”，位于外郭东北城垣，东南接仙鹤门，西北接观音门，因位于姚坊山故名。姚坊门门址位于尧化门街西

图 6-71

图 6-72

图 6-73

图 6-74

图 6-75

图 6-76

南段附近，京沪铁路西北侧。

2010 年南京市考古研究所举进行考古调查时，尧化门街两侧正进行拆迁，在拆迁的老街西北侧房基中发现大量明代城砖，部分城砖上有铭文。2011 年 5—9 月，南京市博物馆为配合南京市政府“土城头—秦淮新河百里风光带”项目的规划以及栖霞区新尧新城尧化门老街的建设，对尧化门老街附近进行了考古发掘，发掘面积 372 平方米，发掘点西南角地理坐标为北纬 32 度 06 分 43.25 秒，东经 118 度 52 分 12.57 秒，共发现明代夯土墙基

图 6-71 2011 年姚坊门城墙夯土层

图 6-72 2011 年姚坊门遗址考古发掘现场一号探沟

图 6-73—76 燕尧路

三道，考古人员认为“应属于明代南京外郭城姚坊门遗址的重要组成部分……极有可能是明代南京外郭城姚坊门门址外瓮城南侧边墙的一部分”（许志强：《南京市栖霞区尧化门明代外郭城垣及姚坊门遗址发掘》，江苏省文物局主编《江苏考古（2010—2011）》，南京出版社 2013 年版）。

十五、观音门至佛宁门段

观音门至佛宁门段城墙因形随势，筑于幕府山沿江一侧山岭之上，仅在山坳和山口处修建夯土城墙或城门，该段城墙走势基本清晰，长约 2100 米。

图 6-77

图 6-78

观音门位于明外郭城垣最北段，东南接姚坊门，西南接佛宁门，民国年间尚保存，1949 年后因燕子矶道路改造，观音门被拆除。观音门门址位于今和燕路北端燕子矶中学（已经搬迁）与燕子矶公园之间的两山之间，现该段地名仍为“门坡”。该处西侧为幕府山余脉，有观音阁等景点，东侧为燕子矶。东侧山脚下，有西十里长沟依山势流过。

图 6-79

图 6-80

图 6-81

图 6-77—78 观音门

图 6-79 明朝外郭城门观音门旧影

图 6-80—81 观音门门址所在地今貌

图 6-82 观音门公园

图 6-82

十六、佛宁门至上元门段

佛宁门位于外郭北垣，东接观音门，西南接上元门。佛宁门至上元门段城墙因山而建，位于幕府山沿江一侧的山岭上，沿线有水洞一座。新中国成立后，因开山凿石，幕府山西北麓地貌发生巨大变化，山岭缓坡已不存，现多为陡崖。据南京市博物馆2010年考古调查，未能在山岭之上发现明显的城墙夯土痕迹，依据幕府山山势，可知此段城墙的大致走向，全长约3500米。

永济大道渡狮石村（原渡二生产队）位于幕府山北麓一处山坳，两侧山岭间距约90米，该地于20世纪60年代建采石场（燕子矶公社采石场），20世纪70年代建煤矿，门址西南侧山岭为煤炭山。1983年文物普查时，此处还发现有门址基石及明代城墙砖散落四周。今小路东侧民居厕所墙上仍有少量城砖。2010年8月至12月，南京市博物馆对该区域进行了考古发掘，发掘地点在幕府山北侧邻近长江处的两山坳之间，发掘面积425平方米，发现了外郭的城墙夯土和两排外侧条石，还发现了一条宽约2米的水沟，发掘者认为“极有可能原为外郭城佛临门（笔者按：应为“佛宁门”）门址及其附属建筑”（许志强：《南京市栖霞区幕燕滨江风景区佛临门地块发掘》，江苏省文物局主编《江苏考古（2010—2011）》，南京出版社2013年版）。

图 6-83

图 6-84

图 6-85

图 6-83 2010 年佛宁门城墙夯土层

图 6-84 2010 年佛宁门城墙夯土和外侧条石

图 6-85 2010 年佛宁门遗址考古发掘现场

图 6-86

图 6-87

图 6-88

图 6-89

图 6-86 2010 年佛宁门遗址周边的山势
图 6-87 佛宁门考古发掘地点现状
图 6-88—89 佛宁门考古发掘地点现状
图 6-90 观音门与上元门之间的中心点有一缺口，通道路，应是佛宁门所在地（1937 年 8 月日本人绘制的《南京市街近傍图》局部）
图 6-91 《金陵附郭古迹路线图》（局部）中的明外郭驯象门位于煤炭山东北侧（朱偰：《金陵古迹图考》中华书局 1936 年版）

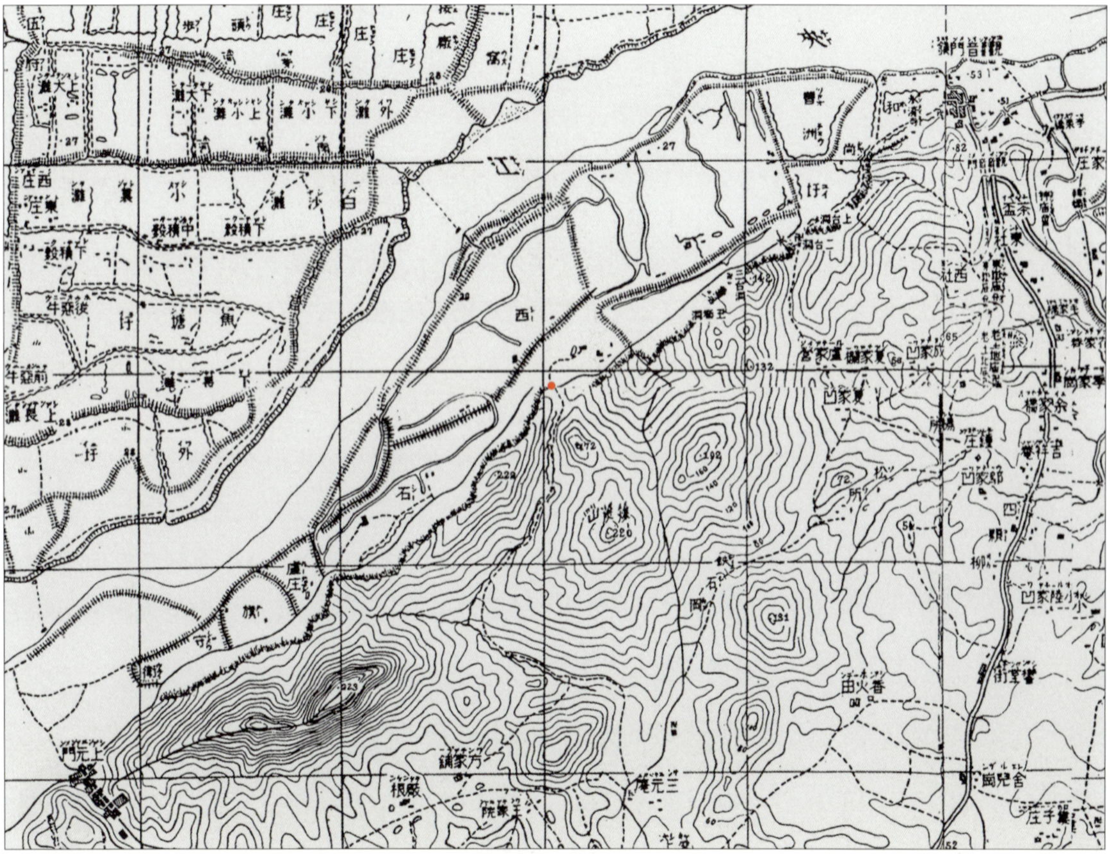

图 6-90

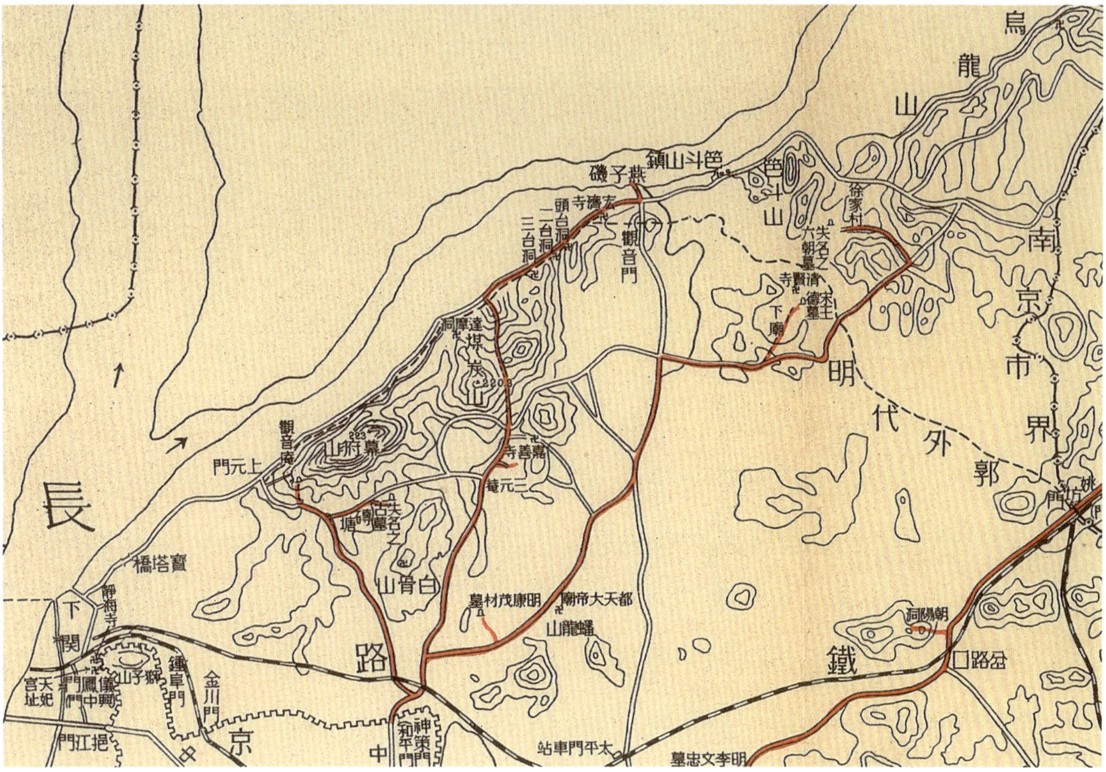

烏龍山
南京市界
明代外郭
長
路
京
鐵
燕子磯
笆斗山鎮
笆斗山
觀音門
幕府山
上元門
觀音庵
寶塔橋
白骨山
嘉善寺
達摩洞
頭台洞
二台洞
三台洞
三元庵
徐家村
姚坊門
朝陽洞
岔路口
下關
靜海寺
獅子山
金川門
鍾阜門
儀鳳門
挹江門
天妃宮
神策門
和平門
中央門
太平門車站
明李文忠墓
都天大帝廟
蟠龍山

图 6-91

根据 2018 年 5 月 24 日现场走访当地居民，结合文献记载和相关老地图，我们认为这一推断是正确的。

十七、上元门至外金川门段

上元门位于明外郭北垣，东北接佛宁门，西南接外金川门。上元门至外金川门段城墙今地面已无遗存。根据文献记载，外金川门东侧为土城，西侧为水城，有木栅栏二十九丈在内城城濠之中，城墙将象山、老虎山等山体包括在城内。

上元门门址位于今中央北路与老虎山、幕府山的交界处。经实地调查，中央北路与老虎山、幕府山交界处现地名为“上元里”，门址位置在上元里 83 号建筑物与中央北路东面的南京向阳养老院之间。此处为中央北路穿过山岭处。幕府山与老虎山两山岭之间距离约 70 米。

图 6-92

图 6-92 上元门门址位于中央北路与幕府山、老虎山交界处（图中地铁标志所在地）

图 6-93 上元门（美国总参谋部地理处 1927 年绘制的《NANKING》图，1945 年第 2 版）

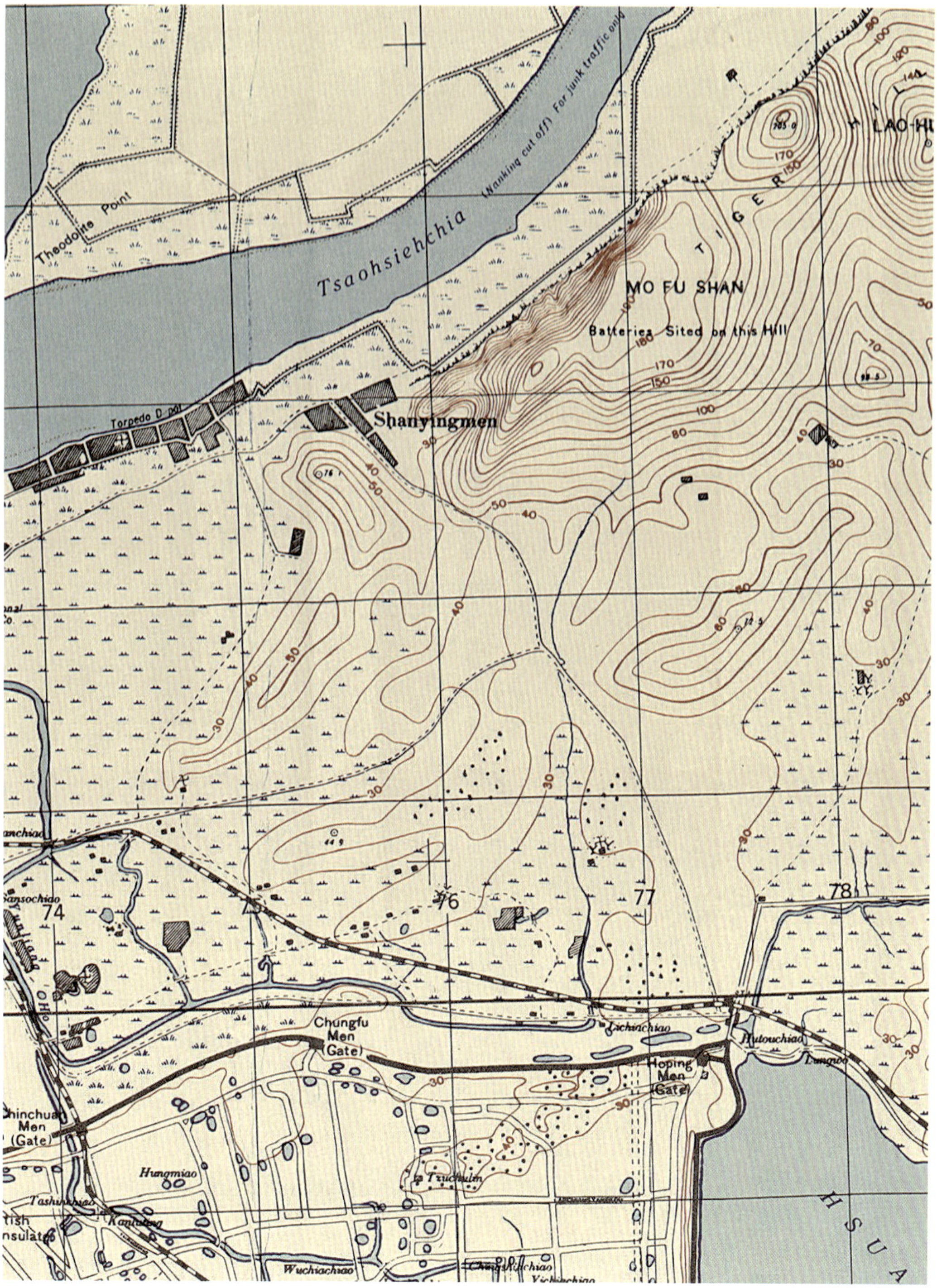

Theodolite Point
Tsaohsiehchia
(Nanking cut off) For junk traffic only
MO FU SHAN
Batteries Sited on this Hill
TIGER
LAO HU
Shanyingmen
Torpedo D pot
Chungfu
Men
(Gate)
Lichinchiao
Hutouchiao
Hoping
Men
(Gate)
Chinchuan
Men
(Gate)
Hungmiao
Tzuchulin
Tashuchiao
Wuchiachiao
74
76
77
78
HSUA

图 6-93

图 6–94

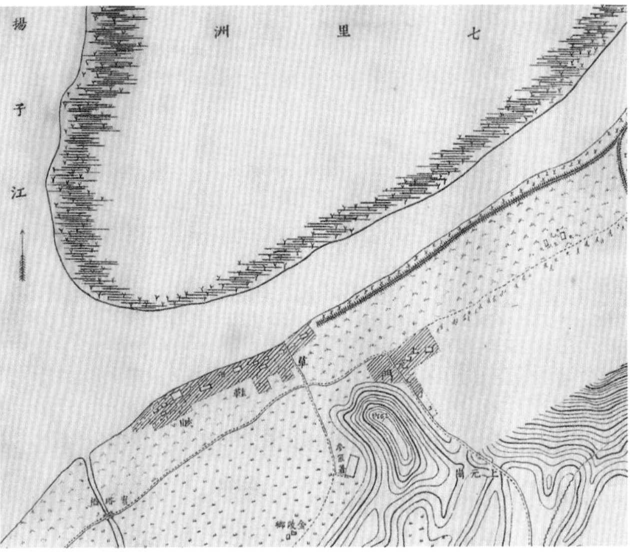

图 6–95

图 6–94 南京北部地图。清朝光绪三十一年（1905）测量，1906 年绘制

图 6–95 上元门。清朝光绪三十一年（1905）测量，1906 年绘制的《南京地图》局部

图 6-96

图 6-97

图 6-98

图 6-96 上元门东侧的幕府山
图 6-97 上元门西侧的老虎山
图 6-98 中央北路与永济大道、燕江路交界处

图 6-99 中央北路穿过幕府山、老虎山

图 6-100 上元门门址所在地东侧建筑物

图 6-101 上元门门址所在地西侧建筑物

图 6-99

图 6-100

图 6-101

十八、外金川门至狮子山护城河段

外金川门至狮子山护城河段今地面已无遗存。根据文献记载，外金川门东侧为土城，西侧为水城，东城墙六百二十二丈，西水城系木栅栏二十九丈，在城河之中。

外金川门，俗称“栅栏门”，位于明外郭城垣西北端，西南临近狮子山东边的护城河，南为晓街，处在城河南路、城河北路与郑和北路之间。该地原有地名“栅栏门”，后因拆迁，栅栏门地名已不存，但仍保留“栅栏门铁路埂”之地名。

综上所述，明代南京外郭城垣虽然经历600多年的风雨侵蚀和人为损毁，许多地段已遭受不同程度的破坏，城门无一留存，但是，外郭城垣自双龙大道与双麒路交界处向东北到观音门之间全长约29.6公里的地段在地面上仍有踪迹可寻，长度约占外郭总长度的二分之一；外郭城垣将近四分之三地段的地面走向比较明确，这为今后的保护和利用提供了广阔的空间。

图 6-102—103 狮子山东边的护城河

图 6-104—105 图中的红色建筑物推测是外金川门（栅栏门）门址所在地

图 6-102

图 6-103

图 6-104

图 6-105

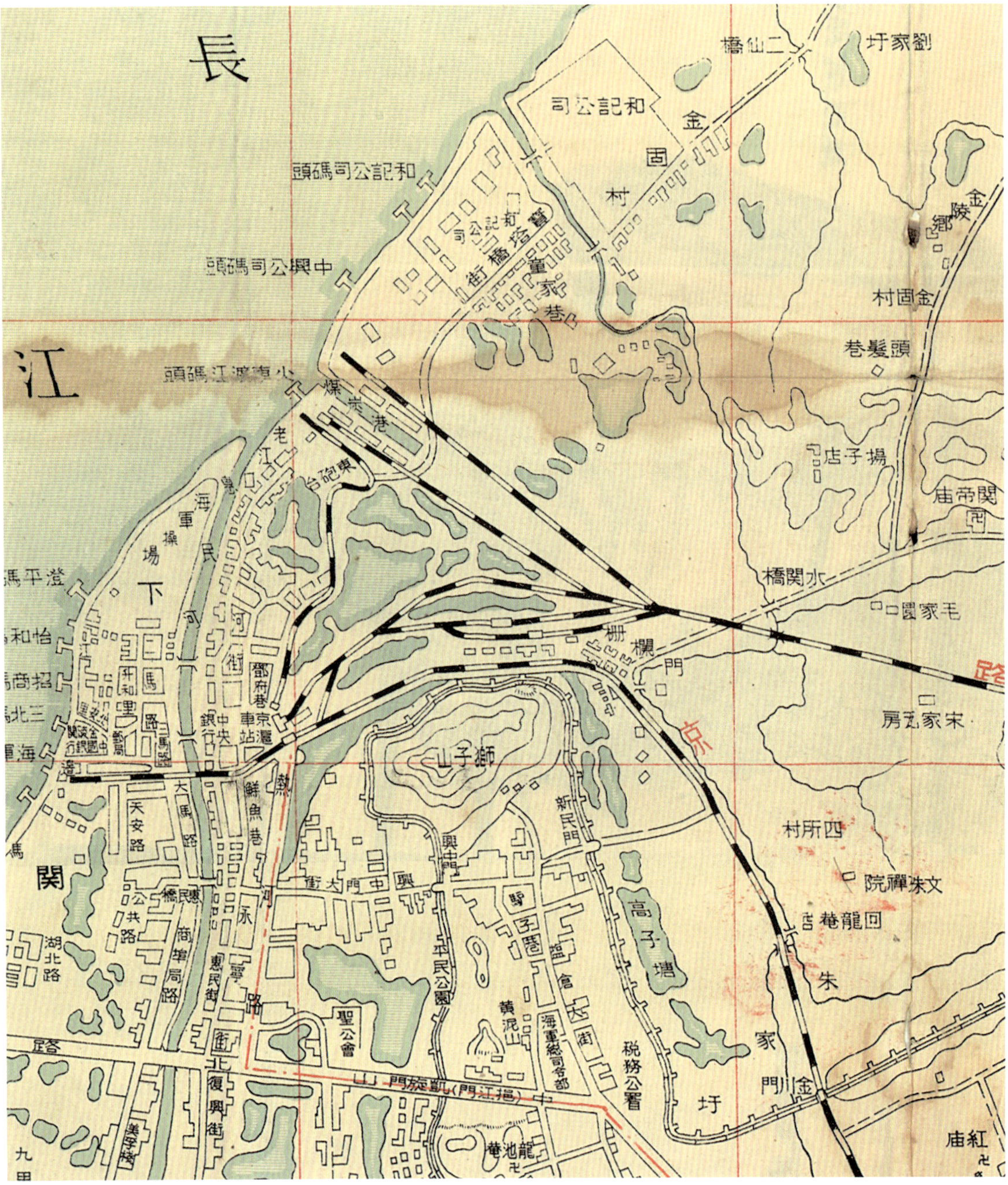

图 6-106

图 6-106 20 世纪 40 年代末的《最新南京道路明细图》（局部）中的外金川门（栅栏门）和水关桥

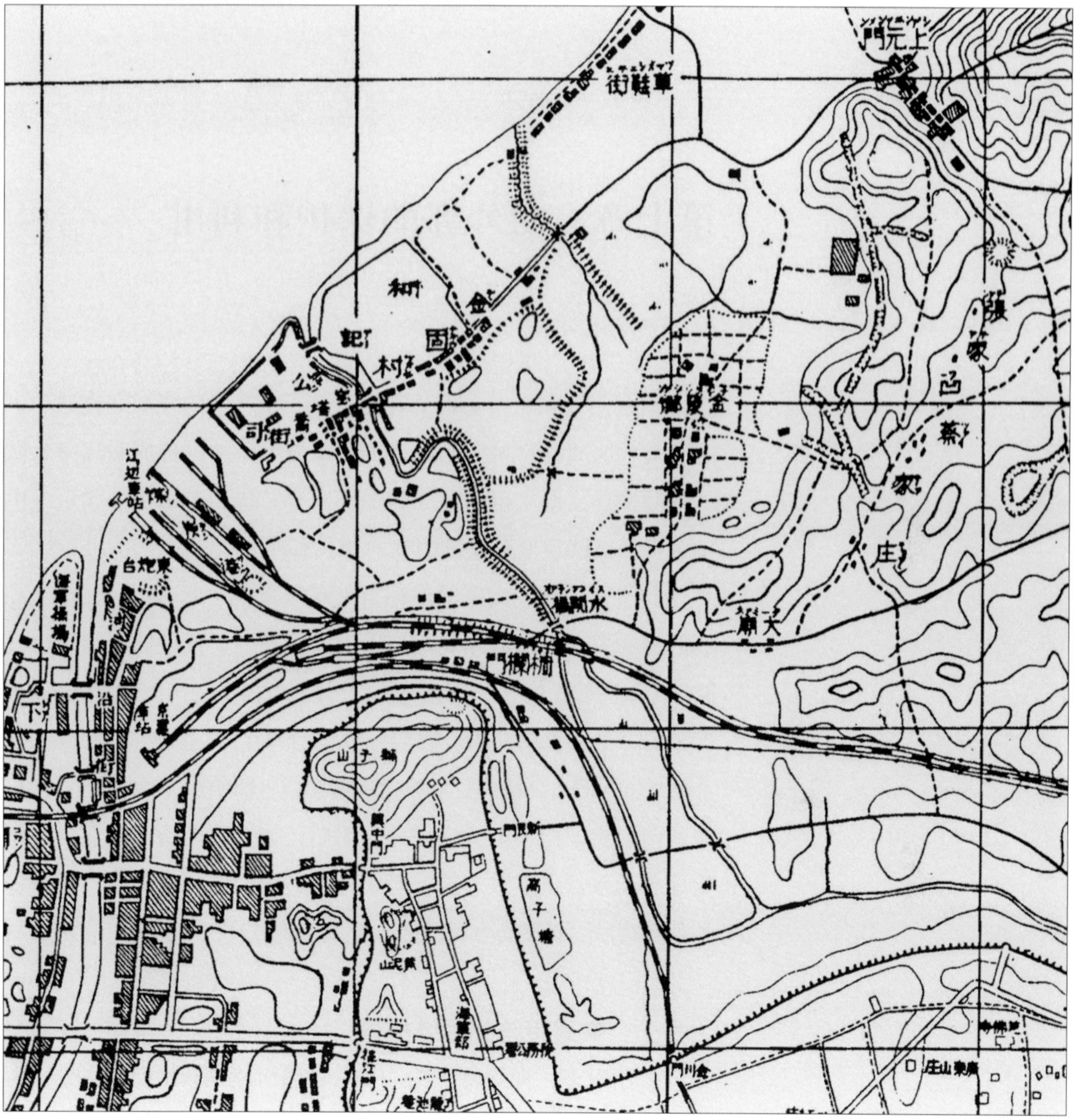

图 6-107

图 6-107 外金川门又名栅栏门，东北不远处为水关桥（1937 年 8 月日本人绘制的《南京市街近傍图》（局部））

第七章　明外郭的保护和利用

南京明外郭城垣是南京现存最长、最重要的线形文化遗产，它和南京明故宫宫城、皇城遗址及京城城墙共同构成明代南京城的空间格局，南京也由此成为明代三都（凤阳、南京、北京）中迄今仍保留四重城垣遗迹的唯一明代都城。

到目前为止，南京明外郭自南京城南双龙大道与双麒路交界处的夹岗门至南京城东北门坡附近的观音门一段城墙作为郊区公路路基，地面尚有遗存保留。南京外郭18门关——石城关、江东门、驯象门、小安德门、大安德门、凤台门、双桥门、夹岗（冈）门、上坊（方）门、高桥门、沧波门、麒麟门、仙鹤门、姚坊（方）门、观音门、佛宁门、上元门、外金川门，如今虽然均已无存，但作为地名大多保留下来。现针对明外郭城墙的整体状况和不同地点的保存现状，就其保护和利用，提出如下设想和建议。

一、突破传统的思维模式

长期以来，提到南京城，人们自然而然地联想到以明故宫为核心的皇城和宫城，以及中华门、中山门、通济门、太平门、水西门、神策门等为代表的明代京城。因此，对于南京城墙的保护和利用一直局限在京城范围内。明外郭在明代灭亡后成为历史的“弃儿”，受到冷遇甚至是遗忘。实际上，明代35.267公里京城城墙围合的南京城——“老城”，面积只有50平方公里左右，仅仅是历史上明代南京城的一部分。用今天的眼光来看，只能属于“小南京”。

如今已经进入了21世纪，我们身处高科技突飞猛进的时代，应该站在历史的高度，突破传统的思维模式，从明代外郭城墙、秦淮新河与长江围合起来的约310平方公里的“主城”，甚至是6582平方公里的南京行政管辖范围（“市域”）内来重新审视今

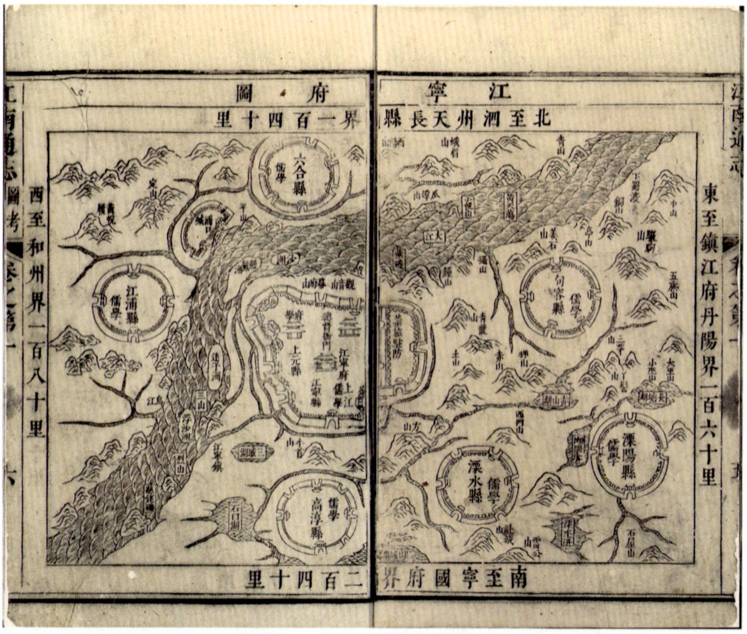

图 7-1

天的南京城。换言之，我们今天应该将南京城墙历史文化资源的挖掘、整理、弘扬、保护和利用放在更大的范围内，除了一如既往地重视明代宫城、皇城和京城的保护利用外，还应该花大力气，按照“生态、景观、形象、活力”四个现代使用功能定位，对明外郭进行有条不紊的保护和利用，让长期以来默默无闻的明代第四重城垣——外郭重新散发出生机和活力，从过去的“弃儿”成为新时代的“宠儿”。

二、建立全面的多层次的保护利用体系

首先，明外郭的保护利用要从宏观上进行顶层设计。我们要从打造一座全新的富有历史积淀和特色的“大南京”的站位上，结合南京“山水城林”四大要素，对明外郭进行全局性的统筹，制定切实可行的近期、中期和长期的保护利用规划，确保明外郭作为一个整体，得到全面的、合理的保护和利用。

其次，明外郭的保护利用要从中观上进行考量。鉴于明外郭城墙保存状况参差不齐，可以考虑选取其中保存较好的一段，加强活力功能利用，使世人对明外郭有一个较为全面客观的认识，加深对“大南京”的理解。

再次，明外郭的保护利用要从微观上入手。对于明外郭的相

图 7-1 《江宁府图》（于成龙、王新命等修：《康熙江南通志》）

图 7-2 明外郭示意图

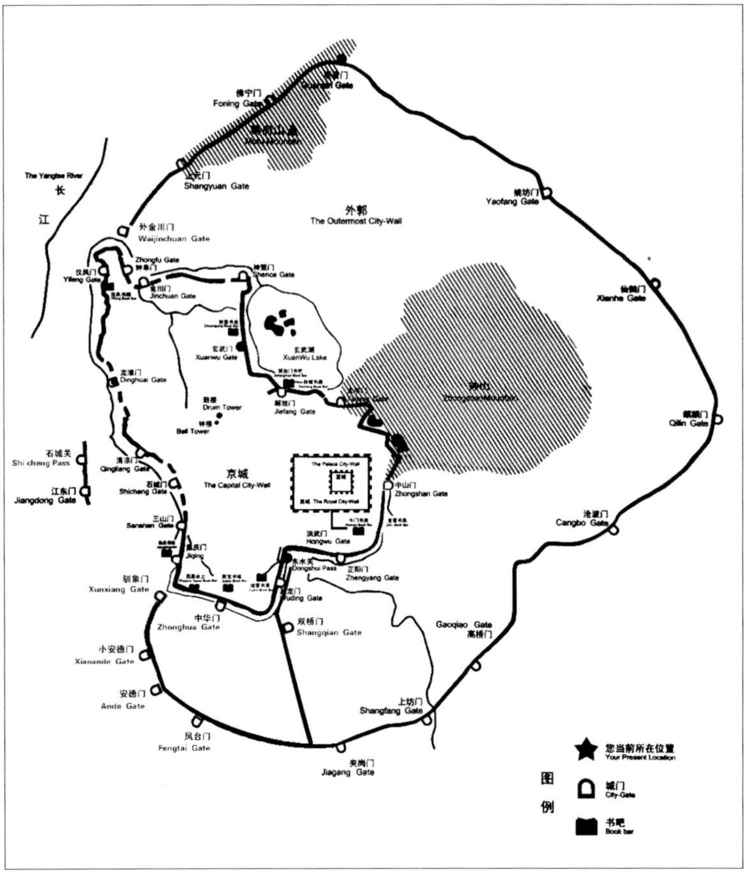

图 7-2

关城门、水关、遗留地名、遗物遗存等，进行深入细致的挖掘整理，打造城市休闲活力节点，加深人们对“大南京”的热爱。

概言之，南京外郭城垣与京城城墙之间的区域，属于一个“面”，外金川门——上元门——佛宁门——观音门——尧化门——仙鹤门——麒麟门——沧波门——高桥门——上坊门——夹岗门，以及江东门——石城关城垣遗址属于“线”，江东门、安德门、双桥门、夹岗门、高桥门、沧波门、上元门，以及相关的土城头、马群、白马村、青马村、南湾营、北湾营、门坡等属于“点”。三者属于不同的层次，如果笼统地划作“历史文化街区”“历史风貌区”或“一般历史地段”，缺乏针对性，反而不利于保护和利用。因此，有针对性地进行规划设计，建立全面的多层次的保护利用体系，更加有利于明外郭历史文化资源的弘扬和光大。

三、提高社会知名度和国际影响力

传统观念上，人们认为“酒香不怕巷子深”。当今社会，是一个信息爆炸的时代，再好的“酒”也需要进行市场营销。南京明外郭作为南京的宝贵历史文化资源，长期以来，知名度较低。因此，急需采取各种措施和手段，进行全媒体推介，以提高明外郭的社会知名度和国际影响力。

在传统媒体方面，我们要以“明外郭为核心”，有计划、有步骤地出版一系列图书和文创产品，形成由文献档案、辞典图录、学术研究专著、大众普及读物和文创产品五个层次的图书（文创产品）构成的一个自上而下、由深及浅、互相支撑的“五位一体”金字塔状的图书扩大体系。同时，利用 CNC（中国新华新闻电视网）、广播和电视等传统传媒资源，拍摄与明外郭有关的电影和影视剧，或者以软广告的形式将明外郭植入到电影和影视剧中，对明外郭进行有效的宣传。

在新媒体方面，首先是建立专门的“明外郭”网站，对明外郭进行长期的系统的宣传推介。例如，刊登意大利传教士利玛窦撰写的《利玛窦中国札记》中有关南京的篇章，刊登葡萄牙传教士曾德昭《大中国志》中有关南京的描述，等等；其次，统筹利用微信、微博，进行宣传；再次，制作 3D 动漫、AR、VR 和游戏，让人们从网络游戏中不知不觉地加深对明外郭的认识和了解。

通过上述传统媒体和新媒体的结合，对沉寂数百年的明外郭进行全媒体的立体推介，从而迅速有效地扩大明外郭在海内外的影响，提升明外郭在海内外的知名度和美誉度。

四、制订切实可行的保护利用方案

明外郭的保护和利用两者之间是对立统一的关系。科学地保护为合理地利用奠定了基础，而合理地利用又为有效地保护提供了物质条件。在国内，上海“新天地”广场的成功保护对于明外郭的保护利用具有积极的指导意义。该广场系港商出资建设，中心建筑是“中共一大”遗址，四周是居民的石库门老房子，再外一圈是由石库门改造成的休闲场所，外围是大片绿地。港商高价购买了土地使用权，但大部分土地都是用于公益性质的，从商业的角度来看这是蚀本买卖。然而，经过港商的合理保护利用，广场周围的房地产全部升值，成为上海最好的地段之一。

明代南京外郭城遗址的保护和利用重点，是观音门至夹岗门这一段地面尚存遗迹的城垣。这一段外郭城墙，除保护城墙本体外，还应保护相关的门址、水关、水洞及其附属建筑遗址，以及城濠和城垣两侧的穿城水系和古道。另一方面，对于地面已无遗迹或遗迹不连续的其他地段外郭城垣和门址，在得到考古勘探发掘确认后，也应立碑标示或采取其他保护措施。

我们认为，明外郭作为南京城的一道独特风景线，是南京历史文化的一个重要构成要素，急待我们加以积极的保护和利用。我们必须充分发挥明外郭的“线形遗产”优势和特点，进行科学的保护利用，将明外郭打造成南京亮丽夺目的珍珠项链。具体方案如下。

（一）解读明外郭——塑造品牌

在南京的车站、机场、码头等门户地带和城市窗口地段，以及明外郭历史文化廊道沿线，设置显目的指引牌，扩大明外郭的社会知名度，提高人们对明外郭的感知度。

在南京明外郭遗址的重要地段与关键节点，如城门遗址、桥梁、水关、涵闸位置，制作古朴典雅、风格统一的文化地理标示图及文字标志碑或标识牌、说明牌，进行文化解读。例如，在江东门、安德门、双桥门、高桥门等明外郭十八门关的相应位置，设立标志碑或标识牌、说明牌；在高桥、上坊桥等地，以及高桥门和沧波门之间的“小水关”、外金川门附近的水关桥，也分别设立标志碑或标识牌、说明牌。这一个个标志碑或标识牌、说明牌，仿佛是镶嵌在明外郭这个“项链”上的一颗颗珍珠，环绕在南京城郊，形成一道“形散而神不散”的历史文化风景线。

在明外郭遗址沿线重大历史事件的发生地和重要人物活动的场所，除了设立必要的标志外，还应采取模型、雕塑等多种形式加以展现。例如，在麒麟门、仙鹤门、沧波门、高桥门等遗址，不仅要设立标志牌，还要有当年的城门石刻或铜质模型雕塑。

在明外郭遗留下来的地名所在地，如马群、黄马、白马、青马、马房山、门坡、门里村、双桥里、安德里、上元里、五百户、土城头等地，也可以考虑适当设立相应的标志牌、标识牌、说明牌。

通过上述一系列的竖牌、塑像和解读等举措，提升明外郭沿线的历史文化含量，烘托明外郭沿线的历史文化氛围，进而逐步将其打造成南京历史文化的特色品牌。

（二）彰显明外郭——创新颜值

最具典型性和可操作性的地段是玄武大道至麒麟大道（宁杭公路）之间的土城头路（也可以包括宣义路），建议辟为“南京明外郭遗址公园”，建立“南京明外郭遗址博物馆”，另辟道路解决交通问题，使这里成为可供游客参观游览和休闲漫步的区域。要实现这一目标，可以考虑分步实施。

近期规划

新中国成立近70年来，南京明外郭的考古调查和发掘工作屈指可数，其中屈指可数的三次考古发掘均为抢救性的发掘，无论是发掘的地点还是发掘的时间，都受到限制，因此无法达到窥斑见豹的目的，更不用说将发掘成果用于展陈了。

鉴于此，我们建议选取仙鹤门至麒麟门土城头段中的一段，进行积极主动的考古勘探和发掘，清理出一段明外郭墙体，探明外郭的建筑技术和建筑材料，然后保留考古发掘的城墙断面，结合道路的现状，采用现代高科技手段，进行展示。同时，对遗址本体的环境进行改善，科学绿化，确保一定的文物视角空间。

中期规划

对仙鹤门至麒麟门土城头段两侧绿化带、文化景观、建筑物进行提档升级，确保50—100米的公共绿地。适当增加明外郭遗址的配套设施，如停车场、座椅、公厕、小卖部等，提升其休闲游憩功能。

远期规划

全面拆迁仙鹤门至麒麟门土城头段两侧的居民和厂房、学校，通过优化周边地区的道路系统和交通组织，取消土城头路上的机动车交通功能，建立明外郭遗址博物馆，进行全面的展示，真正将其打造为南京城的文化走廊与绿色公园。

（三）串联明外郭——提升人气

整合明外郭沿线历史文化资源和自然资源，将周边自然景观、名胜古迹和明外郭相互串联起来，进行整体展示。

就明外郭城墙本体而言，应发挥其“线性空间”的优势，通过游道、风景道等将原本断开的区域“串联”起来，对于被现代

图 7-3

图 7-4

道路截断的明外郭遗址，应在道路上铺设线性铜块或小石块，并在道路两侧的行人道设立说明牌，加以彰显；在没有行道树的明外郭两侧种植行道树，形成一条天然的绿色长廊。

就明外郭周边的遗产资源而言，以直线距离一公里左右为限，将明外郭内外的相关景点纳入到外郭旅游开发之中，提升明外郭历史文化内涵，加强明外郭旅游资源的整合，打造不同特色的旅游线路。

外郭环城游

明外郭城垣可以用城门串联起来，形成一条明外郭环城旅游特色路线：

外金川门遗址——上元门遗址——佛宁门遗址——观音门遗址——尧化门遗址——仙鹤门遗址——麒麟门遗址——沧波门遗址——高桥门遗址——上坊门遗址——夹岗门遗址——双桥门遗址——凤台门遗址——安德门遗址——驯象门遗址——江东门遗址——石城关遗址

四重城垣串联游

将明朝四重城垣遗址遗迹串联起来，可以形成多条特色旅游路线：

A. 明故宫遗址——神策门遗址公园——观音门遗址——佛宁门遗址——上元门遗址

B. 明故宫遗址——中山门——麒麟门至仙鹤门段土城头

C. 明故宫遗址——中华门瓮城——夹岗门至高桥门段土城头——上坊桥——高桥

D. 明故宫遗址——石城门（汉西门）遗址——江东门遗址

E. 明故宫遗址——通济门外九龙桥——七桥瓮——高桥门至上坊门段土城头——高桥——上坊桥——夹岗门至上坊门段土城头

外郭城垣与周边景点串联游

对于地面尚存遗迹的城垣，如观音门到夹岗门段，可以将周边的景点串联起来，形成混搭旅游路线。

A. 仙鹤门至麒麟门土城头遗址——邓廷桢墓——江浙联军总司令徐绍桢墓·清朝“四大寇”之一尤列墓——宋武帝刘裕初宁陵——梁临川靖惠王萧宏墓

图 7-3 明故宫午门
图 7-4 明故宫东华门

图 7-5

图 7-6

图 7-7

图 7-5 神策门（和平门）城楼今貌

图 7-6 神策门瓮城

图 7-7 中华门瓮城鸟瞰图（D.J.Ben 摄）

图 7-8

图 7-9

B. 上元门遗址——幕府山“岩山十二洞”——佛宁门遗址——燕子矶——观音门遗址——观音门城楼（复建）

C. 安德门遗址——邓愈墓——雨花台风景区——刘智墓——菊花台公园——浡泥国王墓——皖南事变三烈士墓——驻外使节九烈士墓

外郭城垣与南朝石刻混搭游

还可以开辟一条明外郭——南朝石刻游路线，将周边的石刻景点与明外郭串联起来。

图 7-8 2013 年重建的观音门
图 7-9 高桥

图 7-10

图 7-11

图 7-12

图 7-10—11 江东门民国时期为国民党中央军人监狱所在地
图 7-12 七桥瓮湿地公园

图 7-13

图 7-14

图 7-13 七桥瓮文物保护标志碑
图 7-14 东水关与明城墙

仙鹤门至麒麟门段土城头遗址——南朝陵墓石刻群（宋武帝刘裕初宁陵、萧梁临川王萧宏墓、昭明太子萧统陵、梁桂阳王萧融墓、梁始兴王萧憺墓、梁鄱阳王萧恢墓、梁安成王萧秀墓、吴平忠侯萧景墓、梁新渝宽侯萧暎墓以及陈武帝陈霸先万安陵等）

（四）复原明外郭——创立地标

我们建议适度恢复明外郭城垣和周边原有景观，让人们看得见、摸得着，以增加体验感。可以经过国家和省市文物部门批准后，从复建十八门关中的仙鹤门、麒麟门或高桥门、佛宁门入手，按照历史文献记载和图片史料的原貌，重建这些明外郭城门，生动、直观、形象地重新明外郭城门的丰姿，再现明都南京的风采，增加“六朝古都”“十朝都会”南京的历史的厚重感和深邃感。

通过对明外郭遗存指引牌、标志牌、标识牌或说明牌的设立，部分地段的集中展示，历史文化景观的复原，明外郭的串联，使明外郭成为一条历史与现实相互交融的“珍珠项链”。

综上所述，明外郭是南京的著名地标之一。在历史上曾经是南京一道重要的军事防御屏障，也是一条富有历史文化底蕴的人文遗存。明外郭是历史文化名城南京有形的遗产、无形的财富，值得我们倍加呵护和珍视。从长远的眼光来看，它不仅属于南京，属于江苏，属于中国，更属于全世界，属于全人类。

附录：明朝外郭城门一览表

史料名称	城门名称	城门数量
明朝礼部《洪武京城图志》	外城门：沧波、高桥、上方、夹冈、凤台、大驯象、小驯象、大安德、小安德、江东、佛宁、上元、观音、姚坊、仙鹤、麒麟	16门
明朝《明太祖实录》卷201	置京师外城门驯象、安德、凤台、双桥、夹冈、上方、高桥、沧波、麒麟、仙鹤、姚方、观音、佛宁、上元、金川，凡十五门	15门
明朝解缙等《永乐大典》卷770	大驯象、小驯象、大安德、小安德、凤台、双桥、夹岗、上坊、高桥、沧波、麒麟、仙鹤、姚方、观音、佛宁、上元	16门
明朝《大明会典》	麒麟、仙鹤、姚坊、高桥、沧波、双桥、夹岗、上方、凤台、大驯象、大安德、小安德、江东、佛宁、上元、观音	16门
明朝顾起元《客座赘语》	辟十有六门：东南北六，曰姚坊、仙鹤、麒麟、沧波、高桥、上方。西南六，曰夹冈、双桥、凤台、驯象、大安德、小安德。西一，曰江东。北三，曰佛宁、上元、观音。周一百八十里。此《京城图志》所载也。今俗云“里十三，外十八”，西又有栅栏门二，一在仪凤门西，一在江东门北，共十八门	18门
明朝陈沂《金陵古今图考·国朝都城图考》	文中说辟十有六门，但只出现15门。东五，曰姚坊、仙鹤、麒麟、沧波、高桥；南六，曰上方、夹冈、凤台、驯象、大安德、小安德；西一，曰江东；北三，曰佛宁、上元、观音 《明都城图》标出外郭18座城门，即江东门、驯象门、小安德、安德门、凤台门、双桥门、夹冈门、上方门、高桥门、沧波门、麒麟门、仙鹤门、姚坊门、观音门、佛宁门、上元门、外金川门、栅栏门	15门 16门 18门
明朝陈沂《金陵世纪》	辟十有六门。东六，曰姚坊、仙鹤、麒麟、沧波、高桥、上方；南六，曰夹冈、双桥、凤台、驯象、大安德、小安德；西一，曰江东；北三，曰佛宁、上元、观音	16门
明朝周晖《二续金陵琐事》	外城门名曰：江东、驯象、大安德、小安德、凤台、夹冈、双桥、姚坊、仙鹤、麒麟、沧波、高桥、上方、佛宁、上元、观音	16门
明朝范景文修、张可仕纂《南枢志》	外十八门关：江东、驯象、大安德、小安德、凤台、双桥、夹岗、上坊、高桥门、石城关、沧波、麒麟、仙鹤、姚坊、观音、佛宁、上元、外金川门	18门
明朝徐必达、施沛等《南京都察院志》	外十八门关：江东门、驯象门、安德小门、安德大门、凤台门、双桥门、夹冈门、上坊门、高桥门、沧波门、麒麟门、仙鹤门、姚坊门、观音门、佛宁门、上元门、外金川门、石城关	18门

明朝马生龙《凤凰台记事》	别为十六门，曰麒麟、仙鹤、姚坊、高桥、沧波、双桥、夹冈、上方、凤台、大驯象、大安德、小安德、江东、佛宁、上元、观音	16门
清初顾炎武《天下郡国利病书》	姚坊、仙鹤、麒麟、沧波、高桥、上方、夹岗、双桥、凤台、驯象、大安德、小安德、江东、佛宁、上元、观音	16门
清朝《乾隆江南通志》	外金川、上元、佛宁、观音、姚坊、仙鹤、麒麟、沧波、高桥、上方、夹岗、双桥、凤台、安德、小安德、驯象	16门
清朝张廷玉《明史》卷40	门十有六：东曰姚坊、仙鹤、麒麟、沧波、高桥、双桥，南曰上方、夹岗、凤台、大驯象、大安德、小安德，西曰江东，北曰佛宁、上元、观音	16门
清朝《考工典》卷20	辟有十六门：东南北六，曰姚坊、仙鹤、麒麟、沧波、高桥、上方；西南六，曰夹冈、双桥、凤台、驯象、大安德、小安德；西一，曰江东；北三，曰佛宁、上元、观音	16门
清末徐寿卿《金陵杂志》1910年	（东）姚坊门、仙鹤门、麒麟门、沧波门、高桥门；（南）上方门、夹冈门、双桥门、凤台门、驯象门、小安德门、大安德门；（西）江东门、栅栏门；（北）上元门、观音门、佛宁门、外金川门。以上城外十八门	18门
清末陈作霖《元宁乡土合志》1910年	辟十有八门，东面五：曰仙鹤、麒麟、沧波[今讹为莒蒲]、高桥、上方；南面六：曰夹冈、双桥、凤台、驯象[今讹为徐小]、大安德、小安德；西面二：曰江东、栅栏[即石城关]；北面五：曰上元、观音、佛宁、外金川、姚坊[今讹为尧化]	18门
民国孙濬源、江庆沅《江宁县乡土志》1916年	外郭门有十八。东面五：曰姚坊[即尧化]、曰仙鹤、曰麒麟、曰沧波、曰高桥；南面七：曰上方、曰夹冈、曰双桥、曰凤台、曰驯象、曰大安德、曰小安德；西面二：曰江东、曰栅栏；北面四：曰上元、曰观音、曰佛宁、曰外金川	18门
民国胡祥翰《金陵胜迹志》1928年	辟郭门十八。东六门，曰姚坊、仙鹤、麒麟、沧波、高桥、双桥；南六门，曰上方、夹冈、凤台、驯象、大安德、小安德；西南二门，曰石城关、江东；北四门，曰外金川、佛宁、观音、上元	18门
民国陆衣言《南京游览指南》1929年	辟门十八，基地早废仅存其名。门名有姚芳、仙鹤、麒麟、沧波、高桥、上方、夹冈、双桥、凤台、大安德、小安德、驯象、江东、佛宁、上元、观音、栅栏、外金川等	18门
民国陈廼勋、杜福堃《新京备乘》1932年	辟十有八门。东面六：曰姚坊（今尧化），曰仙鹤，曰麒麟，曰沧波，曰高桥，曰双桥；南面六：曰上方，曰夹冈，曰凤台，曰驯象，曰大安德，曰小安德；西面二：曰石城关，曰江东；北面四：曰外金川，曰佛宁，曰上元，曰观音	18门
民国王焕镳《首都志》1935年	门十八。东六：曰姚坊，曰仙鹤，曰麒麟，曰沧波，曰高桥，曰双桥；南六：曰上方，曰夹冈，曰凤台，曰驯象，曰大安德，曰小安德；西南二：曰石城关，曰江东；北四：曰外金川，曰佛宁，曰观音，曰上元	18门
民国朱偰《金陵古迹图考》1936年	辟十有六门。东五，曰：姚坊（今称尧化）、仙鹤、麒麟、沧波、高桥；南七，曰：上方、夹冈（或添入双桥）、凤台、大驯象、小驯象、大安德、小安德；西一，曰：江东（或添入栅栏门）；北三，曰：佛宁、上元、观音（或添入外金川）	16门（18门）

主要参考资料

[宋]曾极，[宋]苏泂，[清]王友亮，[清]汤濂撰：《金陵百咏·金陵杂兴·金陵杂咏·金陵百咏》，南京出版社2012年版

[明]礼部纂，[明]陈沂撰：《洪武京城图志·金陵古今图考》，南京出版社2006年版

[明]官方修：《明实录》，中华书局2016年版

[明]徐必达领修、施沛等协纂：《南京都察院志》，南京出版社2015年版

[明]范景文修、张可仕纂：《南枢志》，南京出版社2015年版

[明]宋应星著，潘吉星译注：《天工开物》，上海古籍出版社1993年版

[明]王士性著：《广志绎》，收入王士性著、周振鹤编校《王士性地理书三种》，上海古籍出版社1993年版

[明]周晖撰：《金陵琐事·续金陵琐事·二续金陵琐事》，南京出版社2007年版

[清]甘熙撰：《白下琐言》，南京出版社2007年版

[清]顾炎武撰：《建康古今记》，南京出版社2012年版

[清末民初]徐寿卿撰：《金陵杂志·金陵杂志续编》，宣统二年（1910年）南洋印刷官厂印刷，南京出版社2013年版

[清末民初]陈作霖编：《元宁乡土合志》，宣统二年（1910年）江楚编译局出版

[民国]孙濬源、江庆沅编辑：《江宁县乡土志》，中华书局1916年版

[民国]胡祥翰撰：《金陵胜迹志》，南京出版社2012年版

南京市市政府秘书处：《新南京》，南京共和书局1933年版，南京出版社2013年版

蒋赞初著：《南京史话》，江苏人民出版社1980年版

南京市地名委员会编：《江苏省南京市地名录》，1984年内部版

南京民间文学三套集成编委会编：《南京民间故事》，江苏古籍出版社1990年版

季士家著：《明清史事论集》，南京出版社 1993 年版

南京市地名委员会编：《南京市古今地名对照表》，1995 年内部版

吴福林、王崇辉编：《南京的民间传说》，南京出版社 1996 年版

梁白泉主编：《南京的六朝石刻》，南京出版社 1998 年版

王克昌、韦立平、杨献文编著：《明南京城墙砖文图释》，南京出版社 1999 年版

国家文物局文物保护司等编：《中国古城墙保护研究》，文物出版社 2001 年版

卢海鸣、杨新华主编：《南京民国建筑》，南京大学出版社 2001 年版

杨国庆著：《南京明代城墙》，南京出版社 2002 年版

南京市栖霞区地方志编纂委员会编：《栖霞区志》，方志出版社 2002 年版

杨心佛著：《金陵十记》，古吴轩出版社 2003 年版

朱明、杨国庆著：《南京城墙史话》，南京出版社 2008 年版

杨国庆、王志高著：《南京城墙志》，凤凰出版社 2008 年版

朱明娥:《南京明城墙的历史典故和民间传说》,收入杨新华主编《但留形胜壮山河——城墙科学保护论坛论文集》，凤凰出版社 2008 年版

杨富巍、张秉坚、潘昌初、曾余瑶：《以糯米灰浆为代表的传统灰浆——中国古代的重大发明之一》，《中国科学 E 辑：技术科学》，2009 年第 1 期

东南大学建筑学院、东南大学城市规划设计研究院：《南京百里绿廊——明城墙外郭城墙沿线综合规划设计》，2010 年 6 月编印

《南京地名大全》编委会：《南京地名大全》，南京出版社 2012 年版

江苏省文物局主编：《江苏考古（2010—2011）》，南京出版社 2013 年版

卢海鸣、邓攀编：《金陵物语》，南京出版社 2014 年版

王志高、张九文：《〈南京都察院志〉之明代南京城墙资料汇注》，载南京市博物馆编著《南京文物考古新发现》第三辑，文物出版社 2014 年版

东南大学建筑设计研究院有限公司：《全国重点文物保护单位：

南京城墙保护规划（2008—2025）规划文本》，2016年1月编印

南京市考古研究所：《明代外郭城遗址考古调查报告》，载南京市博物总馆、南京市考古研究所编著《南京文物考古新发现》第四辑，文物出版社2016年版

朱明娥著：《旷世城垣——南京明城墙》，南京出版社2018年版

后　记

2018 年，在莺飞草长的三月，南京明外郭秦淮新河百里风光带建设有限公司的领导联系到我，说他们正在打造“一山两水一城墙”的旅游发展理念，拟对南京明外郭遗址进行合理的保护和有效的利用，但是苦于没有现成的研究成果，所以很难开展工作。他们得知我长期致力于南京城墙的保护、管理与研究工作，撰写过一些与南京城墙相关的作品，尤其是《旷世城垣——南京明城墙》一书给他们留下了较深的印象，因此，希望我能够牵头组织实施南京明外郭城墙遗址的学术调研课题。

我自工作以来，从事南京城墙的保护与文物的管理工作近三十年之久，对南京城墙充满了敬畏之情。所以，我欣然接受了邀请和委托，着手启动这一极具挑战性的课题。

2018 年 4 月，“南京明外郭城墙研究”课题组正式成立，成员包括复旦大学历史地理专业博士徐智、南京大学文物与博物馆学专业硕士夏慧。同时，课题组聘请东南大学建筑学院教授、博士生导师周琦教授，南京大学思想家研究中心、博士生导师、明史专家夏维中教授，南京城市文化研究会会长、南京出版社社长卢海鸣编审，南京中国近代史遗址博物馆刘刚部长四位专家担任课题组顾问。

随后，我们对南京明外郭城墙遗址进行了全面系统的实地调研、资料收集与图片拍摄工作，历时三个月，收获颇丰。一方面，课题成果几乎囊括了与南京明外郭相关的文献资料和图片资料，不仅包括明清以来的史料记载、当代学者的研究论述，甚至将一些外国学者的记录、罕见老旧地图、相关民谣传说等也收入其中。通过对各类资料进行梳理、分析、对比，我们有了一些新发现，提出了一些新观点，为明外郭的保护和利用打开了新思路。另一方面，课题不拘泥于明外郭本体，而是通过点线面相结合的方式，与周边的历史文化遗产相串联，丰富了旅游线路，拓展了旅游区域，进一步提升南京明外郭的旅游价值。

经过三个月紧张而有序的调研，6 月底，我们如期完成了“南京明外郭城墙研究”课题结项工作。现在的这部作品《南京明外郭》，就是根据上述调研报告修改完善而成。

在此，我要感谢南京旅游集团和南京明外郭秦淮新河百里风光带建设有限公司的各位领导，他们高屋建瓴，提出了开展明外郭专题研究的设想，并出于信任，把这样一项重要的课题交给我；同时，我要感谢南京城墙保护管理中心的领导对我工作的支持与帮助，感谢周琦教授、夏维中教授、卢海鸣社长、刘刚部长等诸位专家对课题的关心与指导。最后，尤其要感谢南京大学历史系资深教授蒋赞初先生不顾年事已高，欣然为本书作序。当然，我还要感谢课题组成员徐智、夏慧的精心配合。

需要着重指出的是，在撰写调研报告和本书写作的过程中，我们不仅引用了众多历史文献资料，而且吸收了当代知名学者如陈薇、王建国、杨国庆、王志高、许志强等相关的历史、考古和规划研究成果，在此表示深深的感谢！对一些未及署名的朋友们的帮助和支持，一并致以真挚的谢意！

鉴于南京明外郭研究基础比较薄弱，再加上时间仓促和水平有限，书中难免存在一些缺点和不足，敬请大家批评指正。

朱明娥